U0664284

谨以此书奉献给

广大的猕猴桃种植户和
所有关心、关注猕猴桃产业发展的朋友们！

曾云流简介

曾云流，1985年生，男，浙江温州人，果树学博士，华中农业大学园艺林学学院副教授，果蔬园艺植物种质创新与利用全国重点实验室固定研究人员，国家现代农业产业体系猕猴桃质量安全与加工保鲜岗位科学家，湖北省青年拔尖人才，中国园艺学会猕猴桃分会理事。2013—2014年、2017—2018年分别在英国牛津大学和新西兰皇家植物与食品研究院开展联合研究，受聘为 *New Zealand Journal of Crop and Horticultural* 副主编（2021年至今）、*Future Postharvest and Food* 副主编（2023年至今）。从事猕猴桃采后生物学基础、贮藏保鲜投入品和即食控熟技术研究。先后主持国家重点研发、面上项目等科研项目多项，在 *Plant Physiology*、*Plant Journal* 等杂志发表论文40余篇，授权植物新品种权2个，相关专利、装备、标准等30余件，获湖北省科学技术进步奖一等奖、神农中华农业奖一等奖等奖励5项。研究成果已在陕西、四川、湖北等全国6个主产区的龙头企业进行示范和应用。

蔡礼鸿简介

蔡礼鸿，1949年生，男，农学博士，华中农业大学园艺林学学院退休教授。发表有《中国枇杷属种质资源及普通枇杷起源研究》《鲜枇杷果》（GB/T 13867—1992）《中国果树志·枇杷卷》《枇杷学》《猕猴桃实用栽培技术》等论著五十余篇（部）。曾被国家科学技术部授予"全国优秀科技特派员"称号（2009），获评"湖北省优秀政协委员"（2007）、"中国老科学技术工作者协会奖"（2016）、"中国老教授协会科教兴国优秀工作奖先进个人"（2018）、"全国科技助力精准扶贫工作先进个人"（2018）、"全国离退休干部先进个人"（中共中央组织部2019）、"各民主党派、工商联、无党派人士为全面建成小康社会作贡献'全国先进个人'"（中共中央统战部2021）等。

华中农业大学乡村振兴技术用书

猕猴桃产业实用技术

曾云流◎主编　蔡礼鸿◎副主编

华中农业大学新农村发展研究院
中共湖北省建始县委员会
湖北省建始县人民政府

中国林业出版社
China Forestry Publishing House

图书在版编目（CIP）数据

猕猴桃产业实用技术 / 曾云流主编 ; 蔡礼鸿副主编.
-- 北京 : 中国林业出版社, 2024.5
ISBN 978-7-5219-2639-2

Ⅰ. ①猕… Ⅱ. ①曾… ②蔡… Ⅲ. ①猕猴桃—产业
发展—研究—中国 Ⅳ. ①F326.13

中国国家版本馆CIP数据核字（2024）第047724号

责任编辑：张　华
设　　计：朱麒霖

出版发行：中国林业出版社
　　　　（100009，北京市西城区刘海胡同 7 号，电话 010-83143566）
电子邮箱：43634711@qq.com
网址：https://www.cfph.net
印刷：北京博海升彩色印刷有限公司
版次：2024 年 5 月第 1 版
印次：2024 年 5 月第 1 次印刷
开本：889mm×1194mm　1/16
印张：13
字数：315 千字
定价：69.00 元

编委会

主　编　曾云流（华中农业大学）

副主编　蔡礼鸿（华中农业大学）

编　者　（以姓氏拼音为序）

蔡礼鸿（华中农业大学）

陈志伟（武汉市农业科学院）

龚国淑（四川农业大学）

何　斌（阿里巴巴集团）

户帅锋（中化现代农业有限公司）

黄宏文（中国科学院华南植物园）

戢小梅（武汉市农业科学院）

李二虎（华中农业大学）

刘　杰（湖北省建始县长梁镇金塘）

刘开坤（湖北省建始县农业局）

马洪娟（中化现代农业有限公司）

涂美艳（四川省农业科学院园艺研究所）

王敏欣（中化现代农业有限公司）

王仁才（湖南农业大学）

肖　涛（十堰市农业科学院）

肖兴国（中国农业大学）

曾云流（华中农业大学）

前　言

　　猕猴桃是猕猴桃科（Actinidiaceae）猕猴桃属（Actinidia）的多年生藤本植物。李时珍在《本草纲目》中描述："其形如梨，其色如桃，而猕猴喜食，故有此名。"我国是猕猴桃的起源中心，猕猴桃又是古老的孑遗植物，出现于中生代侏罗纪之后至新生代第三纪的中新世之前。我国古籍《诗经》中就有"隰有苌楚，猗傩其枝"的描述，所谓"苌楚"，就是猕猴桃。到了唐代，著名诗人岑参（715—770 年）已有"中庭井栏上，一架猕猴桃"的诗句。由此可见，我国古人早在距今 3000 多年前就已经发现和认识了猕猴桃，其栽培和利用历史也在 1300 年以上。

　　猕猴桃是原产于我国的野生果树，经驯化栽培，成为能大规模商品化生产、经济效益好、生态效益显著的新兴水果品种。这是 20 世纪利用野生资源造福人类的成功例子之一。据统计，2021 年全球猕猴桃收获面积达 28.7 万公顷，产量提升至 443.2 万吨。从全球猕猴桃产量分布来看，全球产量前十的国家有中国、新西兰、意大利和希腊等，中国是全球最大的猕猴桃生产国，2021 年的产量为 238.07 万吨，占全球产量的 53.3%。我国猕猴桃产量从 2010 年的 125 万吨增长至 2021 年的 238.1 万吨。

　　自 20 世纪 80 年代初开始，我国猕猴桃栽培业经过了 40 年的商品化生产（20 世纪 90 年代进入快速发展时期）过程，目前已取得令人瞩目的成绩：栽培面积和产量均跃居世界首位，成为我国果业发展中的新亮点。纵向比较，我国猕猴桃产业发展的势头迅猛，但在产业化的发展进程中仍存在品种结构不合理、名牌产品少、栽培植保技术深入研究不够、贮藏保鲜与加工技术落后及市场销售体系不健全等诸多问题。

　　2012 年年底，国务院扶贫开发领导小组办公室、中国共产党中央委员会组织部、教育部等 8 部委联合出台《关于做好新一轮中央、国家机关和有关单位定点扶贫工作的通知》，其中指定了 44 所高校参加，安排我校——华中农业大学定点支援鄂西南山区的国家级贫困县建始县。为落实教育部关于做好直属高校定点扶贫工作的意见，学校定点帮扶工作组赴鄂西南山区的国家级贫困县建始县，与该县签订定点扶贫协议。根据协议，学校从 2013 年开始，用 8 年时间，以科教扶贫、产业扶贫和智力扶贫为着力点，支持建始县发展现代农业，为建始县脱贫致富提供科教和人才支撑。在华中农业大学有关部门的领导下，在建始县政府及其职能部门和有关单位的支持下，猕猴桃课题组成员多次到省内外进行专项调研，1 ～ 2 个月赴一次建始县，常年深入猕猴桃种植较为集中的乡镇田间地头实地考察调研建始县猕猴桃产业现状，积极向地方政府建言献策，邀请国内外专家实地指导，研制建始县猕猴桃专用肥料，尤其是较为深入地对猕猴桃细菌性溃疡病进行了细致的调研和防治试验，并根据建始县实际，提出一套简便易行的"傻瓜"技术，多次针对性地在县城、乡镇、村组对不同人员开展技术培训。基于此，我们于 2016 年编写出版了《猕猴桃实用栽培技术》，对口扶贫点建始县也于 2019 年完成了脱贫摘帽任务。在乡村振兴大背景下，建始县猕猴桃产业已经走出了困境，迎来了第二个春天，种植面积和效益已经得到了有效恢复。其间，我们选育了'金塘一号''金塘三号'猕猴桃新品种，获得国家植物新品种权保护，溃疡病得到了有效遏制，高枝牵引得到了广泛应用，采后技术不断规范。随着产业需求的不断深入与外延，我们现将近十年在湖北建始县及全国主产区的所见所闻、所感所悟和历次培训的课件加以梳理，并增加了高枝牵引、生草栽培、设施栽培、贮藏保鲜、即食供给以及深加工工艺与产品等内容，编写成《猕猴桃产业实用技术》一节。本书共分为三篇，即上篇，猕猴桃基础知识；中篇，猕猴桃产业实用技术；下篇，猕猴桃栽培技术的理论知识。插入的彩色照片大部分为近年在建始县及全国主产区所拍摄，同时本书参考、引用了国内外同仁的研究成果，有些材料的来源未能逐一注明，在此表示衷心的感谢。

本书的编写和出版工作，得到华中农业大学和建始县农业农村局及有关单位的大力支持和帮助，同时得到业内同仁和各界朋友的关心与鼓励，在此一并表示衷心的感谢。

编者

2024 年 1 月于华中农业大学

目 录

中篇　猕猴桃产业实用技术

下篇 猕猴桃栽培技术的理论知识

猕猴桃

基础知识

1 国内外猕猴桃产业简况

猕猴桃是猕猴桃科（Actinidiaceae）猕猴桃属（Actinidia）的多年生藤本植物，又名羊桃、阳桃、猕猴梨或藤梨。李时珍在《本草纲目》中描述："其形如梨，其色如桃，而猕猴喜食，故有此名。"我国是猕猴桃的起源中心，迄今为止，猕猴桃属在全世界共命名75个种。猕猴桃又是古老的孑遗植物，出现于中生代侏罗纪之后至新生代第三纪的中新世之前。中国科学院南京地质古生物研究所于1979年在广西田东县发现了2600万～2000万年前中新世地质年代的猕猴桃叶片化石。我国发现和栽培猕猴桃的历史由来已久。早在公元前16世纪至公元前10世纪的《诗经》中就有了"隰有苌楚，猗傩其枝"的描述，所谓"苌楚"，就是猕猴桃。到了唐代，著名诗人岑参（715—770年）已有"中庭井阑上，一架猕猴桃"的诗句。另外，唐代陈藏器著的《本草拾遗》，宋代的刘翰和马志等著的《开宝本草》、唐慎微著的《证类本草》，明代医药学家李时珍著的《本草纲目》，清代吴其濬著的《植物名实图考》以及其他一些古代文献，对猕猴桃的性状、生长特性、功用和别名屡有记载。由此可见，我国古人早在距今3000多年前就已经发现和认识了猕猴桃，其栽培和利用历史也在1300年以上。猕猴桃是原产于我国的野生果树，经驯化栽培，成为能大规模商品化生产、经济效益好、生态效益显著的新兴水果品种。这是20世纪利用野生资源造福人类的成功例子之一。

现代猕猴桃的商业化栽培驯化起源于1904年新西兰女教师伊萨贝尔·弗雷瑟（Isabel Fraser）从湖北宜昌带走一小袋猕猴桃种子到新西兰，并将这些种子辗转交给亚历山大·艾利森（Alexander Allison）。亚历山大将种子培育成树苗。此后，从这批源于中国湖北宜昌的种苗中陆续选育出了'海沃德'（'Hayward'）、'艾利森'（'Allison'）、'艾伯特'（'Abbott'）等品种，且主宰了国际猕猴桃商业化生产70余年。直至20世纪90年代中期，由中国农业部组织全国猕猴桃资源调查，从中选育了一批猕猴桃品种、品系，并开始在我国栽培生产中应用，逐渐改变了世界猕猴桃栽培品种的格局。

1.1 新西兰猕猴桃驯化选育史

1904—1924年：猕猴桃引种驯化栽培；

1926年：猕猴桃嫁接苗进入市场；

1930 年：第一个猕猴桃果园建立；

1959 年：新西兰人为开拓美国市场，采用以新西兰人象征意义的基维鸟（Kiwi）命名猕猴桃——奇异果；

20 世纪 70 年代：1973 年后由于出口需求的剧增，猕猴桃栽培出现规模产业化趋势；

1980 年'海沃德'占到 98.5%，形成全球猕猴桃产业的单一品种格局。其后，又先后选育了'Hort-16A''G3'等品种，继续占据国际市场。

1.2　国内猕猴桃种质资源发掘与选育史

1978 年 8 月，由中国农业部、中国农业科学院主持了全国猕猴桃科研座谈会。会上成立了全国猕猴桃科研协作组，我国猕猴桃资源的深入系统研究从此全面展开。27 个省（自治区、直辖市）完成了猕猴桃资源调查，基本查清了我国猕猴桃资源本底状况。从野生群体中筛选了 1450 多个优良单株，成为近代果树品种选育史上大规模立足本土丰富的自然资源，直接从自然分布野生群体中进行品种选育的典型案例。近年来，新种质发掘、选育成果不断有报道，并且逐步在产业上发挥重要作用。

1.3　猕猴桃产业的发展趋势

2021 年，全球猕猴桃收获面积达 28.7 万公顷，产量提升至 443.2 万吨。从全球猕猴桃产量分布来看，全球产量前十的国家有中国、新西兰、意大利和希腊等，中国是全球最大的猕猴桃生产国，2021 年的产量为 238.07 万吨，占全球产量的 53.7%。我国猕猴桃产量从 2010 年的 125 万吨增长至 2021 年的 238.1 万吨。

中国猕猴桃主产省产量面积统计如下：陕西省和四川省是我国猕猴桃种植面积最集中的省份，两省份的猕猴桃种植面积占全国总面积的 68.3%，产量占 94.8%。陕西是我国最大的猕猴桃种植基地，主要以绿心猕猴桃'徐香'和'翠香'为主，主要分布在眉县和周至县。2016—2020 年陕西省猕猴桃种植面积虽有小幅度波动但基本维持在 5.0 万公顷，产量维持在 100 万吨左右，2021 年种植面积达 6.5 万公顷，产量达 138.8 万吨。四川省是我国第二大猕猴桃种植省，为我国人工栽培猕猴桃最早的省份，从 20 世纪 70 年代末开始种植，主要分布在龙门山区、成都平原、秦巴山区等地，跨越了四川省 14 个市（州）、31 个县（市、区）。2016—2020 年四川省猕猴桃种植面积逐步上升，2021 年四川省猕猴桃种植面积达 4.4 万公顷，产量达 40 多万吨。四川省种植类型以红心猕猴桃为主，品种以'红阳'为主，占全省总种植面积的 60% 以上。

湖北省是猕猴桃原产中心之一，是世界猕猴桃主栽品种'海沃德'的起源中心。但相比陕西、四川等省份，湖北省种植面积约 20 万亩*，产业发展相对滞后。目前，已形成武陵山、幕阜山、秦

---

*　1 亩 =1/15 公顷。

巴山以及大别山四大猕猴桃生产区,占全省猕猴桃种植面积的 80% 以上,其中幕阜山和武陵山区发展基础最好。幕阜山特色猕猴桃优势区以赤壁市为中心,覆盖咸安、通山、崇阳、阳新、江夏等地,建设基地面积超过 10 万亩。赤壁有近 40 年的栽培历史,建有农业农村部定点的良种猕猴桃苗木繁育基地、湖北省外贸出口基地,全市现有猕猴桃种植基地面积 6.2 万亩,年产量达 5.6 万吨。

1.4 我国猕猴桃产业发展中存在的主要问题及对策

1.4.1 全国性一般问题

- 兼具抗溃疡病、耐软腐病的优质种质缺乏
- 单产低,商品性低,价格低,与新西兰差距明显
- 植保研究不够,溃疡病时有暴发,软腐病率居高不下
- 多数建园标准不高,简易高效的避雨设施标准缺失
- 有机质肥料投入不足,土壤退化明显
- 膨大剂滥用,过度早采现象突出
- 抗涝、抗旱等多抗砧木研究缺乏
- 多数品种无法即买即食,消费者体验差
- 大规模资本投入往往面临血本无归的尴尬局面

1.4.2 主产区陕西省的主要问题

- 老产区亟须复壮升级
- '翠香'猕猴桃果面黑点病有蔓延趋势
- 主栽品种单一,黄肉、红心等优质中华猕猴桃缺失
- 高枝牵引等先进技术使用较少
- 果实价格低
- 果面污染加重
- 贮藏期间冷害频发

1.4.3 主产区四川省的主要问题

- 缺乏适宜兼具抗溃疡病、耐软腐病的中华猕猴桃品种
- 花期前后多阴雨,易感花腐病、软腐病等,且不易防治
- 花期阴雨,授粉受精不足:300 粒种子,果重 80 克;800 粒种子,果重 130 克
- 过度提前采收严重,农药残留超标
- 黄肉不黄、红心不红问题突出
- 化学保鲜不当,品质参差不齐

·贮藏期间冷害问题频发

1.4.4 对策

从政策角度：

·引进商业资本注入（企业），适当规模发展

·加大政策支持（各级政府），引导和监督

·加强与科研单位紧密合作，促进产业的发展

从技术方面：

·采用"双抗品种"（抗溃疡病、抗软腐病）或避雨栽培

·科学建园，增加土壤有机质含量，采用高枝牵引、环割、生草栽培，实现科学采收、绿色保鲜

·合理施肥用药，针对斑点病、软腐病和溃疡病做重点管理和综合防治，提升果品质量

·全面实现即食供应，确保不让带病果实进入消费者餐桌

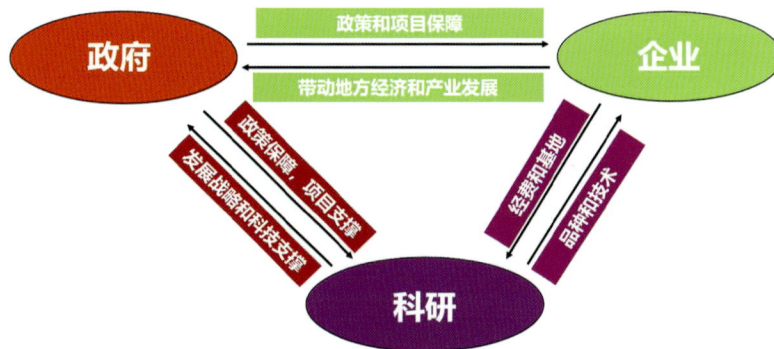

政府 — 政策和项目保障 → 企业
政府 ← 带动地方经济和产业发展 — 企业
政府 — 政策保障，项目支撑 / 发展战略和科技支撑 — 科研
企业 — 经费和基地 / 品种和技术 — 科研

三家合作模式

2 种类和品种

2.1 栽培种类

猕猴桃是猕猴桃科猕猴桃属植物，多年生落叶藤本果树。我国是世界猕猴桃原产地和野生猕猴桃种质资源分布中心。目前已查明本属植物全世界共有 54 个种 21 个变种，共 75 个分类单元。除白背叶猕猴桃（日本特有分布）及尼泊尔猕猴桃（尼泊尔特有分布）两个种外，其余种均在我国特有分布或中心分布。目前，世界上经济栽培利用的主要有 4 个种（变种）。

2.1.1 美味猕猴桃

美味猕猴桃，是最早商业化的种类，果面有硬毛或刚毛，果肉多为绿肉，通常为六倍体，代表性品种为'海沃德''翠香''徐香''瑞玉'等。

2.1.2 中华猕猴桃

中华猕猴桃，果面被短茸毛，通常为二倍体或四倍体，大家熟悉的红心和黄肉猕猴桃多为此类，代表性品种为'红阳''东红''翠玉''金塘三号'等。

'海沃德'

'贵长'

'徐香'

'瑞玉'

'红阳'

'东红'

'翠玉'

'金塘三号'

'华特'

2.1.3 软枣猕猴桃

软枣猕猴桃，果面光滑，可带皮食用，抗冷能力强，主要在辽宁丹东种植，目前市面上很少，像枣子一样大小，有绿皮和红皮两种类型，软熟快，代表性品种为'龙城二号''魁绿'。

2.1.4 毛花猕猴桃

毛花猕猴桃，果面有灰白色浓密茸毛，通常为二倍体，维生素含量最高，软熟后撕皮容易，代表性品种为'华特'。

2.2 主栽品种

2.2.1 '海沃德'

又名巨果。果实大，宽椭圆形，果形整齐均匀，平均果重90克，最大果重150克；果皮绿褐色，密生褐色硬毛；果肉绿色、翠绿色，肉质细腻，酸甜可口，香气浓郁；可溶性固形物含量为16%左右，维生素C含量100毫克/100克左右；果实后熟期长，室温贮藏30天，气调贮藏150天左右。果品货架期、贮藏性名列所有品种之首。目前，在世界上的栽培面积超过2万公顷，我国约有3300公顷。植株树势弱，高海拔地区可抽生二次梢，低海拔地区亦可抽三次梢，萌芽率低，成枝率强，结果晚，早期产量低，后期产量高；以春梢为主形成结果母枝，以长果枝结果为主，多在结果母枝的5～15节上抽生结果枝，花着生在2～7节，多单花；雌雄株花期一致性差，需要人工辅助授粉才能高产。最佳种植区在海拔600～1000米，2月下旬至3月上旬开始伤流，3月中下旬开始萌芽，5月中上旬开花，花期5～6天。在海拔800米左右，6月中旬至6月下旬为果实第一次膨大期，8月中旬至8月下旬为果实第二次膨大期，10月中旬开始成熟，11月中旬为最佳采收期。

2.2.2 'Hort-16A'

由新西兰园艺研究所培育，是目前公认的果实品质最佳的品种之一。果实呈圆顶倒锥形或倒梯柱形，单果重80～150克，果皮呈绿褐色；果肉金黄色，质细多汁，极香甜。维生素C含量达120～150毫克/100克鲜果肉，是一个极好的鲜食加工兼用品种。该品种适用于大型平顶棚架、"T"形架和小棚架整形。

Hort 16A
2018. 9. 13

'Hort–16A'

2.2.3 '陶木里'

雄性品种，开花迟，与'海沃德'同期开放。主要作'海沃德'的授粉树。

2.2.4 '红阳'（'苍猕1-3'）

果实为短圆柱形，果形整齐，平均果重70克，最大果重110克；果顶凹陷，果皮绿褐色极薄，光滑无茸毛；果肉黄绿色，果心白色，子房鲜红色呈放射状图案，果实横切面果肉呈红、黄、绿相间的图案，具有特殊的色泽，果心向外呈放射状红色，甚为鲜艳，肉质细嫩，汁多味浓，细腻可口，口感鲜美有香味。后熟7天左右就可以食用；可溶性固形物含量高达19.6%，总糖含量达13.45%，有机酸达0.49%，维生素C含量135.77毫克/100克。室温可贮藏7~10天，气调可贮藏100天。

植株生长旺盛，生长速度快，萌芽成枝率都高，全年可抽生三次梢；春梢、夏梢都能形成结果母枝，以短果枝结果为主，花多着生在2~8节，花量大，容易形成伞状花序，无生理落果；嫁接第二年就可以试果，但抗逆性差。

其最佳种植区在海拔600~800米，2月中旬开始伤流，3月上旬开始萌芽，4月下旬开花，花期5～6天。在海拔800米左右，5月中旬至5月下旬为果实第一次膨大期，8月上中旬为果实第二次膨大期，9月中下旬开始成熟，10月上旬为最佳采收期。'红阳'对环境条件的要求：年平均气温在15～18℃，极端最高气温在38.5～42℃，极端最低气温为-5℃，无霜期220～290天的山区地带。

'红阳'（世界第一个红肉猕猴桃品种）

2.2.5 '东红'

果实呈长圆柱形，平均单果重70～75克，果皮绿褐色，果肉金黄色，果喙为一条直线、无明显下凹，果心线外有放射状红色，果肉质地细嫩、紧实，风味浓郁，香甜可口，可溶性固形物含量15%～21%，干物质含量18%～23%，总糖含量10%～14%，有机酸含量1.0%～1.5%，维生素C含量100～153毫克/100克。采后常温下约30天软熟，微软时可食，6～8℃放82天好果率仍有89%，1～2℃下可放5～6个月。树势强健，新梢生长量大，成枝率和果枝率均高，三花为主。

2.2.6 '金塘三号'

属中华猕猴桃实生品种，母本树位于湖北省建始县业州镇，为华中农业大学选育的中华猕猴桃新品种。其为四倍体，植株生长旺盛、萌芽力和成枝率高。结果枝以中、长果枝为主，结果枝的1～8节均可开花结果，以2～7节为主。叶片大且茸毛稀少、呈心脏形。果形端正整齐，果实卵形，喙端平齐或浅凹。四川蒲江产区，平均单果重约100克，最大单果重150克，商品率达80%以上。成熟果实的果面无毛，果皮褐色；果心黄白色，长椭圆形，果心横截面直径约0.72厘米；果肉黄色，紧实细腻，有浓郁的果香味。成熟果的平均可溶性固形物含量19.7%，可滴定酸含量0.58%，干物质含量21.62%。丰产性佳，4年生树株产约60千克。在四川蒲江产区8月初采收，室温下果实贮藏期达30天，冷藏条件下（1.5±0.5℃）贮藏期可达5个月左右。育成以来，树体主干及枝蔓均未出现溃疡病病斑，未发现软腐病症状，初步表明该品种具有较强的抗溃疡病和耐软腐病能力。通过多年的消费者评价，该品种表现出香甜可口、软而不烂的优秀品质，具备成为国内主推黄肉猕猴桃品种的重大潜力。

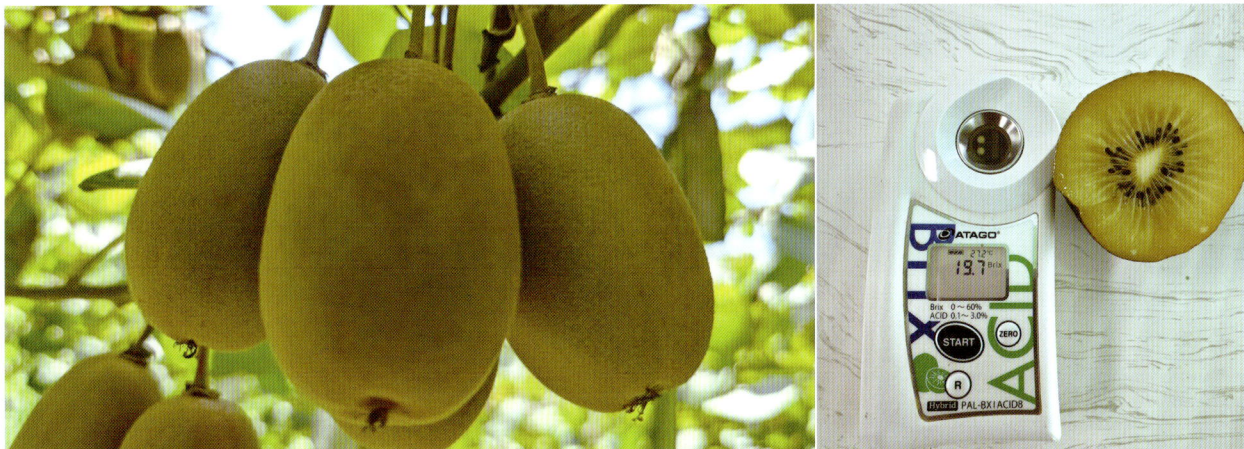

'金塘三号'的果实特征

2.2.7 '庐山香'（'79-2'）

果实呈长圆柱形，果皮黄褐色，茸毛不显，外形美观，平均果重 123 克，最大果重 175 克。维生素 C 含量 120 ～ 159 毫克 /100 克，总糖含量 7.8%，总酸含量 1.48%。果肉淡黄色，细致多汁，风味良好。在冷藏条件下贮藏 4 个月维生素 C 含量不变，货架期 10 ～ 14 天，为鲜食优良品种。在江西庐山，9 月下旬至 10 月上旬果实成熟。

2.2.8 '金丰'（'79-3'）

果实呈长椭圆形，果皮黄褐色，茸毛较易脱落，果实大小均匀，平均重 110 克，最大果重 138 克。维生素 C 含量 103 毫克 /100 克，可溶性固形物含量 14.5%，柠檬酸含量 1.65%。果肉淡黄或金黄色，汁多，酸甜适中，香气较浓，为鲜食品种。采收后，室温下可贮藏 30 天左右，冷藏可贮 4 个月。在江西奉新，9 月下旬果实成熟。

2.2.9 '武植 3 号'

果实近椭圆形，果皮暗绿褐色，茸毛稀少，平均果重 118 克，最大果重 156 克。维生素 C 含量 220 ～ 260 毫克 /100 克，可溶性固形物含量 12% ～ 15.5%，柠檬酸含量 1.29%。果肉浅绿色，质细汁多，味酸甜，香气浓，是鲜食、加工兼用的株系。3 年生嫁接树株产 17.5 千克。在湖北武汉地区，9 月中下旬果实成熟。

2.2.10 '武当 1 号'

由湖北省十堰市农业科学院经济作物研究所选育的中华猕猴桃新品种。树势中庸，以中果枝和短果枝结果为主。果实长椭圆形，光滑无毛，平均单果重 85 克。果实成熟后，果肉浅绿色，有浓郁的果香味，肉质细腻，酸甜可口。可溶性固形物含量 15.9% ～ 18%，可溶性糖 11.0%，可滴定酸 1.2%，维生素 C 含量 502 毫克 / 千克。在湖北十堰地区 3 月上旬萌芽、下旬展叶现蕾，4

月中旬开花，9 月上中旬果实成熟，12 月上旬开始落叶。适宜在海拔 1000 米以下的平地、丘陵或山区，排灌方便，土壤微酸性或中性的地区种植。

'武当 1 号'的果实特征

2.2.11 '金塘一号'

华中农业大学选育的新品种，为美味猕猴桃实生，母本树位于湖北省建始县长梁镇金塘湾。其果实呈圆柱形，果肩方形，果喙平，果面被覆黄褐色软毛，果皮褐黄色；果肉中绿色、细腻多汁、果香浓郁。平均单果重 102.2 克，平均纵径 × 横径 × 侧径约为 5.78 厘米 ×4.83 厘米 ×4.32 厘米；成熟果可溶性固形物含量 15.6%，可滴定酸含量 1.07%。丰产性佳，3 年生树株产 30 千克以上，4 年生树株产 50 千克以上。果实耐贮藏，室温下可贮藏 50 天左右，低温（1±0.5℃）下可贮藏 160 天左右。育成以来，树体主干及枝蔓均未出现溃疡病病斑，软果未发现软腐病症状，初步表明该品种具有较强的抗溃疡病和耐软腐病能力。通过多年的酿酒实践与消费者评价，已将该品种开发成建始地区主要的酿酒品种，因独特的香气受到消费者的青睐，具有成为加工品种的重大潜力。

'金塘一号'的果实特征

2.2.12 '徐香'（'徐州75-4'）

果实呈圆柱形，果形整齐，纵径 5.8 厘米，横径 5.1 厘米，侧径 4.8 厘米，单果重 70 ～ 110 克，最大果重 137 克。果皮黄绿色，被黄褐色茸毛，梗洼平齐，果顶微突，果皮薄易剥离。果肉绿色，汁液多，肉质细致，具有草莓等多种果香味，酸甜适口，可溶性固形物含量 13.3% ～ 19.8%，总糖含量 12.1%，总酸含量 1.34%，维生素 C 含量 99.4 ～ 123 毫克 /100 克，室温下可存放 30 天左右。

2.2.13 '翠香'（'西猕 9 号'）

果实呈卵形，果喙端较尖，整齐，果个中等，平均单果重 92 克。果皮较厚，呈黄褐色，难剥离，稀被黄褐色硬短茸毛，易脱落。果肉翠绿色，质细多汁，甜酸爽口，有芳香味，果心细柱状，白色可食，可溶性固形物含量 8% ～ 12%，总糖含量 3%，总酸含量 1.2%，维生素 C 含量 99 ～ 185 毫克 /100 克；成熟采收的果实在室温条件下后熟期 12 ～ 15 天，0℃条件下可贮藏 3 ～ 4 个月。萌芽率 60% ～ 70%，结果枝率 80% 以上。4 年生株产 9 千克，盛果期株产 20 ～ 23 千克。陕西秦岭北麓中部 9 月上旬果实成熟，果性较强，丰产性好。品种适应性广，抗寒，抗日灼，较抗溃疡病。

2.2.14 '瑞玉'

果实呈长椭圆形，果面被黄褐色硬毛，平均单果重 96 克，最大单果重 136 克。果肉绿色，细腻多汁，风味香甜可口，可溶性固形物含量 18% ～ 20%，干物质含量 25%，维生素 C 含量 174 毫克 /100 克，可滴定酸含量 0.8%，可溶性糖含量 12%。抗逆性强，适应性广，树势强，幼树生长快，成枝率高，长果枝和中果枝结果性一致，果皮较厚，耐日灼、风磨，残次果少，分级包装商品率高。在秦岭北麓 9 月 20 日左右果实成熟，常温下熟期 25 ～ 30 天，低温下贮藏期 5 个月。

2.2.15 '米良 1 号'

果形呈长圆柱形，果皮棕褐色，被长茸毛，果顶呈乳头状突起。果肉黄绿色，汁液多，酸甜适度，风味纯正，具清香，品质上等。最大果重 128 克，平均果重 74.5 克，可溶性固形物含量 15%，总糖含量 7.4%，有机酸含量 1.25%，维生素 C 含量 207 毫克 /100 克。室温下可贮藏 20 ～ 30 天。

2.2.16 '金魁'（'金水 II-16-11'）

果实呈阔椭圆形，果皮较粗糙，褐黄色，被硬糙毛，毛易脱落，茸毛中等密，棕褐色，果顶平，果蒂部微凹。平均果重 90 克，最大果重 172 克，纵径为 6.78 厘米，横径 4.95 厘米，侧径为 4.52 厘米，果肉翠绿色，汁液多，风味特浓，酸甜适中，具清香，果心较小，果实品质极佳，可溶性固形物含量 18.5%～21.5%，最高达 25%，总糖含量 13.24%，有机酸含量 1.64%，维生素 C 含量 120～243 毫克 /100 克。耐贮性强，室温下可贮藏 40 天。

该品种树势旺盛，萌芽、成枝率高，隐芽极易抽生徒长枝。所有的枝都可以成为结果母枝，抽生结果枝，以中短果枝结果为主，花量大，易形成伞状花序。定植第 3 年始花结果，产量高，亩产优质果 1500 千克，是一个表现极佳的鲜食加工兼用品种。最佳种植区在海拔 600～1200 米，3 月上旬开始萌芽，5 月上中旬盛花，花期 5～6 天，6 月为果实第一次膨大期，7 月中旬至 8 月上旬为果实第二次膨大期，10 月下旬成熟，11 月中旬为最佳采收期。

2.2.17 '秦美'

果实成熟期在 10 月上中旬。果实呈椭圆形，平均单果重 106.5 克，最大单果重 160 克，果皮绿褐色。果肉绿色，质地细，汁多，酸甜可口，味浓有香气，可溶性固形物含量 10.2%～17%，总糖含量 11.18%，有机酸含量 1.6%，维生素 C 含量 190～354.6 毫克 /100 克，耐贮性中等。已在陕西省广泛种植，面积超过 1 万公顷。

2.2.18 '华特'

毛花猕猴桃，果实呈长圆柱形，果面密布白色长茸毛，平均单果重 80 克，最大单果重 130 克；果肉绿色，髓射线明显；果实酸甜可口，风味浓郁。

2.2.19 '迷你华特'

毛花猕猴桃，单果重 30～40 克，鲜果中含维生素 C 616～659 毫克 /100 克，果实可溶性固形物含量 14.5%～16.8%，总糖含量 10.5%～12.1%，总酸含量 1.06%～1.18%。10 月下旬至 11 月上旬成熟，可在树上软熟，宜作为旅游观光采摘品种。植株长势强，适应性广，抗逆性强，耐高温、耐涝、耐旱和耐土壤酸碱度的能力均比中华猕猴桃强；结果性能好，各类枝蔓甚至老蔓都可萌发结果枝；丰产、稳产，可食期长，货架期长，贮藏性好，常温下可存放 2 个月，冷藏可达 4 个月以上。1 年生枝灰白色，表面密集灰白色长茸毛，老枝和结果母枝为褐色，皮孔明显，数量中等，皮孔颜色为淡黄褐色。成熟叶长卵形，叶正面绿色无茸毛，叶背淡绿色，叶脉明显。叶柄淡绿色，多白色长茸毛。抗病虫害能力强，几乎不用农药，是难得的无农药污染的"绿色果品"。特别对猕猴桃溃疡病具有极高的抗病性，是目前已知抗性最强的新品种。一朵花结一个果，坐果率达 100%，且无采前落果现象，可挂树保鲜。经济寿命长，可生长 40～60 年。栽后第 2 年挂果，第 4～5 年可达到丰产期。适宜在年平均温 12～13℃、有效积温 4500～5200℃、无霜期 210～290 天的地区发展。

2.2.20 '魅绿'

中国农业科学院特产研究所 1980 年在吉林省集安市复兴林场的野生软枣猕猴桃资源中选得，1993 年通过吉林省农作物品种审定委员会审定，原名为 8025。其平均单果重 18.1 克，最大果重

软枣猕猴桃——'魁绿'

32.0 克。果实长卵圆形，果皮绿色、光滑无毛，果肉绿色、多汁、细腻，酸甜适度，可溶性固形物含量 15.0%，总糖含量 8.8%，总酸含量 1.5%，维生素 C 含量 430 毫克 /100 克，总氨基酸含量 933.8 毫克 /100 克。果实含种子 180 粒左右，雌雄异株。树势生长旺盛，丰产性能好，抗逆性强，在绝对低温 -38℃的地区栽培多年无冻害和严重病虫害。属中熟品种，在丹东一般于 9 月中下旬成熟。

3 生物学特性

3.1 树性

猕猴桃为多年生木质藤本植物，常须依附在其他物体（支架）上才能生长。猕猴桃为雌雄异株植物，雌花的花粉败育，雄花的子房与柱头萎缩，分别形成单性花，只有雌雄株搭配才能授粉受精结果。在生产上常用扦插、嫁接和组培繁殖，栽植 1～2 年即可结果，3～4 年进入丰产期；自然更新能力强，树龄也长，百年以上的老树仍能正常结果。

猕猴桃雄花　　　　　　　　　　　　　　　　猕猴桃雌花

3.2 根系

猕猴桃具有发达的须根系，且为肉质根，根内贮存大量的营养物质。猕猴桃根系浅，多集中分布于地表以下 20～30 厘米。猕猴桃的成年植株根系分布相对浅而广，自然状况下水平分布常为地上部的 2～3 倍。猕猴桃的侧根较少，但根的导管很发达，故根压非常大，所以萌芽力强，春季树液流动明显，加之枝蔓中具有较大的髓，容易出现伤流。

猕猴桃的根系

猕猴桃的枝蔓

3.3 芽和枝叶特性

芽的外面包有 3～5 层黄褐色毛状鳞片，着生在叶腋间海绵状芽座中。一个叶腋间有 1～3 个芽，中间较大的芽为主芽，两侧为副芽，呈潜伏状；副芽在主芽受伤或枝条短截时才能萌发。主芽有叶芽和花芽之分。在发育良好的生长枝或结果枝的中上部，叶腋间的芽通常为花芽，芽体

猕猴桃枝蔓的髓

肥大、饱满。当年形成的芽也可萌发成枝，即表现为早熟性。猕猴桃的芽，其位置背向地面的，生长旺盛；与地面平行的，长势中庸；向着地面的，枝条长势衰弱，甚至不能萌发。很强的极性和背地性是猕猴桃所特有的。猕猴桃为藤本植物，缠绕茎蔓生，具有细长、坚韧、组织疏松、质地轻软、生长迅速的特点。枝蔓中具有较大的髓。

3.4 开花与坐果

猕猴桃雄花开花时间为 5 ～ 8 天，雌花开花时间为 3 ～ 5 天，花开放的时间多集中在早晨，并且 7：30 以前开放的花朵占全天开放花数的 77% 左右；开花后头三天授粉结实率高。

花期早晚，不同种类、品种差异大，依次为中华猕猴桃、美味猕猴桃、软枣猕猴桃、毛花猕猴桃。

猕猴桃属虫媒花。猕猴桃雌花只有授粉受精后才能结果。猕猴桃容易成花，坐果率高，一般无生理落果现象。

3.5 果实与种子

猕猴桃果实由含 26 ～ 38 个心皮的子房发育而成，每一心皮具有 11 ～ 45 个胚珠，形成许多小型棕色种子，胚珠着生在中轴胎座上，一般形成两排，种子数为 600 ～ 1300 粒，种子数多则果实大；故需混栽花粉量大的雄株，除昆虫授粉外，常需人工辅助授粉。

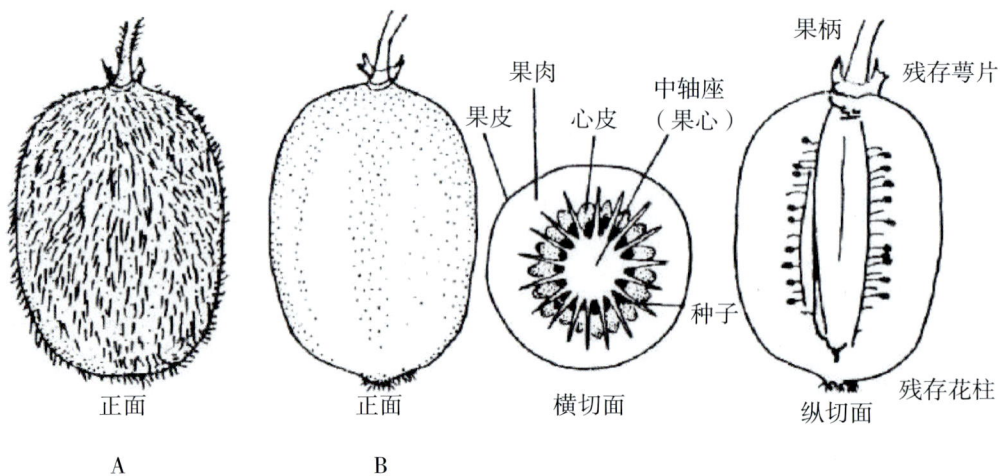

猕猴桃果实外观及剖面

A. 美味猕猴桃；B. 中华猕猴桃

3.6 环境条件要求

猕猴桃的环境条件有"四喜"和"四怕"。

"四喜"：喜温暖、喜湿润、喜肥沃、喜光照。

"四怕"：怕干旱、怕水涝、怕强风、怕霜冻。

3.6.1 温度

多数猕猴桃喜温暖湿润的气候，在年平均温度 11～18℃、极端最高气温达 42.6℃、极端最低气温 –20.3℃、≥ 10℃有效积温 4500～5200℃、无霜期 210～290 天的山区分布较多，并开花结果良好。4℃以下低温 950～1000 小时，可满足解除休眠的需要。

久晴高温和干旱天气，会使叶片、果实和枝梢受害，如叶片焦枯、落叶、果实日灼、落果、枯梢等。

3.6.2 光照

猕猴桃幼树喜阴，但成年植株又喜攀缘树上，以获得充足的阳光。幼龄的猕猴桃耐阴性强，栽植时要注意遮阴；到了开花结果后，又要求有足够的阳光。

猕猴桃园的防风网和避雨棚

3.6.3 水分和降雨

猕猴桃是一种生理耐旱性较弱的树种，对土壤水分和空气湿度的要求较高。

幼苗期需要适当遮阴和保持土壤湿润。猕猴桃的根系浅，对土壤缺氧反应敏感，在渍水地带不能生存。花期遇雨，影响正常授粉受精。

3.6.4 土壤

猕猴桃喜土层深厚、肥沃疏松、排水良好、有机质含量高的土壤。

3.6.5 风

猕猴桃对风的敏感度比任何一种果树都要高得多。在人工栽培状态下，对风更为敏感，这种高度敏感性表现在猕猴桃的新梢幼嫩，基部结合弱，且叶薄而大，受风害后，易使嫩梢折断或新叶破损。在花期遇大风，易使雌花的柱头干枯，蜂类无法活动，使花器破碎。花期缩短，影响授粉、受精而减产。5月中下旬至6月初，正是猕猴桃幼果快速发育期，而此时也常常遇到干热的南洋风，幼果表面很容易擦伤，影响果实的商品价值。所以，建园时必须考虑风害问题，避免在迎风的地方栽植。在大风频繁的地区栽植猕猴桃，一定要事先造好防风林或建好防风网。

中篇

猕猴桃产业
实用技术

1 建园定植

建园定植必须走出以往的认识误区：

误区一，野生猕猴桃长在高山，栽培需要上高山；

误区二，野生猕猴桃长在野外，抗性优于栽培品种，宜用野生猕猴桃的种子培养砧木；

误区三，猕猴桃怕干，需要深栽；

误区四，猕猴桃根系分布深，需要深施有机肥；

误区五，猕猴桃抗性强，不需要防虫治病；

误区六，猕猴桃生长旺，需要经常性夏季修剪。

根据猕猴桃的生物学特性和不同品种的特点，因地制宜地制定适合当地的技术规范。

猕猴桃栽培技术的指导思想是：

顺应自然，科学合理；

省工省力，轻简高效；

安全健康，绿色环保。

1.1 建园定植

1.1.1 园地的选择

猕猴桃园地选择要围绕品种特性来定，主要把握两个原则：一是空气、土壤、水质均无污染的地域；二是适合猕猴桃生长发育的要求。

猕猴桃喜温暖、喜湿润、喜肥沃、喜光照，怕干旱、怕水涝、怕强风、怕霜冻。所以，猕猴桃园地必须选择气候温暖、雨量充沛、无霜冻、海拔适宜的地域。背风向阳、水源充足、排灌方便、土层深厚、腐殖质丰富、有机质含量 1.6% 以上、地下水位 1 米以下、年日照时数超过 1300 小时的浅山丘陵缓坡地。土壤呈中性或微酸性，通透性良好，交通运输方便。

条件适宜就发展，条件不行就不要勉强建园，在高海拔地区、低洼地、山顶、风口处不宜建园。

1.2.1 建园

猕猴桃怕涝，在平地及山地槽田建园时须起垄或筑墩栽植。

猕猴桃建园，经历了由挖穴栽植到抽槽抬高栽植，再由单行起垄到双行起垄栽植的发展过程。双行起垄的方法是全园耕翻（最好能深翻50～80厘米），然后将表土和有机肥（每亩20立方米，多多益善）混匀后，双行起垄，垄高70～80厘米，垄宽7～8米，垄底宽8～9米，垄间距在（沟上宽）1.2米，将猕猴桃按栽植要求双行栽在垄上，垄上行间距离4～5米。这样可防止夏季雨水积涝及病害传播，且适合垄内机械操作。用这种方法栽的树比平栽的当年生长量可增大1倍，以后树体发育也较好。

起垄栽苗后，要特别注意随时覆土，保护根颈，既不能把嫁接口埋到土里，也不能将根系暴露出地面。根系露出地面后，会影响根系的正常生长，进一步则会影响到树势的强弱。

在涝洼湿地建园则宜挖深沟筑高畦，并设地下通气排灌暗沟，想方设法降低地下水位，改善根际通气状况。

五峰县苏家河村单行起垄栽培
（2019-01）

建始县红石垭村单行起垄栽培
（2015-01）

建始县罗家坝村双行起垄栽培
（2019-10）

蕲春县田围村双行起垄栽培
（2022-12）

四川苍溪县的避雨双行起垄栽培（2023-05）

坡地果园按预定的株行距挖深、宽各 1 米的沟槽，坡上坡下槽槽相通，按回填要求回填后起垄栽植。

1.3.1 苗木定植

1.3.1.1 栽植密度

栽植密度根据果园地势、土壤、肥水条件、品种特性、架式和管理水平而异。山地、丘陵地应定植密些，平地可定植稀些；土壤深厚肥沃要稀些，土壤瘠薄可密些；多雨潮湿地区宜稀些，干旱少雨地区宜密些；生长势强的品种要稀，生长势中庸、短果枝类型的要密；篱架可栽密些，棚架可适当稀些。

'金塘一号''翠香''金魁'的株行距多采用 3 米 ×4 米，'红阳''金塘三号'早期的株行距也可采用 2 米 ×3 米。

1.3.2.1 苗木检疫与消毒

苗木引入前一定要请专门的机构进行检疫，带有检疫性病虫的苗，如细菌性溃疡病、根结线虫病等，不允许引进。

苗木消毒是保证定植成活的关键技术，将苗木捆成小把，放入装有 5 波美度石硫合剂溶液中浸泡 10 分钟，然后用清水洗净药水，就可以下田栽植了。

1.3.3.1 苗木定植

栽植时，按要求在垄上挖开定植穴，检疫消毒后的苗木，还要检查苗木根系是否完整，不栽无根苗，如果有根瘤状物应全部剔除，病苗不栽，应及时销毁。

先用泥浆蘸根，放在穴的中央，理顺苗采用掘接，又称扬接，即当时挖砧木，当时嫁接，当时栽苗，采用掘接可减轻伤流，延长嫁接和栽苗时期。

苗木定植的技术要求是"泡土偎根，向上提苗，用力踩紧，把水浇足"。

无论是实生苗还是嫁接苗，苗木定植后，都要剪留 2 ~ 3 个饱满芽。

苗木定植后，要在苗木旁边插一根 1.4 米长的引导杆，或在苗木旁边插一根短桩，从架面钢丝到短桩之间系一根细绳索，用以引蔓。

一般来说，坡地深栽苗，平地浅栽苗。苗木定植的原则是"宜早不宜迟，宜干不宜湿"。

幼苗引蔓

1.4.1 坐地苗嫁接建园

根据建始县实践，有条件会嫁接的，可以先栽实生砧木苗。待砧木生长强壮后，就地嫁接优良植株上的充实饱满芽子。嫁接需避开伤流期，最适宜在 8 月下旬至 9 月上旬采用单芽枝腹接，冬季修剪时剪砧。

此法优点很多，一是可以保证雄株比例；二是可以优中选优；三是可以大大减少溃疡病、根结线虫病等危险病虫害的传播。

1.2　苗期管理

幼苗生长期，要及时抹除基部萌蘖和顶芽以外的所有萌芽，以利于集中营养让顶芽笔直向上生长，待顶芽生长到架面附近时，距离架面 20 ~ 30 厘米剪梢，以产生两个分枝，形成将来的主枝。

2 土肥水管理

2.1 土壤管理

2.1.1 果园覆盖

园地覆盖具有抗旱保墒、保土保肥、改良土壤等作用，有利于果园生态平衡，有利于根系生长和增强吸肥吸水的能力，有利于提高果实品质。果园覆盖包括覆草、生草覆盖、地膜覆盖、沙石覆盖等措施。

2.2.1 果园间作

幼龄猕猴桃园架面还没有封闭，应当间作一些经济作物，这是一项以短养长、以园养园的立体农业措施，可贴补投资，降低生产成本。幼龄园间作以不影响猕猴桃植株正常生长为度，可以

猕猴桃园的地面覆盖

间作贝母、党参、白术等药材，胡萝卜、甘蓝、白菜、油菜等蔬菜，以及红三叶、白三叶、印度豇豆等绿肥植物。

猕猴桃有些品种在幼年期，可以适当间作玉米等高秆作物，用来遮阴，以缓解强光照射对猕猴桃的损伤。比如'红阳'，在幼龄期，在行间间作 1～2 行玉米，可降低日灼病、褐斑病的发生率。

2.3.1 果园覆盖和生草新进展

2.3.1.1 果园覆盖新进展

近年来，有的果园把高尔夫球场等处刈割下来的草，覆盖在果树树盘，厚度在 30 厘米左右，并在树干周围留出 30 厘米左右空间，保持干爽状态，可有效控制杂草生长，稳定果园的温湿度。几年后，土壤有机质含量明显提高，土壤微生物群落趋于合理，蚯蚓明显增多，有利于土壤团粒结构的形成，收到了很好的改良土壤、提高土壤自然肥力的效果。

1.3.2.1 果园生草新进展

近年来，有的果园空心莲子草（革命草）生长猖獗，以前采用除草剂，尚可控制，停用除草剂后，就难以防控，除草成本大幅度增加。有的果园，在空心莲子草长至 30 厘米左右高时，喷布 98% 的磷酸二氢钾 10% 的高浓度溶液，半个月后，再喷一次，可让空心莲子草幼嫩部分很快木质化，并停止生长。到秋施基肥时，用除草机械刈割地上部分，直接覆盖地面，亦可逐年提高土壤自然肥力。

2.2　营养与施肥

土壤肥力是指土壤提供作物适宜的水、肥、气、热的能力。

作物生命活动需要的必需元素，除了碳、氢、氧外，其他均来自土壤。主要是通过施用肥料补给的。

为了均衡、适量地提供营养元素，最重要的措施是提高土壤的有机质和缓冲能力。

根据植物对营养元素所需量的不同，可分为大量元素、中量元素和微量元素。大量元素包括 N、P、K；中量元素包括 Ca、Mg、S；微量元素包括 Fe、Mn、Zn、Cu、Mo、B、Cl。

必需元素在植物体中的作用应遵循营养元素同等重要定律、不可代替定律、最低养分定律。

肥料的构成必须注意三大比例，首先，有机质与营养元素的比例；其次，大量元素与中微量元素的比例；最后，大量元素氮、磷、钾的比例。

要根据土壤养分供给状况（土壤营养分析）和植株养分利用状况（叶片营养分析）来施用肥料。例如，蚯蚓多少可以作为土壤好坏的重要标志。

猕猴桃叶片营养元素含量表（新西兰）

	N（%）	P（%）	K（%）
标准值＜缺乏	＜2.15	＜0.09	＜1.20
标准值 适量	2.37～2.58	0.17～0.23	1.54～1.87
标准值 ＞过量	＞2.80	＞0.30	＞2.21
标准值适量 （日本）	1.11～1.41	0.75～0.87	2.38～5.92
	Ca（%）	Mg（%）	S（%）
标准值＜缺乏	＜2.37	＜0.27	＜0.21
标准值 适量	3.11～3.84	0.40～0.51	0.33～0.44
标准值 ＞过量	＞4.58	＞0.62	＞0.56

	Fe（毫克/升）	Mn（毫克/升）	Cu（毫克/升）	Zn（毫克/升）	B（毫克/升）
标准值＜缺乏	—	＜17	—	—	＜20
标准值 适量	115～150	104～190	5～15	1～22	31～42
标准值＞过量	—	＞277	＞21	＞30	＞53

堆肥或生物菌肥发酵过程分为高温发酵和低温发酵两个阶段。发酵基质的碳氮比应不低于20∶1，最佳比例是28～30∶1。

施肥

猕猴桃种植一定要使用充分腐熟的农家肥料和经过有机认证机构认证的、符合有机产品生产标准的生物有机肥或其他土壤培肥和改良物质。千万不能施用未腐熟的农家肥尤其是生鸡粪，限量施用化学肥料。提倡适量施用菜籽饼和矿源黄腐酸钾。

把握"施足基肥，壮果肥少量多餐"的原则。根据土壤肥力和品种特性来确定施肥方案，在科技人员的指导下用肥，不滥用肥料，保护农业生态环境。

绿色食品是安全优质营养类食品的统称，在国外又称为健康食品、有机食品、天然食品、生态食品或无公害食品。

在绿色食品生产技术中合理施肥首先要求施用肥料的种类和数量应限制在不污染环境、不危害作物、不在产品中残留到危害人体健康的限度；经过施肥的土壤仍具有足够数量的有机物质含量，维持土壤生物活性，不污染生态环境，提高土壤肥力，形成一个安全优质生产无公害绿色产品的良性循环。

生产绿色产品的肥料使用要求

根据中国绿色食品发展中心的规定，绿色食品分为 AA 级和 A 级，生产 AA 级绿色食品要求施用农家有机肥和非化学合成的商品性肥料，还可施用一些叶面肥料。

生产 A 级绿色食品则允许限量使用部分化学合成的肥料，如尿素、硫酸钾、磷酸二铵等，但施用时必须与有机肥料配合使用，有机氮与无机氮之比为 1 ∶ 1，相当于 1000 千克厩肥加 20 千克尿素的施用量，禁止施用硝态氮。

2.2.1 基肥

基肥是猕猴桃全年生长的基础，占全年总肥料的 60%～70%，要按要求施足基肥。以充分腐熟的农家肥料和生物有机肥为主，落叶之前施基肥，一般在 10～11 月进行，12 月至翌年 1 月原则上尽量不要翻土伤根，否则可能会加剧冻害。把握"壮树多施，弱树小树少施，大树远施，小树近施"的原则。幼龄果树可挖半环状沟施肥，成年果树可采用隔行抽槽施肥，沟深 20～30 厘米，宽根据肥料的多少来定，肥多就宽，肥少就窄，将肥料和土混合均匀后填入沟内，然后回填土呈瓦背形。

尽量采用垄上撒施后和表土拌匀，可用旋耕机浅耕 10 厘米以内拌匀。

农家肥料腐熟的方法：动物排泄物、植物残体等与生石灰分层堆压，上压泥土，然后用薄膜覆盖，在顶部深插一竹竿透气，1 个月后，均匀翻动肥堆后，即可以下田使用。

农家肥和生物有机肥作基肥，4 年以内的幼龄果树：农家肥料 1000 千克 / 亩，生物有机肥 25 千克 / 亩。5 年以上的成年果树：农家肥料 1500 千克 / 亩，生物有机肥 50 千克 / 亩。

生物有机肥作基肥，4 年以内的幼龄果树：生物有机肥 50 千克 / 亩；5 年以上的成年果树：生物有机肥 100 千克 / 亩。

2.2.2 壮果肥

谢花后 15 天开始，以充分腐熟的农家肥料或生物有机肥为主，补充施用适量的钾肥，把握"结果多的多施，结果少的少施，大树远施，小树近施"的原则，结合夏季中耕除草施生物有机肥。壮果肥要尽量多施几次，分土壤追肥和叶面追肥两种。

土壤追肥可先在果树滴水线下挖深约 10 厘米的施肥沟，将农家肥或生物有机肥撒在沟内，然后覆土，并将周围的草也覆盖在树盘上，最好撒施后和表土拌匀。

全年追肥 2～3 次，每次幼龄果树施农家肥 5 千克 / 株 + 生物有机肥 0.25 千克 / 株 + 钾矿粉 0.2 千克 / 株，成年果树施农家肥 15 千克 / 株 + 生物有机肥 0.5 千克 / 株 + 钾矿粉 0.5 千克 / 株，每次施肥位置不要重复。叶面追肥结合病虫害防治进行，使用浓度为 0.2%。

壮果肥的使用应根据树势和果园土壤肥力来决定施肥的时间、施肥量和施肥次数，有的由于基肥施得足，果园土地肥沃，挂果少，全年就不需要施壮果肥或少施壮果肥。总之，施壮果肥时要具体情况具体分析。原则上是生长季尽量不要伤根。

2.2.3 猕猴桃专用肥

通过对建始县农业局土壤肥料工作站和猕猴桃种植大户的调研，了解到建始全县土壤养分近 30 年的变化情况，即土壤酸化严重，有机质含量下降，土壤碱解氮有较大幅度提升，有效磷虽有提高但离猕猴桃需求尚有较大距离，速效钾含量极大幅度下降，有效钙和有效硼普遍处于缺乏状态等。

据张力田等（2003）研究，獼猴桃溃疡病在磷、硼等供给不足的情况下易于发病，若能满足磷、硼的供给，可有效减轻甚至消除溃疡病的发生。

根据建始县种植大户在獼猴桃培肥管理中存在的问题，即亩施肥量（千克）为 N : P : K= 12 : 5 : 8 甚至 13.4 : 3.0 : 3.5，存在氮过量而磷严重不足的现象。

施用量：幼树施用量在 1.5 千克 / 株左右，结果树施用量在 2.5 ～ 4 千克 / 株。

日本獼猴桃施肥标准表

试验品种	'香绿' '赞绿'				'海沃德'			
树龄	目标产量（千克）	施肥成分量（千克 /0.1 公顷）			目标产量（千克）	施肥成分量（千克 /0.1 公顷）		
		氮	磷酸	钾		氮	磷酸	钾
1	—	5.0	5.0	5.0	—	6.0	6.0	6.0
2	250	6.0	7.0	6.0	—	8.0	8.0	8.0
3	750	8.0	9.0	80	400	10.0	11.0	11.0
4	1000	10.0	11.0	10.0	1000	12.0	14.0	13.0
5	1500	12.0	16.0	14.0	1500	14.0	17.0	16.0
6					2500	17.0	20.0	19.0
成年树	2000	12.0	18.0	14.8	2500	18.0	22.0	20.0

试验品种	施肥时期		氮		磷酸		钾	
			施肥比例（%）	施肥量（千克 /0.1 公顷）	施肥比例（%）	施肥量（千克 /0.1 公顷）	施肥比例（%）	施肥量（千克 /0.1 公顷）
'海沃德'	基肥	11 月	100	12	80	14.4	60	8.9
	追肥	6 月	—	—	20	3.6	40	5.9
	年施肥量			12		18		14.8
'香绿' '赞绿'	基肥	11 月	100	18	80	17.6	70	14
	追肥	6 月	—	—	20	4.4	30	6
	年施肥量			18		22		20

注：'香绿' '赞绿'——肥沃地 10 株 /0.1 公顷、中庸地 15 株 /0.1 公顷；'海沃德'——肥沃地 10 ～ 15 株 /0.1 公顷、中庸地 15 ～ 20 株 /0.1 公顷。根据枝条的伸长量增减施肥量。

2.3.2 施用时期

为了降低价格，专用肥没有添加缓释剂，故在具体操作时，可在采果前后的 10 ～ 11 月施用基肥时，施用总施肥量的 2/3，在谢花后的 5 ～ 6 月施用壮果肥时，施用总施肥量的 1/3。

2.3.3 钙肥的施用

獼猴桃也和其他作物一样，需要吸收多种养分，以达到生长发育的要求。纵观近年施肥实例，钙肥可能是猕猴桃目前的最小限制养分。

2.3.3.1 猕猴桃钙肥缺乏的表现

（1）黑头病。有专家研究，某些猕猴桃品种，如'翠香'体内钙含量明显低，提示其对钙的吸收有障碍。与其相契合的是，'翠香'黑头病十分严重。

在生产实践中，推广补钙的猕猴桃园基本看不到黑头病的发生，由此印证了钙与黑头病的关系。同时，黑头病确实也有病原的因素。但实践中，补钙加上发病前后喷雾杀菌剂的猕猴桃园，黑头病并不会造成问题。

（2）裂果。钙是植物组织细胞胞间层的重要"骨架"元素，还以"钙调素"的形式，参与植株的信号转导。猕猴桃植株缺钙会导致根尖停长、裂果等现象出现。在生产过程中，及时补钙（喷雾富含钙的牛奶、施用含钙丰富的麦饭石粉）明显减少裂果的实践，充分说明了补充钙元素的重要性。

（3）卷叶。猕猴桃品种中，'红阳'极易发生卷叶现象，严重的，叶片上卷如船形。生产实践中，注意叶面补钙、钾的，症状就会改善许多。由此说明其品种吸收钙、钾可能也受影响。

（4）不耐贮运。有采后研究表明，采果前后喷雾 0.5% 氯化钙，可以提高果实的耐贮性。如'翠香'果实耐贮性差，是否与其对钙吸收性差有关，值得继续观察。

2.3.3.2 补钙的形式与时期

目前，生产中的补钙形式主要有叶面肥形式和土壤施用形式。其中，叶面肥补钙迅速、直接；土壤施钙供钙量（比如硝酸铵钙）大，但过多的钙素易被固定（北方）或淋溶（南方）。生产实践表明，叶面补钙可以克服缺钙对生长发育造成的障碍。

叶面肥形式主要为螯合钙（糖醇钙）和硝酸钙等。这些形式的钙含量低，有效性下降，吸收慢（大分子，不易通过质膜），有的喷雾浓度不能高（只有万分之几，浓度过高会烧叶）。建议使用氯化钙作为液面补钙的形式。氯化钙中的钙含量高，钙处于离子状态，活性高，易被吸收。同时，猕猴桃不忌氯，或者喜氯，整个分子几乎全吸收。

生产实践使用表明，氯化钙叶面使用浓度保持在 0.3% ～ 0.5%，安全可行。

补钙时期，掌握萌芽后，叶面喷雾防治病虫害时就可加入钙肥，直到套袋。为防止摘袋后突发黑头病，摘袋后立即用 0.3% ～ 0.5% 食品级氯化钙加 50 倍 EM 菌液（白糖扩繁原种产生）喷雾果面。特别需要注意的是，钙肥与磷酸二氢钾混用，会降低各自的有效性，不宜二者混合使用。

2.3　水分管理

猕猴桃是一种生理耐旱性较弱的树种，对土壤水分和空气湿度的要求较高。尽可能采用微喷灌等先进节水管道灌溉方式，实现肥水一体化。

2.3.1 灌溉

建始县气候温暖，雨量充沛，空气湿润，在猕猴桃果园灌溉时要根据实际情况操作，尤其要注意萌芽期和壮果期不可缺水，如果这两个时期缺水，一定要及时灌溉。

灌溉后要及时松土保墒，用草或薄膜覆盖。凡是有条件、有可能的园地，建议修建蓄水池，安装简易滴灌设备，以保证优质丰产。

2.3.1.1 灌溉的作用

满足作物需要；调节地温；调节种植园小气候利用灌溉施肥，用药。

2.3.1.2 灌溉方式

地面灌溉（漫灌、沟灌、树盘灌水或树行灌水、地下输水）；管道灌溉（喷灌、微喷、滴灌、渗灌）。

五峰县苏家河村的管道灌溉

2.3.2 排水

猕猴桃根系为肉质根，喜潮而不耐渍水。土壤渍水易造成根系透气不良，根的呼吸作用受到抑制，在缺氧状态下吸收机能减弱，树体抗逆性下降，病菌趁机蔓延侵染，根系腐烂，叶片发黄脱落，长期渍水可使植株枯萎，窒息死亡。因此，排水是调节土壤水分，使猕猴桃达到水分平稳的重要措施。建园时，应建好排水系统，生产过程中及时疏通沟渠，使渍水快速有效地排除。

建始县地属南方地区，长期阴雨连绵，不仅要把排涝放在日常工作的重要位置，还要在种植方式上下功夫，一是建园时建好排水系统；二是平地一律实行高垄栽培；三是低洼地、无消水通道、地下水位高的田块不宜建园。

2.3.2.1 排水的意义

减少过多水分；增加空气含量；改善土壤营养状况。

2.3.2.2 排水方式

明沟排地表水、暗沟排地下水及井排（对于内涝渍水地排水效果好）。

土壤水分过多时会影响土壤通透性，氧气供应不足又会抑制植物根系的呼吸作用，降低其对水分、矿物质的吸收功能，严重时可导致地上部分枯萎，落花、落果、落叶，甚至根系或植株死亡。

在容易渍水或排水不良的种植园区，建园时就要进行排水工程的规划，修筑排水系统，做到及时排水。

注意，涝害比干旱更能加速植株的死亡。

2.4　果园生草栽培

果园生草栽培是指选择适宜的草种在果树行间或全园种植草本植物作为覆盖物的一种果园管理方法。近年来，猕猴桃果园进行生草栽培试验结果表明，生草在增加土壤有机质含量、改善土壤理化性质、减少水土流失、提高土壤蓄水保肥能力、改善根际环境、提高产量和果实品质等方面效果比较显著。

2.4.1　猕猴桃果园生草栽培的作用

（1）改善猕猴桃果园土壤环境。猕猴桃果园生草栽培通常选择豆科或禾本科植物。豆科植物具有固氮作用，可使土壤中氮元素含量明显提高，而禾本科植物可提高土壤中钾元素含量。果园生草生长到一定高度后进行刈割覆盖，残渣腐解后，草体中的养分便释放到土壤中，有利于提高土壤中相应的养分含量。再加上较少的土壤耕作扰动，能有效地抑制土壤的过度通气，减少土壤有机质的氧化降解。伴随着土壤有机质的增加、团粒结构的形成，有利于总效孔隙度的增大和土壤容水能力的增强。

（2）改善猕猴桃果园小气候。猕猴桃果园生草栽培可有效地增加地面覆盖，缓解降雨对土壤的直接侵蚀，减少地表径流及其对地表的冲刷，从而减轻面源污染；生草的根系可以有效地固结土壤，提高土壤的抗侵蚀能力；生草还能减轻淋溶作用对土壤肥力的削弱，从而减轻对地下水源的污染。另外，生草形成的致密地表植物，可降低近地面的风速，减少地表水分的蒸发，提高水分沉降和渗透速率及水分的利用效率。同时，生草或生草覆盖可影响太阳对地面的直射，起到平稳地温的作用，减少土壤昼夜温差，冬季可提高土壤温度，夏季则降低土壤温度。果园生草从固土、提高土壤和环境湿度、平衡温度等方面改善了猕猴桃果园小气候，从而促进了猕猴桃的生长发育。

（3）促进猕猴桃果园生态平衡。猕猴桃果园生草后增加了植被的多样化，园地土壤和园地空间富含寄生菌，改变了生物群落结构，丰富了生物多样性，形成了一个相对稳定的复合系统，为天敌繁衍和栖息提供了良好的环境，增加了天敌数量，从而减少了虫害发生，起到了一定的生物防治效果。

（4）促进猕猴桃果树的生长发育，提高果实品质和产量。猕猴桃园生草后，减少园区土壤的耕作，对猕猴桃根系的生长比较有利。同时，因生草对土壤理化性质的改善，土壤中的水、肥、热等条件相互协调，为根系的生长提供适宜的微生态环境。同时，猕猴桃果园生草还可以提供良好的水、肥、热等条件，在一定程度上促进了果实的生长发育，提高了果树的光合作用利用率。试验表明，在生草栽培条件下，猕猴桃的单果重和产量增加，可溶性固形物和维生素 C 含量明显提高，总酸有不同程度的降低。

2.4.2 猕猴桃果园生草栽培模式及草种的选择原则

猕猴桃果园生草栽培模式分为全园生草和行间生草。全园生草是在猕猴桃果园行间和株间全部生草（但树干周围 20 厘米不生草），实现满园生草覆盖的一种生草方式，它多用于土层深厚、根系分布深的成龄果园，而在幼龄果园一般要求只能在树行间生草，其草带应在树冠滴水线外围。

全园生草

行间生草

猕猴桃果园生草栽培基本原则：一般选择多年生浅根系草品种，要求与果树竞争水肥少、植株低矮、覆盖效果好、喜阴耐践踏、适应性强、管理简单、有利于害虫天敌的繁衍等特点。单一品种的草往往不会同时具备这些特点，因此常选用豆科植物和禾本科植物混种的生草模式。通常猕猴桃果园生草多选择豆科的白三叶、红三叶和毛叶苕子等，禾本科多选择多年生黑麦草、早熟禾和鸭茅草等。

套种三叶草

套种毛叶苕子

2.4.3 猕猴桃果园生草栽培技术

2.4.3.1 播种

猕猴桃果园生草主要采用直播生草法，根据各草种生长习性春播或秋播。春播一般在 3 月中下旬至 5 月上旬播种，秋播在 9 月播种。直播前应深耕土地，精细整地，粉碎土块，清除杂草杂物，墒情适宜时播种，一般 7 ～ 10 天可以出苗。播种时可采用条播或撒播，条播先开沟，播种后覆土，条播行距 15 ～ 30 厘米；撒播先播种，再覆上薄薄一层土，播种深度 1 ～ 2 厘米为宜。播种时，若种子较小，为了播种均匀，可以先将种子与细土拌匀后再播；且播种时应避开大风天气。

2.4.3.2 肥水管理

播种前应施足基肥（农家肥 2000 千克 / 亩或复合肥 20 ～ 25 千克 / 亩），草种播下后应进行灌水或雨前播种。出苗后根据墒情灌水并及时补苗，幼苗在苗期生长缓慢，与杂草的竞争力较弱，应及时清除杂草，特别是那些容易长得高大的杂草。

一般来说，幼苗抗杂草能力弱，在苗期应追施氮肥（尿素 5 千克 / 亩或硫酸铵 105 千克 / 亩），追肥时应趁雨前或雨后，避免烧苗，豆科牧草或豆科和禾本科牧草混播建植成功后以磷钾肥为主。生草地施肥灌水，一般刈割后较好，施肥应结合灌水，也可趁着下雨撒施。

2.4.3.3 刈割覆盖

猕猴桃果园生草成坪后，可根据生草的生长情况及时刈割，刈割后的草覆盖树盘。播种后的当年草苗较弱小，一般不刈割。从第二年开始，当草长到 30 厘米以上时就要进行刈割，留茬不低于 10 厘米，一年可刈割 3 ～ 4 次，视实际情况而定。生草刈割既可以采用人工也可以采用机械方式，秋季生长的草将不再刈割，冬季留茬覆盖。

生草刈割

2.4.4 猕猴桃果园生草应注意的问题

（1）水肥竞争问题。果园生草栽培存在的主要问题是生草与果树争夺水肥，可在生草初期视果树的生长特点，及时灌水、施肥，并及时刈割覆盖。

（2）杂草控制问题。果园生草的同时滋生杂草是目前果园生草栽培普遍存在的问题，特别是生草初期，若管理不善，就会发生生长旺盛的杂草欺苗的状态。因此，应该选择杂草控制能力强的草种，并及时清除杂草。

（3）加强清园。 果园病害枝叶、病果及冬季修剪后的枝蔓，都应及时清理出园，以免病虫害在草中繁衍越冬。

（4）园区草的更新。一般情况下，果园种植的草 5 ～ 6 年后逐渐老化，要及时翻压更新，腐熟后可增加土壤有机质，土地清耕休整 1 ～ 2 年后再重新生草栽培。

3　整形修剪

3.1　基本树形

　　猕猴桃的架型经历了由单篱架到"T"形架，再由大棚架到高枝牵引的发展过程，在有条件的猕猴桃园，提倡采用高枝牵引的栽培方式。

猕猴桃高枝牵引

3.2 修剪时期与方法

3.2.1 冬季修剪（休眠期修剪）

短截、疏枝、回缩、缓放。

3.2.2 夏季修剪（生长期修剪）

摘心、疏枝、抹芽。

3.2.3 调势保质的不同修剪手法

3.2.3.1 助势修剪（扶弱）

多截少疏，弱枝回缩，去弱留强，去下留上，强枝强芽带头。

3.2.3.2 缓势修剪（抑强）

多放多拉，多疏少截，去强留中，去直留斜，弱枝弱芽带头。

修剪是种植猕猴桃的一项重要技术措施，对生长结果的调控作用是显著的。通过修剪反应，能不断领悟各种修剪的功能，判断修剪的对错，从而不断提高修剪水平。换言之，经验重要，领悟更重要。

3.2.4 修剪的实施

（1）定干。定植后的第一次修剪。

（2）主枝的选定和修剪。

（3）辅养枝处理和结果枝组的培养。

（4）成年树的修剪将重点放在枝组和结果枝的修剪上。

（5）衰老树的修剪用树冠中的旺长枝、徒长枝取代衰老骨干枝的位置。

3.2.5 修剪的基本步骤

（1）"一看"：看树体结构，看生长结果习性，看修剪反应，看树势强弱。

（2）"二锯"：处理非骨干枝。

（3）"三剪"：对象主要是骨干枝和枝组。从上到下，从外到内，从大枝到小枝。

（4）"四查"：适当修改欠妥之处。

3.2.6 修剪的发展趋势

修剪的发展趋势为简化修剪、机械修剪。

3.3　修剪的基本技术

一般大棚架、"T"形架等采用单主干双主蔓或多主蔓树形，而篱架多采用层形，即单主干双层双主蔓树形或单主干三层双主蔓树形，也可采用扇形。目前，多采用单主干双主蔓形的整形方法。

3.3.1　幼树整形修剪

苗木定植后，从嫁接口以上留3～5个饱满芽剪截定干，从新梢中选一生长强壮的壮梢作为主干培养。当主干生长至架面附近时距离架面20～30厘米剪梢，促发侧蔓。侧蔓长出后，选留方向适中的侧蔓2～4枝作永久性主蔓培养，如果是种植密度稀的大棚架，可选留3～4枝新梢作永久性主蔓培养；2枝主蔓分两个走向沿行向延伸，3～4枝主蔓均匀分布到3～4个方向。以后在主蔓上每隔30～50厘米留一侧蔓，并兼作结果母蔓。侧蔓应与主蔓垂直，向架面两边生长。结果母蔓每隔30厘米左右留一结果蔓。"T"形架时，当侧蔓的长度超过"T"形架面宽度时，让其下垂，并与地面保持50厘米左右的距离。"T"形架需要2～3年，而大棚架需要4～6年才能完成。

3.3.2　整形修剪

提倡单干上架，一干二主（蔓），架面均匀分布，注意轻重结合，适当轻剪。

修剪的依据是品种（系）生长结果习性、树龄、树势、架式、立地条件和栽培管理水平等。

幼龄阶段，以营养生长为主，主要结合整形进行修剪，且修剪量宜轻。随着树龄的增大，结果母枝和结果枝以及营养枝大量增加，植株生长势由强旺趋向中等，营养生长和生殖生长相对平衡，在修剪上宜采用轻重结合的方法，以调节叶果比例和枝果比例，使结果母枝交替更新，轮流结果。

同一品种不同的架式，修剪时也有差异，大棚架可对结果母枝轻度修剪，而篱架、"T"形架则对结果母枝采用中度或偏重修剪。

猕猴桃冬季修剪后

修剪时期分为冬季修剪和夏季修剪。冬季修剪是指在冬季落叶后至伤流期之前开展的修剪，又称休眠期修剪，主要集中在 12 月至翌年 1 月，必须在伤流期之前完成，修剪太迟，易引起伤流，使树体衰弱，影响剪口芽的萌发。夏季修剪是指自萌芽至新梢停止生长期进行的修剪，又称生长期修剪，主要集中在 4 ～ 8 月。

3.3.2.1 冬季修剪

采用高枝牵引的树形，冬季修剪时，将结过果、采收后的老结果母枝疏除，再把牵引绳上的枝条放下，均匀平铺在架面钢丝上，作为翌年的结果母枝。

其他树形，冬季修剪主要采用短截与疏剪相结合的方法，轻剪长放，疏除过密枝和衰弱枝。而雄株的冬季修剪一般很轻，因其在花后须进行复剪，所以，雄株冬季修剪主要是疏除细弱枯枝、扭曲缠绕枝、病虫枝、交叉重叠枝、位置不当的徒长枝，保留所有生长充实的枝条，并对其轻剪；短截留作更新的徒长枝、发育枝、回缩多年生衰老枝。

结果母枝和雄株的开花母枝，必须在有充分光照的部位选留，这样才有利于蜜蜂传粉和果实发育。无论是幼树还是结果期，修剪时首先应疏除病虫枝蔓、枯萎枝蔓、过密大枝及交叉枝蔓，对上年结果枝进行短截，对衰老结果母枝或结果枝组应短截更新。

每平方米架面留 3 ～ 4 条结果母枝，每条结果母枝留芽 10 ～ 15 个。对盛果期树修剪时，要避免两种倾向，一种是追求产量实行超轻剪，造成树早衰，商品果率下降，大小年出现；另一种是超重剪，造成树体徒长不结果或产量低，对衰弱树则必须实行重剪法，以加速恢复树势。

3.3.2.2 夏季修剪

猕猴桃的夏季修剪非常重要，幼树通过夏季修剪，可形成理想树形，成年树通过夏季修剪，能及时控制新梢旺长，清除过密枝，改善果园通风透光条件，节约养分，促进果实增大，枝条增粗，提高产量和质量，同时减轻冬季修剪量。其主要的方法有抹芽、除萌、摘心、剪梢、疏梢。夏季修剪是雄株管理的重要工作，主要是把开过花的雄花序枝从基部剪除，再从紧靠主干的主蔓和侧蔓上选留生长健壮、方位好的新梢加以培养，对其不断摘心、抹芽和绑缚。

夏季修剪既是上年度冬季修剪的继续，也是为本年度冬季修剪打好基础，在整个生长季节进行，是一项经常性的工作。修剪得当，可促使树体生长健壮，并减少翌年冬季修剪的工作量。

3.3.2.3 除萌、抹芽

猕猴桃抹芽要慎重，萌芽率高、成枝率高的品种抹芽措施要加强，萌芽率低、成枝率低的品种不抹芽，如'红阳''金魁'等要抹芽，'海沃德'不抹芽。

留芽要根据产量和树势来确定留芽数，遵循"去上下不去左右，去两端疏中间，留强不留弱"的原则。抹去过密的芽、无用的芽、弱芽，保留健壮的芽，当年定植的苗子，留 2 个健壮芽，其余全部去掉。

除萌要慎重，如果树体弱，一定要把基部萌芽保留几个，培养成壮枝，代替衰竭的部分。

3.3.2.4 新梢管理

（1）疏梢。疏梢要及时，在能辨别枝的强弱时就开始，疏梢时要考虑枝的采光面积和生长空间，疏去病弱枝、下垂枝、轮生枝、过密枝和徒长性秋梢。

（2）摘心与捏芽。当年定植的猕猴桃，幼苗生长期，要及时抹除基部萌蘖和顶芽以外的所有萌芽，以利于集中营养让顶芽笔直向上生长，待顶芽生长到架面附近时，距离架面 20 ～ 30 厘米剪梢，以产生两个分枝，作为将来的主枝，向两侧分开引缚。结果枝直接在结果部位摘心，可以防止结果枝上抽生新梢。为防止新梢旺长，可以采用捏芽技术。

'红阳'：结果枝在结果部位以上 8 ～ 10 片叶摘心，营养枝长到 12 ～ 15 片叶时摘心，绑好新梢。

'金桃'：结果枝在结果部位以上 10 ～ 15 片叶摘心，营养枝长到 15 ～ 20 片叶时摘心，绑好新梢。

'海沃德'：中弱梢长甩放，长梢 15 片叶左右摘心，绑好新梢。

果树结果部位外移、基部空秃、结果枝组老化和树体衰竭时，应及时更新，培养主蔓附近抽生的徒长枝留 10 ～ 15 片叶进行摘心。

猕猴桃早春树形（1）

猕猴桃早春树形（2）

猕猴桃的捏芽技术

3.3.3 雄株修剪

雄株开过花后，可以将枝组回缩，疏去病弱枝和树体郁闭部位的多余枝，促壮翌年的雄花枝，促使花芽的分化，为雌树腾出空间，增加结果面积。

3.4 高拉牵引栽培技术

3.4.1 高拉牵引技术的由来

猕猴桃的枝条更新迭代能力特别强，生长极为旺盛，管理不好就会造成密闭不透光，诱发病虫害，极大地影响了果实的产量和质量。所以，每年夏季都要花大量人力物力进行修剪。同时，由于猕猴桃是藤本植物，当枝条生长到一定量时，将无法承受自身的重量，会逐渐倒伏弯曲，而且弯曲部位会不断萌生新芽，长成徒长枝，吸走树体营养物质，影响果实发育。在新西兰，猕猴桃有特殊的培育技术。根据猕猴桃枝蔓逆时针缠绕的生长特性，人为地引导猕猴桃生长发育，并合理地进行枝条管理，能避免上述两种问题发生，这便是高拉牵引技术。

3.4.2 猕猴桃的高拉牵引技术优势

（1）枝蔓会顺着牵引绳生长，且无弯曲，大大提高园区内的美观度。

（2）减少了修剪、抹芽等工作，劳动成本降低，实现"傻瓜式"修剪。

（3）这种管理方式使得植株通风性、透光性极佳，减少了相关病害，大大提升了果实商品价值。

（4）枝条的生长点一直维持在最顶端，所以不会损失翌年挂果的芽口。

3.4.3 高拉牵引技术猕猴桃树形的培养

目前，国内采用较多的主要是平顶架"一枝二蔓"树型，如陕西的周至、眉县以及四川的部分果园。

不同树龄做高拉牵引，管理上有所不同。现以当年栽培的"两段式"营养杯苗为例（株行距为 3 米 × 4 米，水泥桩行间距为 4 米 × 6 米），将高拉牵引技术的操作方法介绍如下：

3.4.3.1 第一年管理

（1）4 月，将提前准备好的杯苗移栽至已搭建好的棚架内。

（2）栽培苗木的同时即可进行牵引工作：在架面横杆（或钢丝）中间竖立一根 7 米长的竹竿，顶端系 42 根 1 毫米粗的细绳（细绳要求弹性变形量小，不打滑），单边各 21 根，间隔 30 厘米系在主蔓钢丝上。

（3）待杯苗长到超出主蔓钢丝 50 厘米时，在主蔓钢丝以下 30 厘米处短截，并拉 2 根牵引绳到主蔓钢丝上（角度不宜过大，30° ～ 35° 为宜）。

（4）待植株重新萌发新芽，从上往下选取两个最好的芽培育为两蔓，其余芽全部抹除（包括实生芽）。

（5）两蔓每长15厘米用绑枝机固定一次，超出主蔓钢丝10～15厘米时，人为地逆时针缠绕在临近的牵引绳上，让其自然生长。

（6）当年冬季修剪时，将两蔓放下，交叉固定在主蔓钢丝上，形成一枝两蔓，超出部分进行90°弯折，平铺绑缚在架面钢丝上，作为第二年的挂果母枝，并将多余部分剪去。

3.4.3.2 第二年管理

（1）3月初，开始萌芽，间隔30厘米保留主蔓上的芽正常生长，并及时逆时针缠绕在临近的牵引绳上，抹除下垂芽，其余芽到5片叶时作捏心处理（约10厘米长）。

（2）冬季修剪时，先将两蔓上除牵引绳上的枝条外的枝条进行3厘米（3～4个芽口）处进行短截，同时将90°弯折的枝条剪除。

（3）再将牵引绳上的枝条放下，均匀平铺在架面钢丝上作为第三年的挂果母枝，多余部分剪除。

3.4.3.3 第三年及以后的管理

管理重点是重新在主蔓上培养翌年的挂果母枝，沿绳牵引，其余芽全部做捏心处理。

4 花果管理

4.1 充分授粉

4.1.1 配置合理的雄株数量

传统的雌雄比例是（8～10）：1，现在增加到（5～8）：1，新西兰有的农场主还采取了"一行雌一行雄"，雌雄比例在3（4）：1，保证了果园充足的花粉来源，有利于生产大果，提高产量。

4.1.2 授粉方式

授粉方式主要是自然授粉，还可以通过人工放蜂、人工授粉和机械授粉等方式提高授粉质量。

4.1.2.1 人工放蜂

放蜂的最佳时期是10%～20%的花开放后，在雌花、雄花都开放时搬箱放蜂为好，以便蜜蜂在两种花上交替采粉、授粉，避免它们只习惯于某一性别的花。根据新西兰的经验，放蜂量以每公顷8箱为适宜。

4.1.2.2 人工授粉

人工授粉在我国的四川、陕西等猕猴桃产区被广泛采用，并取得了非常好的效果，但要花费较大劳动力，授粉成本越来越高。目前的人工授粉主要采用干粉点授的方法，用过滤烟头蘸粉点授或毛笔点授，或者采用雄花与雌花朵对朵点授。另外，在花期喷3%～5%的蔗糖水和0.05%～0.10%硼酸溶液，吸引昆虫授粉，提高坐果率。

（1）接触授粉。每天上午9：00开始集中采集雄花，以花蕾露白1/3、手按有蓬松感为宜，花瓣张开1/3也行。授粉时将雄花花瓣去掉，将花药捏紧，在雌花的子房柱头上轻轻磕碰。一般来说，一朵雄花可授6～7朵雌花，这种授粉方法以天晴效果最佳，下雨效果不好。

（2）喷雾授粉。每天上午9：00开始集中采集雄花，以花蕾露白1/3、手按有蓬松感为宜，花瓣张开1/3也可。将采回的雄花放在称好的水中，用水量根据实际需要而定，用手用力地搓至水变成淡黄色为止，如果水没有变成淡黄色，要继续加雄花至水变成淡黄色。然后用纱布过滤，将过滤好的水放在喷雾器中，加入0.1%的硼砂摇匀后，对已开放的雌花授粉，此法不管天晴还是下雨都可以用。每 2 天授一次，至雌花开完为止。

4.1.2.3 机械授粉

现代化的猕猴桃园利用机械授粉，如新西兰与意大利的果园。常用的方法有花粉悬浊液授粉、干花粉授粉和混合授粉。机械授粉的工具主要采用大型机械或小型手持喷雾器及家庭灭蚊用的小喷雾器。

4.1.2.4 花粉制作与保存相关资料

无论是人工授粉还是机械授粉都需要充足的花粉，采花粉的方法主要是先采集露瓣期含苞待放的雄花大蕾，采集花药，在干燥、适宜的温度下使花药开裂散粉，收集待用。

（1）猕猴桃花粉采集制取

①人工采粉。一般有两种方式：一是将已开放的雄花，用牙刷刷取雄花花药，集中堆放烘干；二是将雄花将开半开的铃铛花，用剪刀直接带花瓣剪取花药，集中堆放烘干。

②机器采粉。利用花粉分离机器，将采集的铃铛花送入机器进行剥离取粉，集中过筛烘干。国外也有使用类似吸尘器的大型吸粉机，在猕猴桃雄树开花时直接将吸嘴对住雄花，来回移动进行吸粉收粉。

③花粉烘干。无论采用哪种方法采集花粉，都要进行烘干爆粉，即在 25 ～ 28℃下进行 12 小时左右的晾晒或烘干。可以直接把烘干的花粉混合物（主要有花药和花丝甚至花瓣）碾碎装瓶待用（用碾槽或微型粉碎机或酒瓶压碎），也可以把烘干的花粉混合物再次过 120 目筛，提取相对

雄花铃铛花

花粉烘干

花粉过筛

较纯的花粉，只有高纯度的花粉才能在电动喷粉机上使用。

（2）猕猴桃花粉贮备保存

①如果当年购买的花粉未使用完，也可继续放入密封的容器中，置于冰箱冷冻室。只要保持干燥和低温（温度越低越好，最好在 −15～−20℃低温库；家用冰箱或冰柜也可以贮存），一般第二年花粉活性都会保存，可以继续使用。

②使用前2天存放在冷柜中的花粉，待花粉跟外界环境温度一致时，将花粉从包装袋中取出，摊开在干净的纸上，放在阴凉透风的环境中自然吸湿后再用。特别提醒，禁止花粉与水接触。

（3）猕猴桃花粉纯度检测

花粉活力检测通常采用萌芽法。用一次性微量吸管，吸取大约6毫克花粉放入一个干净的三角瓶中。将三角瓶放入温度为25℃、湿度为80%以上的培养箱中，培养2小时。吸取8毫升的浸提液加入三小瓶中（内含经过2小时培养的花粉），将三角瓶放入22～25℃的机械摇床上振动

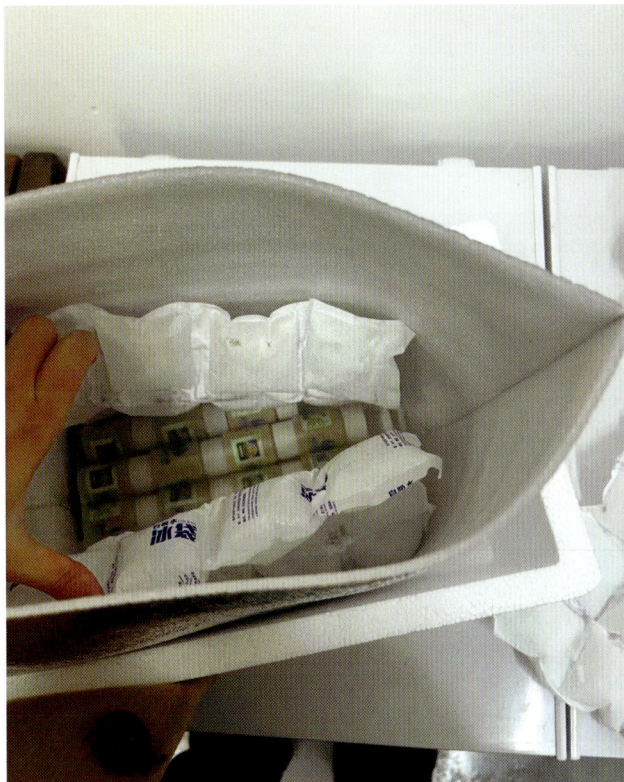

花粉保存与运送　　　　　　　　　　　花粉萌发测定法

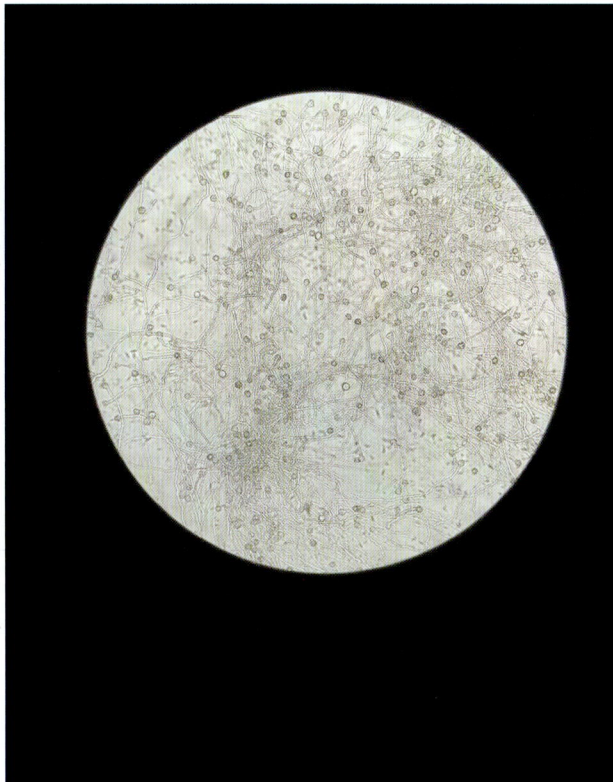

2 小时。用胶头滴管吸取一小滴液体放入载玻片上，盖上盖玻片在显微镜下观测。浸提液为内含蔗糖、葡萄糖及硼酸的溶液。

4.2　疏花疏果

在生产中应注意疏花疏果，合理安排产量以保证果实品质。

4.2.1　疏蕾

疏蕾针对以序花为主的品种，在早期疏除侧花蕾，保证主花蕾的发育，一般在能分辨花蕾大小时进行。

花蕾完全展露后，疏去侧蕾、畸形蕾、小蕾或病虫蕾。

4.2.2　疏果

疏果是疏花的补充。一般结果节位在中部的果实其果形最大，品质最好，先端的次之，基部的最差。而在同一花序中，中心花结的果实品质比侧花的果实要好。因此，疏果时根据这一特性，同一花序上疏除侧花果，保留主花果，同一结果枝上，先疏除结果部位基部和先端的果实。疏果时的留果量要比计划产量适量多留 10% 左右，新西兰中果型品种的叶果比为 4∶1，大果型品种的叶果比为 6 : 1。我国选出的大多数品种和品系，是以短果枝和中果枝为主，其叶果比一般为 4 : 1 左右（王仁才 等，2000）。

疏果时期要早，在谢花后 1 个月内需完成。谢花后 15 天，首先疏去畸形果、病果、小果，然后根据树势、管理水平、树龄确定产量，遵循"壮树壮枝多留果，小树弱枝少留果"的原则，疏去多余的果，疏果务必一次性完成。一般来说，弱果枝留果不能超过 2 个，中庸枝留果 3 ～ 4 个，强壮枝留果 5 ～ 6 个。猕猴桃果实亩预留量计算法：

4 龄果树平均每株果实预留量 = 允许最大生产参考产量 / 品种平均单果重 /100 株雌株

4.3 果实套袋

果实通过套袋，可达到果面干净，降低农药残留，减少果实之间的摩擦伤疤，防止日灼，提高果实的商品性。我国主要采用单层褐色纸袋或单层内黑外褐纸袋，日本采用具有隔水性能的白色石蜡袋，效果均很显著。据日本专家介绍，通过使用套袋，还可以有效预防果实软腐病。套袋前需要喷一次杀菌杀虫剂混合液。

套袋是猕猴桃的一项保护措施，用纸袋给果实建立一个无菌生长环境，不受病菌虫害的侵染，生产的果实整齐干净，绿色无污染，商品外观好，经济效益高。套袋主要应用于有机猕猴桃的生产，适用于中华猕猴桃、美味猕猴桃的所有品种。

套袋技术流程：选袋—定果—杀菌—套果—补套。果实套袋时间要根据栽培品种的开花坐果习性确定，一般为花谢后 10 ～ 20 天。

套袋

4.3.1 选袋

以单层米黄色薄蜡质木浆纸袋为宜，长 15 厘米左右，宽 11 厘米左右，上口中间开缝，一边加铁丝，下边一角开口 2 ～ 4 厘米，纸袋要求防水、透气和韧性良好。

4.3.2 定果

在疏果的基础上，进一步完成没有做到位的工作，把小果、畸形果、病虫果和多余的果疏去，确定套袋的果实。

4.3.3 杀菌

定果后，对果进行喷雾消毒。

4.3.4 套袋

待药水干后，马上开始套袋。一手撑开袋口，由下至上将完好的幼果套入袋中，另一只手将袋口从开缝处折成均匀的褶皱，并用袋子侧边的铁丝将皱褶扎紧，袋子要扎绑在果柄上，不可扭伤或扎伤果柄，果袋下口要打开。套袋时先下而上，先内后外，动作要轻缓。

4.4　果实采收及采后处理

4.4.1 果实采收前的营养状态

施用农家肥，即家禽粪、植物枝叶等拌以少量的磷肥为主复合肥的植株，不仅树体生长健壮，果实发育好，品质优，病虫害少，而且果实的耐贮性也好。大量施用氮肥，虽然可使果实增大，但果实风味变淡，风味较差，在生长期和贮藏期，抗病虫的能力减弱，缩短了贮存的时间。

由于果实含氮过多，还会提升呼吸强度，加快物质消耗，从而加快衰老腐烂进程，降低果品质量。与氮相反，钙可降低果实的呼吸强度，减少物质消耗，保护细胞结构不被破坏，增加果实硬度，同时用钙处理过的果实，在贮藏过程中硬度下降缓慢，可减轻生理病害，从而增强耐贮性。因此，土壤中施钙和采收前数大叶面喷施钙肥（如 1% ～ 1.5% 氯化钙等），对提高猕猴桃果实耐贮性有着重要的作用。

4.4.2 果实采收前的水分状态

水分不仅影响猕猴桃的生长和结果，而且对果实的品质和耐贮性的影响也很大。水分过多，果品质量会降低，风味变淡，生长期和贮藏期病害严重。因此，一般在果实采收前 10 天左右应停止灌水，早晨露水未干前和雨天、雾大天不要采果。

4.4.3 品种的特性

果实的耐贮性和抗病力与品种有很大的关系，一般晚熟品种比早中熟品种耐贮性好，因为晚熟品种在果实发育后期，气温较低，加之昼夜温差大，树体积累营养物质多，在果实采收时气温比较低，呼吸强度减弱，从而有利于贮藏。早熟品种最早的在 8 月初成熟，采果时气温高，呼吸强度大，加快了果实的后熟过程，因而使果实耐贮性变差。通常，美味猕猴桃的果实成熟期较中华猕猴桃的果实成熟期晚，美味猕猴桃有的成熟期可延至 11 月。所以，大多数美味猕猴桃品种比中华猕猴桃品种果实的耐贮性要好些。

果实茸毛的硬度也影响其耐贮性。有的品种果实成熟时茸毛几乎掉光或很少，或者茸毛柔软，如软枣猕猴桃、狗枣猕猴桃、葛枣猕猴桃等果皮光滑无毛，而且成熟早，所以果实很不耐贮藏。一般美味猕猴桃除成熟期晚外，果实还被着较硬的茸毛，所以美味猕猴桃品种比具有柔软茸毛的中华猕猴桃品种耐贮。美味猕猴桃中，毛质硬的成熟时茸毛不易脱落的比毛质柔软易掉毛的耐贮性强。

4.4.4 采收期

采收期果实采收时间的早晚对耐贮性有很大的影响。采收过早，果实还未完全成熟，品质低劣，不耐贮藏，始终是硬果，甚至不能后熟，完全不能食用；采收过晚，增加了落果，使果实硬度降低，造成机械损伤增多，果实衰老快，贮藏期缩短，因此，掌握果实适宜的采收时期才能得到优质果实。确定猕猴桃适宜采收期，可将植株花后天数、干物质含量、可溶性固形物、果肉色差值等作为参考。

最简便的方法，一般采用测定果实可溶性固形物含量的方法，既准确又便于操作。一般美味猕猴桃可溶性固形物含量达 6.2% 以上，中华猕猴桃的可溶性固形物含量达 7.0% ～ 10%。根据我国农业部颁布的标准，早中熟品种的可溶性固形物含量必须达到 6.2% ～ 6.5%；晚熟品种的可溶性固形物达到 7% ～ 8%。例如，新西兰规定可溶性固形物含量要达 6.2% 以上才能采收，但其前提条件是采前需要经历连续 3 天以上的低温；在法国'海沃德'果实的可溶性固形物含量达 7% 以上可以采收，最迟可溶性固形物含量达 10% 时采收。采收时的可溶性固形物含量，不仅品种不同标准不一样，而且与果实贮藏期限有关。如需贮藏时间长或者远销的果实，采收时一般可溶性固形物含量达 6.2% ～ 9% 较为适宜；若是短期贮存或就地销售的果实，采收时的可溶性固形物含量可提高到 9% 以上，这时猕猴桃的风味更浓，品质更好，但缺点是不耐久藏。

4.4.5 采收技术

猕猴桃表皮上有一层茸毛，可减轻果皮的机械损伤，而且可减少水分的流失，在采收过程中要围绕避免果实遭受机械损伤制定的采收操作要领采果，采收前要做好准备工作，如准备好采果用的袋、筐及柔软的垫衬等，而且要尽量减少装卸的次数。采果时一手拉着果枝，一手握住果实轻轻扭动，采下果实，轻轻装入筐、篮中。采果人员必须做到以下几点：

（1）采果前不饮酒，不吸烟。

（2）采果前将指甲剪短，戴上手套。

（3）采收按先下后上，先外后内，切忌强拉硬拽。

（4）阴雨天、露水未干或有浓雾时不得采收，阳光强烈的中午或午后也不宜采收。最好把采果时间定在雾已经消失、天气晴朗的午前。

（5）采后尽快运往预冷地点，并快速进行分级包装处理。

（6）必须轻摘、轻放、轻装、轻卸，避免指甲伤、碰压伤、刺伤、摩擦伤，要挑出病虫果。

4.4.6 分级包装

采收后应按市场要求进行分级，原则上商品果中华猕猴桃单果重量不低于60克，美味猕猴桃单果重量不低于70克。分级分为手工分级和机械分级。目前，世界上最先进的采后商品化处理设备是近红外技术质量分级系统（NIR），该设备可以用来对猕猴桃进行无伤扫描，检测其糖度（Brix）、可溶性固形物含量、内部果肉颜色和瑕疵及果实硬度等多项数据，综合确定其成熟度和损伤度。

包装的好坏对果实损耗、果品质量、贮藏期和货架期有一定的影响。外包装一般选择机械强度较高的容器，如单层托盘或多层包装箱等。多层包装箱可用塑料箱，也可用木箱或硬纸箱。箱体不宜太大，装果层数不宜过多，以免压伤。一般每箱以装果不超过10千克为好，并且箱内必须分层衬垫，果实分格摆放，果与果之间和果与箱之间都应填充软质衬物，如泡沫塑料等，以保证果实在贮运过程中免受损伤。

4.4.7 猕猴桃果实的贮藏

猕猴桃果实采后会快速软化，这是影响贮藏的主要因素。猕猴桃软化主要是由于果实组织内的多糖水解酶和乙烯合成酶促进物质的降解和产生乙烯，进而增强果实的呼吸作用和其他成熟衰老代谢。猕猴桃对乙烯耐受力差，环境中微量的乙烯，对猕猴桃就有催熟作用，果实自己产生的乙烯也具有自我催熟作用。

4.4.7.1 贮藏注意事项

贮藏过程中应避免果实自身产生乙烯，也不得与乙烯释放量大的苹果、梨、香蕉等水果及蔬菜混在一起贮藏，并在贮存库中放置乙烯吸收剂，以除去果实产生的乙烯，使库内乙烯含量不高于0.01毫克／千克。这样可延缓贮藏初期果实的软化过程，是延长贮藏期的关键。此外，贮存库内空气中要保持二氧化碳的含量达4%～5%，氧气含量为2%～3%，相对湿度为90%～95%，库的周围不得熏烟及堆放腐烂的有机物。

4.4.7.2 冷库贮藏

冷库贮藏是目前比较好的贮藏方法。若有条件可以采用冷库与气调相结合的方法来贮藏猕猴桃果实，其效果更好。冷库贮藏的具体操作步骤和方法如下。

（1）果品处理。猕猴桃果实营养丰富，极易遭受微生物的侵害而变质腐烂，因此入库前必须进行如下处理：

①供贮的果实其采摘时间应在可溶性固形物含量达到最佳采收值时，过早或过晚采果对长期贮藏都会不利。

②采摘果实时要剔除伤残果、畸形果、小果和病虫害果。

③果实采收后迅速进行选果、分级、包装，从采摘到入库冷藏需在1天之内完成。在劳动力充足的情况下，可将果梗剪去大部分，只留短果梗，以免果实相互刺伤。

（2）温度的控制。贮藏猕猴桃的最适温度是0～2℃。在果品入库前和入库初，应将库内的温度控制在0℃。由于果实入库会带来大量的田间热，使库温上升，因此，每批入库的果实不能过多，一般以占库容总量的20%左右为佳。库内的温度稳定，在低温状态有利于长期贮藏果实。果实入库完毕，应立即将库温稳定在0～2℃。在整个贮藏过程中，尽量避免出现温度升高或较大幅度的波动。

果实出库上市时，由于库内外温差大，会引起果实表面产生一层水珠，易引起腐烂。对此，可以将出库的果实在缓冲间（或预冷间）中先放一段时间，提高果体的温度后再出库上市，以避免果皮上出现水珠。

4.4.8 催熟

刚采收下来的猕猴桃，无法立即食用。将这些较硬的果实放置一段时间，使其软化可食的过程叫作催熟。催熟工艺是保证上市商品的成熟度、货架期和商品性一致的重要手段。

对于不同品种、不同产地、不同采收环境、不同采后处理方式的猕猴桃，需要有针对性地试验，确定催熟的工艺。

猕猴桃的可食态：用手触摸果实有软感时的状态即达到可食态。用硬度计测定的硬度为3～4千克/平方厘米，犹如人耳垂的硬度。

果实内部成分和状态也显示出可食水平的指标：含糖量达14%以上，柠檬酸含量达1%以下，果肉的颜色加浓，果心的乳白色部分软化。

市场的要求是，在上市后3～4天到达上述的可食状态。

猕猴桃属于呼吸跃变型水果。贮藏后上市前，果实尚处于休眠状态，硬度较高，没有完全达到可食态。为满足消费者的需求，需要采取人为措施，促使果实呼吸高峰到来。随着果实中自发乙烯量的增加，水解酶活性也在不断增加，促进淀粉的糖化和酸分减少，而细胞壁果胶物质等的分解，使果实软化，促进成熟过程。

猕猴桃的催熟方法有强制催熟和即食控熟两种。

4.4.8.1 强制催熟

为了加快猕猴桃果实的后熟，可将采收或出库后的果实置于密闭的库内，根据不同品种调整好乙烯浓度，在一定温度和相对湿度下处理。通常采用乙烯利浸果，然后置于15～20℃温度下，可加快后熟，且具有果实成熟适度一致的优点，这种方法适用于大批量果实一次性催熟。但是经过乙烯催熟的猕猴桃货架期较短，采购后要尽快食用。

下表是日本末泽克彦等（2008）对绿肉猕猴桃'海沃德'等品种和黄肉猕猴桃'黄金果'等

品种果实进行催熟的方法。

绿肉猕猴桃和黄肉猕猴桃的催熟方法表

种类	催熟要点	具体方法
绿肉猕猴桃	提高乙烯作用效率	①乙烯处理时和乙烯处理后的温度设定在15～20℃ ②果实达到买方期望的熟度后，将温度从15～20℃设定至5℃，抑制果实过熟
黄肉猕猴桃	通过控制乙烯处理后的温度，使果实保持适熟状态	①乙烯处理后，在10～15℃下催熟，并随时对果实的追熟情况进行检测 ②当果实硬度达到1.8～2.0千克/平方厘米时，应将果实放置于5℃温度下贮存 ③在催熟过程的后半段，要注意抑制生成过多乙烯，使果实熟度缓慢增长，延长果实的适熟时间

4.4.8.2 即食控熟

即食控熟是一种利用变温催熟方法，实现猕猴桃到手即可食用，且具有较长货架期的可控催熟方法。该方法要求提供的果实要尽可能健康，以减少释放乙烯对果实的软化的影响。

（1）控熟方法。采用恒定温度5～10℃处理，或者采用先20～25℃处理一段时间，而后5～10℃变温处理果实，或采用专业的即食控熟装备处理果实，加速果实软化至所需硬度。为了达到硬度可控的效果，华中农业大学研发了成套的猕猴桃即食控熟装备。

即食控熟装备落地测试

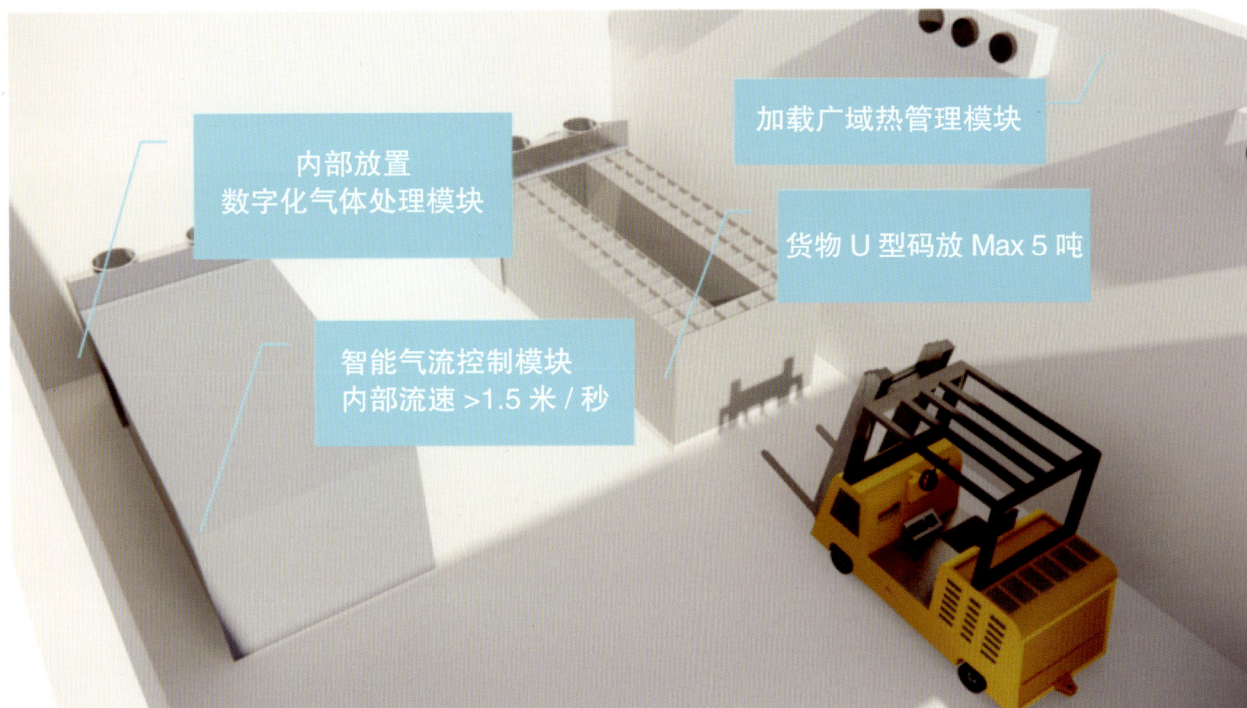

内部放置
数字化气体处理模块

加载广域热管理模块

货物 U 型码放 Max 5 吨

智能气流控制模块
内部流速 >1.5 米 / 秒

即食控熟装备

（2）硬度控制。在催熟过程中，宜采用乙烯脱除剂去除环境中的乙烯；催熟结束后，宜采用 0.5 ～ 1.0 微克 / 千克的 1-MCP 和低温贮藏控制乙烯产生，保持即食果硬度。

即食控熟操作后的硬度宜为 80% 样品果介于 1.2 ～ 6.0 千克 / 平方厘米之间。其中，果肉硬度为 1.2 ～ 4.0 千克 / 平方厘米判定为即食猕猴桃；即食猕猴桃最佳食用状态下的果肉硬度为 80%，介于 1.2 ～ 2.0 千克 / 平方厘米之间；在猕猴桃全供应链各环节，具体硬度验收标准由各环节验收单位根据即食猕猴桃在该环节流转的温度和时长，以及品种特点的具体情况确定。

即食果冷库管理：设置温度 0.5 ～ 2.0℃贮藏，以延长即食控熟处理后的猕猴桃果实供货时间。

4.4.9 猕猴桃采后处理温度调节变化

采果→设定 15℃进行预冷、愈伤，急冷至 5℃，梯度降温到贮藏温度 +0.8℃

↓

贮藏，稳定在 0 ～ 2℃贮藏温度

↓

催熟，变温 20 ～ 25℃→5 ～ 10℃

↓

短期贮存，保持在 5℃

↓

上市

4.4.10 猕猴桃果面品质提升技术

当猕猴桃果实处于暴晒、高温等生长环境时，且未做专业套袋处理时，容易导致果面皮孔暗黑。基于此，华中农业大学猕猴桃团队开发了一款果面绿色清洁装备，可在短时间内批量去除果面黑点。

处理前

处理后

果面处理前后对比

5　主要病虫害绿色防控技术

5.1　主要病害危害特点及防治方法

5.1.1 猕猴桃细菌性溃疡病

5.1.1.1 症状

该病原丁香假单胞杆菌猕猴桃致病变种，主要危害猕猴桃的主干、枝条、叶片和花等。主干和枝条受害后，皮层组织变软，病部龟裂，并从伤口、皮孔、芽眼、树枝分叉处等部溢出乳白色菌脓，后期变为黄褐色或红褐色或锈红色；剥开皮层可见韧皮部腐烂，后期病部凹陷干瘪。新生叶片上呈褪绿小点，水渍状，后发展成不规则形褐色病斑，病斑周围有明显的黄色晕圈。花受害后形成花腐，花蕾萎蔫，无法开花，适宜条件下分泌菌脓。

5.1.1.2 发病规律

溃疡病菌的主要越冬场所包括病组织和野生猕猴桃，通过穗条、雨水、土壤、花粉等介质传播。通常在每年11月至翌年1月主干和枝条开始发病，翌年2～3月为盛发期，4～5月转而侵

猕猴桃细菌性溃疡病症状（1）

猕猴桃细菌性溃疡病症状（2）

害新梢、叶片、花蕾。

5.1.1.3 防治方法

冠骨架或嫁接抗性品种；轻症植株，剪除发病侧枝、刮除发病部位，再用消毒剂处理伤口。

关键期药剂控病。冬季修剪至萌芽前、萌芽至谢花后、采果后至落叶前3个阶段是猕猴桃溃疡病化学防控用药的关键时期，在此期间应进行全园喷药防控，对主干、枝蔓、叶片等做到均匀施药。为避免田间病原菌产生耐药性，建议轮换用药。可用四霉素、噻霉酮、春雷霉素、中生菌素、丙硫唑等药剂。

5.1.2 猕猴桃膏药病

5.1.2.1 症状

膏药病为真菌性病害，多出现于土壤速效硼含量偏低（含10毫克/千克以下）和介壳虫危害较重的猕猴桃果园。其主要发生在2年生以上的老枝上，多与枝干粗皮、裂口、藤肿等症状相伴

生，像膏药一样贴在枝干上。发病初期膏药状子实体光滑、呈白色，扩展后为白色或灰色，子实体衰老时常开裂，容易剥离，受害严重的树体枝叶萎缩、变黄、树体早衰，枝条干枯。高温高湿环境下发病较多，树冠郁闭、树势衰弱的老果园普遍发生。

5.1.2.2 发病规律

病原菌以菌丝体在枝干上越冬，在高温多湿条件下形成子实体，温湿度适宜时，产生担孢子，通过风雨、空气或介壳虫传播，在寄主枝干表面萌发为菌丝，后发展为菌膜。病丝体从皮孔、皮层或枝干缝隙侵入吸食营养。

猕猴桃膏药病症状

5.1.2.3 防治方法

（1）合理修剪，清除病枝，土壤施硼和树冠喷硼（萌芽至抽梢期根际土壤每平方米1克硼砂；以0.2%硼砂液喷施治粗皮、裂皮、藤肿和流胶等现象）。

（2）刮除菌膜，用3～5波美度的石硫合剂、5%的石灰乳，70%的托布津+75%的百菌清（1∶1）50倍液，50%施保功可湿粉100倍液涂抹患处。在雨后天晴时，对病树喷施70%甲基托布津1000倍液、25%腈菌唑800倍液，阻止病菌侵染。

（3）防治介壳虫（参照介壳虫防治方法）。

5.1.3 獼猴桃褐斑病

5.1.3.1 症状

由多主棒孢菌引起的一种真菌性病害，主要危害叶片。发病初期，叶片上病斑近圆形、后扩展为褐色小圆斑，伴有褪绿晕圈，中期病斑扩展为具有明显轮纹的靶点状病斑，病健交界明显。后期多个病斑扩展愈合，导致整张叶片枯死，大面积提前脱落。

獼猴桃褐斑病叶片典型症状

褐斑病引起的提前落叶

5.1.3.2 发病规律

在高温高湿环境下，该病害较流行。猕猴桃褐斑病的初发期为6月底至7月初，7月中下旬至8月下旬进入盛发期，8月中旬开始，叶片病斑大面积扩展，叶片枯死掉落。病残体为病原菌主要越冬场所并作为翌年的主要初侵染源，分生孢子随风雨气流传播进入新一轮的病害循环。

5.1.3.3 防治方法

（1）选用抗病品种。合理规划园区内猕猴桃品种，适当选择一些中抗或高抗品种搭配种植。

（2）关键时期药剂防治。在发病初期采用化学药剂防治。轮流施用药剂3次，采果后继续用药1～2次，推荐药剂包括氟酰羟·苯甲唑、唑醚·氟酰胺、唑醚·氟环唑、甲基硫菌灵·嘧菌环胺、氟吡菌酰胺·肟菌酯、氟吡菌酰胺·戊唑醇、肟菌酯·戊唑醇等。

（3）切断侵染源。避免在猕猴桃果园附近种植黄瓜、茄子、四季豆、豇豆、扁豆、蓝莓、甘薯等病原菌寄主植物。可选择避雨栽培，降低流行速度，避免功能叶提早脱落。

（4）冬季清园。冬季对枯枝落叶等病残体进行彻底清理并深埋，清园后全园喷施3～5波美度石硫合剂。

（5）平衡营养，合理整形，加强树势。

5.1.4 猕猴桃灰霉病

5.1.4.1 症状

灰霉病是最常见的一种真菌病害，主要危害猕猴桃叶片、花萼和果实。叶片发病时，沿叶脉呈"V"字形扩散，形成浅褐色坏死病斑，发病严重叶片干枯掉落。花受害后形成花腐，发病部位呈褐色干腐状，后期干枯掉落。果实受害初期可见褐色圆斑，随后逐渐扩展直至整个果实干枯腐烂。所有发病部位在潮湿环境中常产生灰色霉层，即病原分生孢子梗与分生孢子。

猕猴桃灰霉病症状

5.1.4.2 发病规律

其病菌主要在病残体、土壤中越冬。病菌一般能存活4～5个月，病菌主要通过气流、水溅或园地管理传播。

5.1.4.3 防治方法

（1）及时清除病残体；整理藤蔓，降低园内湿度；加强水肥管理，提高植株抗病性。

（2）在盛花期末施药，选用扑海因（异菌脲）、抑霉唑、嘧霉胺、唑醚·啶酰菌、咪唑·氟酰胺、氟吡菌酰胺·肟菌酯、啶酰菌胺、腐霉利等。每隔 7 ～ 10 天喷施一次，注意轮换用药。

5.1.5 猕猴桃黑霉病

5.1.5.1 症状

又叫污霉病或黑星病，是一种常见的真菌性叶部病害，叶面感病后先出现褪绿小黄斑点，后逐渐扩大成圆形或不规则的黄褐色至褐色病斑，其上形成黑色绒球状霉丛。随着病害的发展，霉丛逐渐密集成片布满叶面。病斑背面产生浓密的黑色或墨绿色霉层，即病原菌分生孢子梗和分生孢子。最后多个病斑连成大斑，叶片枯死，造成早期落叶。

猕猴桃黑霉病症状

5.1.5.2 发病规律

该病菌以菌丝体在病叶组织内越冬，第 2 年遗落在果园地面上未分解的病叶成为当年的初侵染源。遇到适宜的温度和雨水，菌丝体发育产生大量的分生孢子，通过风雨传播。在高湿环境下产生黑色霉层，新产生的分生孢子又会借着风雨向其他叶片传播，扩展蔓延。该病从 6 月中旬至 10 月下旬可持续危害，9 月进入发病高峰期。一般病害的发生程度与降水量、降水时间关系密切。另外，因栽植过密、棚（篱）架低矮、枝叶稠密或疯长而导致通风透光不良的果园极利于该病害的发生与流行。如果果园地势低洼、排水不良、土质黏重、施肥不足，也易引起病害发生。

5.1.5.3 防治方法

（1）做好冬季修剪、夏季修剪工作，使所有枝条都不重叠，叶叶见光，增加果园的通风、透光性。落叶后及时清洁果园，烧毁病残体。

（2）喷药防治。发病初期可用代森锰锌全树喷第一次药，以后每隔15～20天喷一次溴菌腈或苯醚甲环唑或代森锰锌，连续喷洒3～4次。

5.1.6 猕猴桃白粉病

5.1.6.1 症状

一种真菌性叶部病害。发病初期（7～8月），幼嫩叶片正面呈近圆形褪绿斑，病叶背面对应部位有淡黄色至橙红色霉层，也有少数霉层为白色，为病原菌的菌丝、分生孢子梗和分生孢子。发病中期（9～10月），黄色的菌丝层扩散布满整个叶片，菌丝表面开始产生黄白色的半透明状闭囊壳。发病后期（11月上旬），病叶背面形成许多黑色小点即成熟的闭囊壳，同时受害叶片也开始枯死脱落，重病区果园叶片感病率可达90%以上，尤其是落叶较迟的区域。

猕猴桃白粉病症状

5.1.6.2 发生规律

该病原以菌丝体在被害组织内，或潜伏于芽鳞片间越冬。翌年在适宜条件下，产生分生孢子，通过风雨传播，萌芽直接侵入，菌丝蔓延寄主表皮下，以吸器伸入细胞内吸取寄主营养。一般在适温、少雨或闷热天气，易发病。栽植过密、偏施氮肥过多、枝叶幼嫩徒长、通风不良等均有利于发病。

5.1.6.3 防治方法

（1）加强栽培管理。增施磷、钾肥和有机肥，提高植株抗病力。

（2）注意及时摘心、绑架。做好夏季修剪，使枝梢分布均匀，保持良好的通风透光，结合冬季修剪，清除枯枝落叶，并集中处理。

（3）喷药保护。发病初期，选用4%嘧啶核苷类抗菌素水剂400倍液，25%粉锈宁2000倍液，或45%硫黄悬浮剂500倍液，或20%吡噻菌胺悬浮剂1500～2000倍液等。上述药剂宜注意交替使用，每隔7～10天喷施1次，连续施药2～3次。

5.1.7 猕猴桃病毒病

5.1.7.1 症状

病毒病是一种潜伏期长、在生产上存在巨大隐患的病害。目前，国内外共报道了15种猕猴桃病毒，参考Blouin的猕猴桃病毒分类，可以将这些病毒分为3组，分别为非特异性猕猴桃病毒、特异性猕猴桃病毒和致病性病毒。其中，我国以特异性猕猴桃病毒中的猕猴桃病毒A（*Actinidia virus* A，AcVA）和猕猴桃病毒B（*Actinidia virus* B，AcVB）的发生最为普遍。AcVA和AcVB常复合侵染，在开花时期，新梢末端的叶片常出现叶脉褪绿、斑点和环斑。夏季则表现出隐症现象。

猕猴桃病毒病症状

5.1.7.2 发病规律

该病毒主要通过嫁接、机械损伤、人为接触等传播，也可以通过虫子、种子、土壤、花粉等介体传播。

5.1.7.3 防治方法

（1）培育和栽植无病毒苗木。通过茎尖组培脱毒并隔离栽植无病毒苗木，注意防虫。生长季初感染的病毒病要及时发现，并做好记号，及时清除。修剪完病株后用70%的酒精消毒修剪工具，以免通过工具传播。

（2）冬季清除病枝落叶集中到园外烧毁。此外，在果园虫害发病期，要做好防治工作。

（3）加强肥水管理，促进树体健壮生长。通过提高猕猴桃树势和抗病性来抑制病毒复制或减轻病害发生。

（4）猕猴桃叶片长出后，叶面喷施5%氨基寡糖素水剂600～800倍液，或20%吗胍·乙酸铜可湿性粉剂600～800倍液，或8%宁南霉素水剂600～800倍液。之后每隔15～20天进行1次全园喷雾，连续施药3～4次。

5.1.8 猕猴桃软腐病

5.1.8.1 症状

猕猴桃软腐病是由多种真菌引起的果实腐烂病，发生在近成熟期或采后储藏期，也称熟腐病，是猕猴桃生产中的重要病害之一。发病果实呈现圆形病斑，病部中央为浅褐色，病健交界处呈暗绿色水渍状环形晕圈，病部表面无明显凹陷，但用手按压能感觉到果实有一定程度变软。果实发病后期由于周围高湿环境而产生大量白色至灰色菌丝，同时在病果表皮处有组织液渗出。发病果实内部呈空心锥形，病部细胞空洞呈海绵状，为乳白色至乳黄色。病果7～9天可完全腐烂，甚至一个发病果实可以引起整箱果实发病至腐烂，对果农造成严重的经济损失。

猕猴桃软腐病症状

5.1.8.2 发病规律

软腐病主要以菌丝体、分生孢子器及假囊壳在枯枝、果梗上越冬，4 ～ 5 月形成子囊孢子或分生孢子成为初侵染源，5 月中旬至下旬分生孢子和子囊孢子大量释放，并开始侵染果实，6 ～ 8 月通过风雨传播，危害果实、叶片和枝条。

5.1.8.3 防治方法

（1）萌芽前预防要及时清扫落叶落果，剪除病枝等病菌载体，喷布 3 ～ 5 波美度石硫合剂。

（2）花蕾期防治可采用异菌脲 + 氨基寡糖素 + 氨基酸叶面肥。

（3）幼果期防治（花后 15 ～ 20 天）可采用肟菌・戊唑醇水分散剂。

（4）套袋前可采用氟菌・肟菌酯。

（5）采前至少 20 天可采用 35% 苯甲 – 咪鲜胺水乳剂 500 ～ 750 倍液。

（6）采收当天可用生物杀菌剂，配方为水 1 升 + 二氧化氯 60 毫克 + "吐温 –20" 0.5 克 + 柠檬酸 0.3 克。

5.1.9 猕猴桃黑斑病

5.1.9.1 症状

猕猴桃黑斑病主要是指在果面形成黑色硬斑的一类病害的统称。在果实膨大期、近成熟期、贮藏期均可发病，发病迅速且难以防治，给猕猴桃产业带来巨大的影响。猕猴桃黑斑病发病初期在果实表面出现黑色小斑点，随果实不断生长发育，病斑逐渐扩大形成近圆形黑斑。病斑处出现向下凹陷变硬的圆锥状栓化硬块，随果实膨大，病果渐渐变软脱落，病斑周围开始腐烂，而发病部位始终保持硬块。患病的果实在入库贮藏后会继续发病，10 ～ 20 天变软腐烂，甚至腐烂。

猕猴桃黑斑病症状

5.1.9.2 发病规律

病原菌以菌丝体和分生孢子器在病枝、落叶和土壤中越冬，翌年在猕猴桃花期前后产生孢子器，释放出分生孢子，随风雨传播。

5.1.9.3 防治方法

（1）冬季彻底清园。

（2）改善果园环境，提高植株抗病能力。

（3）花期摇花，抖落花瓣。

（4）避雨保护。

（5）果实套袋与药剂防治。

5.1.10 猕猴桃根腐病

5.1.10.1 症状

猕猴桃根腐病发病原因有很多，包括生物因素与非生物因素。生物因素引起的根腐病病原包括蜜环菌、疫霉菌等。由蜜环菌引起的根腐病，发病初期根颈部及皮层部受侵染，导致木质部变褐腐烂，后期病斑蔓延至整个根系直至全部腐烂；由疫霉菌引起的根腐病主要导致萌芽推迟，枝蔓顶部枯死，严重时整株枯死发病，土壤潮湿时可见病部产生大量白色丝状物。生物因素主要包括干旱、涝害、肥害等。

猕猴桃根腐病症状

5.1.10.2 发病规律

该病害通常在4～5月开始发病，7～9月进入盛发期，10月后逐渐停止发病。蜜环菌以菌丝或菌索等结构在土壤病残体中越冬，翌年春季可从伤口或根系侵入。疫霉菌以卵孢子在病残体中越冬，翌年卵孢子萌发产生游动孢子囊，释放的游动孢子随风雨或流水传播，主要由伤口侵入。

5.1.10.3 防治方法

（1）雨季及时开沟排水，施腐熟有机肥。

（2）园地选择通透性好的砂壤土，其他土质要注重深耕，掺砂改土，同时增施有机质。

（3）关键时期药剂防治。在3月和6月中下旬，进行树盘施药，可用药剂有代森锌、甲霜灵锰锌等。

5.1.11 猕猴桃根结线虫病

5.1.11.1 症状

植株受害后主要表现为根系萎缩，根上形成明显的近圆形根瘤，或由多个根瘤融合而成的根结团。根瘤初期呈白色，后转为褐色。严重时，整个根系变黑腐烂。地上部分树梢纤弱，叶片黄化，提早掉落。

猕猴桃根结线虫病症状

引自《猕猴桃病虫害原色图谱与防治技术》（龚国淑 等，2020）

5.1.11.2 发病规律

一年可发生多代。冬季雌虫产卵于猕猴桃根系或基质中，幼虫从根尖侵入皮层，形成多核根瘤。根结线虫主要通过种苗、土壤、水流、农具、人和牧畜及自身迁移等方式进行传播。

5.1.11.3 防治方法

（1）建立无病苗圃，加强检验。

（2）育苗基地可采用水稻/猕猴桃苗水旱轮作模式，做好土壤改良，多施有机肥。

（3）用杀线虫剂进行土壤消毒，可选用噻唑膦、阿维菌素、氟吡菌酰胺等。

（4）生长期可用淡紫拟青霉或杀线虫剂浇施于耕作层。

5.1.12 猕猴桃根癌病

5.1.12.1 症状

根癌病发病初期主要在侧根和主根上形成球形或近球形的多个瘤体，呈乳白色至红白色，表面光滑，多个瘤体会合后呈不规则根瘤，并变为深褐色，表面粗糙，质地较硬。有些瘤体中间有裂痕。患病植株根系吸收功能受阻，叶片发黄，叶子和果实均较小，经过一段时间后，植株因缺乏必要的营养而死亡。

猕猴桃根癌病症状

5.1.12.2 发病规律

猕猴桃根癌病病原细菌在癌瘤组织的皮层中存活和越冬，树体死亡后，病原菌在崩解的病残体和土壤中越冬，地温达到一定温度时可通过根部的伤口侵入。该病的发生与土壤条件有很大关系，碱性土壤和黏重土壤都有利于该病害的发生，但酸性土壤不利于在频繁耕种和地下虫害发生严重的栽培园中发病，猕猴桃根癌病的发生相对较重。

5.1.12.3 防治方法

（1）在微酸性的、透气性好的土壤上建园，建园时禁止从病区调运苗木，对新植苗木进行药剂处理。

（2）果园管理过程中避免伤根。

（3）对发病较轻的果树，刨开根部土壤晾晒，刮除病斑，伤口杀菌消毒；对发病严重的果树，连根挖出销毁，并换土杀菌消毒。

5.2 主要虫害为害症状及防治方法

5.2.1 桑白蚧

5.2.1.1 为害症状

桑白蚧又称桑盾蚧，以雌成虫或若虫群集固定在枝干、叶片及果实上为害。枝蔓受害最重，严重时整株盖满介壳，被害枝发育受阻，树势衰弱，甚至全株死亡。

桑白蚧为害状与雌虫及卵特征

5.2.1.2 防治方法

（1）结合冬季修剪，剪除受害严重的衰弱枝，集中烧毁。

（2）刮除越冬虫体、卵块。

（3）应用天敌进行防治，如日本方头甲和姬小蜂等天敌防治糠片盾蚧。

（4）冬季和早春在全园喷施 30% 矿物油·石硫合剂杀灭越冬虫体，在若虫孵化期，施用杀虫剂进行防治。可选用松脂酸钠、高效氯氰菊酯、吡虫·噻嗪酮、螺虫乙酯、螺虫·呋虫胺等。

5.2.2 叶蝉

5.2.2.1 为害症状

（1）小绿叶蝉。成虫和若虫主要吸食芽、叶和枝梢汁液，叶片受害呈灰白色斑点，严重时整个叶片呈苍白色，提早落叶。

（2）尖凹大叶蝉。成虫和若虫喜欢聚集在叶背吸汁为害，被害叶片枯黄易脱落，枝条枯死，成虫通常产卵于嫩梢枝条的表皮下。

5.2.2.2 防治方法

（1）冬季清洁果园，减少越冬虫源。

叶蝉聚集于叶片背面吸食汁液（左）和叶片正面受害状（右）
右图引自《猕猴桃病虫害原色图谱与防治技术》（龚国淑 等，2020）

（2）在成虫发生期，悬挂黄板诱杀成虫。

（3）在第1代若虫发生期施药，施用阿维菌素、除虫菊素，或吡虫啉、啶虫脒等。

5.2.3 斜纹夜蛾

5.2.3.1 为害症状

幼虫群集于叶背啃食叶肉，留下表皮，形成透明斑，3龄后分散为害，取食叶片形成孔洞，4龄后叶肉几乎蚕食殆尽，仅留叶脉。

斜纹夜蛾危害果实及叶片症状

5.2.3.2 防治方法

（1）摘除卵块和捕杀幼虫。

（2）在成虫发生期，采用杀虫灯、糖醋液或性诱剂诱杀成虫。

（3）在卵孵高峰至2龄幼虫分散前展开防治，选用药剂10亿PIB/毫升斜纹夜蛾核型多角体病毒、甲氨基阿维菌素苯甲酸盐、苦皮藤素喷雾。

5.2.4 金龟子

5.2.4.1 为害症状

成虫取食花蕾、花和叶片，将叶片取食为缺刻状，重者将叶片吃光，严重影响产量。幼虫取食根部，叶片变黄萎蔫。

金龟子危害状（左）与白星花金龟（右）

5.2.4.2 防治方法

（1）利用成虫假死性，于清晨或傍晚振动枝蔓，捕杀成虫。

（2）利用成虫对糖醋液的趋性，进行糖酒醋液或杀虫灯诱杀。

（3）在成虫发生期，喷施联苯·吡虫啉、辛硫磷进行防治。

5.2.5 苹小卷叶蛾

5.2.5.1 为害症状

苹小卷叶蛾主要为害猕猴桃果实，影响果品质量。幼虫为害叶片和果实，幼虫吐丝缀连叶片，潜居为害，将叶片吃成网状或缺刻。当幼虫为害果实时，常将叶片缀贴在果实上，啃食果皮及果肉，导致果面出现大小不规则的小坑洼。

5.2.5.2 防治方法

（1）消灭越冬虫源，刮除老树皮、翘皮。

（2）生长期及时喷药防治。可选的常用有效药剂有1.8%阿维菌素乳油3000～4000倍液、

苹小卷叶蛾

A-D：幼虫及果实不同阶段为害状；E：叶片为害状；F：成虫。引自《猕猴桃病虫害原色图谱与防治技术》（龚国淑 等，2020）

25% 灭幼脲悬浮剂 1500 ～ 2000 倍液、240 克 / 升甲氧虫酰肼悬浮剂 3000 ～ 4000 倍液、35% 氯虫苯甲酰胺水分散粒剂 6000 ～ 8000 倍液、2% 甲氨基阿维菌素苯甲酸盐微乳剂 4000 ～ 6000 倍液、4.5% 高效氯氰菊酯乳油 1200 ～ 1500 倍液等。

（3）其他措施。利用成虫的趋性，在成虫发生期诱杀成虫，如性诱剂诱杀、频振式诱虫灯诱杀、黑光灯诱杀、糖醋液（糖：酒：醋：水 =5：5：20：80）诱杀等。在各代卵发生期，释放赤眼蜂进行生物防治，每代放蜂 3 ～ 4 次，3 ～ 4 天 1 次，每次每株放蜂 1000 ～ 2000 只，可兼治多种其他卷叶蛾、食心虫等鳞翅目害虫。

5.3 绿色综合防控措施

5.3.1 防控原则

坚持"预防为主，综合防治"的方针。按照病虫害发生的特点，以农业防治为基础，充分采用生物、物理防治措施，配合施用低毒低残留农药进行化学防治。

5.3.2 防控措施

5.3.2.1 农业防治

因地制宜，选择抗性砧木；科学施肥，合理负载，增强树势；合理修剪，保持树冠通风、透光良好。冬季清园，剪除并销毁病虫枝、清除枯枝落叶，或将枝条粉碎后腐熟还田。土壤改良，地面覆盖，促进树体健壮生长，增强树体抗性。

清除园内枯枝（左）或粉碎枝条后腐熟还田（右）

5.3.2.2 物理防治

根据病虫生物学特性，采取安装诱捕器、糖醋液、色板、杀虫灯以及树干缠草绳等方法诱杀害虫。但色板需要在授粉前3～5天及时取下，防止其影响昆虫授粉。

猕猴桃园利用黄板（左）、性诱捕器（中）和杀虫灯（右）防治害虫

5.3.2.3 生物防治

助迁保护利用瓢虫、草蛉、捕食螨、赤眼蜂等天敌。应用有益微生物及其代谢产物等生物制剂防治病虫害。利用害虫性信息素诱杀或干扰成虫交配。

5.3.2.4 化学防治

根据病虫害的预测预报，使用高效、低毒、低残留药剂防治病虫害，优先使用生物源农药、矿物源农药，禁止使用剧毒、高毒、高残留和致畸、致癌、致突变农药。轮换使用不同作用机理农药，选用高效、先进的喷药器械。

防治猕猴桃溃疡病技术要点

（1）选用抗病品种，如'金魁''华特''金塘一号''金塘三号'等；

（2）采用起垄覆土栽培、坐地苗嫁接建园；

（3）严格检疫，选用健壮无病毒苗木建园；

（4）控制产量，合理负载，保持健壮树势；

（5）重施有机肥，改善土壤理化性质；增施磷、钾肥，合理施用钙肥、硼肥，提高树体抵抗力；

（6）严格清园消毒，降低病虫基数；

（7）适时采用物理防治，发现枝梢有溃疡病斑时，及时剪除、刮除或纵划后涂药；

（8）合理进行化学防治，以保护剂为基础，注意治疗剂和保护剂的配合施用；

（9）采用设施避雨栽培。

罹病园的处理方法

（1）锯除罹病部分；

（2）用酒精喷灯封闭伤口；

（3）伤口涂抹噻霉酮膏剂后，用塑料薄膜包扎；

（4）果园整体用石硫合剂消毒；

（5）选留合适的萌蘖，去除无用萌蘖时，需用噻霉酮膏剂涂抹伤口；

（6）8～9月在健康的萌蘖上采用单芽枝腹接嫁接适宜的抗病品种，嫁接部位可适当提高；

（7）冬季修剪时，剪去嫁接部位以上部分；

（8）若萌蘖上有溃疡病病斑时，则须挖除砧木。

6 猕猴桃避雨设施栽培技术

6.1 设施栽培

　　设施栽培是果树栽培的一种特殊形式，也称果树保护地栽培，是指在不适宜或不完全适宜果树生长的自然生态条件下，将某些果树置于人工保护设施之内创造适宜果树生长的小气候环境，使其不受或少受自然季节的影响而进行的果树生产方式，可提早果实上市期。设施栽培在草莓、葡萄、桃、杏、李、樱桃、树莓等作物上应用广泛，并且成为多数果树产区的主推技术之一。猕猴桃设施栽培起步较晚，但近年来在四川、浙江等红肉猕猴桃主产区推广应用速度非常快。由于猕猴桃设施栽培仅采用薄膜等覆盖材料遮住植株顶部以避免雨淋，是介于不加温温室栽培和露地栽培之间的一种类型，因此也被业界称为"避雨设施栽培"。

四川红肉猕猴桃避雨设施栽培应用场景

6.2 猕猴桃采取避雨设施栽培的作用

　　四川于2009年开始在红肉猕猴桃上试验"简易竹木棚架"设施栽培技术，当年试验面积仅0.3亩，但因试验地很好地解决了花期阴雨天气对授粉的影响，植株坐果率高、果形端正美观，得到种植户的认可。2010年开始，全省逐步增加试验示范面积，发现以"避雨棚＋肥水一体化"

为主的设施栽培方式不仅对红肉猕猴桃的增产增收有显著效果，且对溃疡病防效突出。

因此，避雨设施栽培不仅可防止花期低温阴雨天气对红肉猕猴桃授粉坐果的影响和采前持续性降雨对果实品质的影响，还可大大减轻冬、春季溃疡病发生率，是当前溃疡病防控最有效的措施。2016年以来，四川省在红肉猕猴桃产区大面积推广应用避雨设施栽培技术，对红肉猕猴桃产业健康持续发展发挥了重要作用。目前，该项技术已在四川、浙江、重庆、贵州、湖南等地得到迅速推广应用。

6.3　猕猴桃避雨设施栽培的主要类型

目前，在四川红肉猕猴桃产区避雨设施栽培类型主要有以下4种：

6.3.1　简易竹木拱棚

6.3.1.1　主要参数

选择直径≥10厘米直立木桩，土下埋50厘米深，地面高度2.5米，木桩间距3米，行距3米。木桩之间用中梁直木棒钉牢，木桩地面上2.2米处横向钉一根长度2.2～2.3米垂直于木桩的支撑横木棒，横木棒拉通相连，直径≥5厘米，横木棒中间左右两边等距离各钉一根支撑斜木条，斜木条直径≥5厘米，下端交叉钉牢在木桩上，斜木条起到支撑和固定作用。横木棒两端各钉一根拉通相连的棚边直木条，直径≥5厘米。用宽度≥3厘米竹片绑在左右横木条和直木棒上方，竹片间距1米，形成拱。薄膜厚度≥0.08毫米。亩成本3000～4000元。

6.3.1.2　主要优点

建造成本较低，适宜各类地形，竹木等可就地取材，易搭建，高度可自由调整，盖膜操作方便。

6.3.1.3　主要缺点

抗风雪能力差，骨干支撑材料寿命最多3年，因棚架矮，夏季高温时须加强对枝蔓的管理。

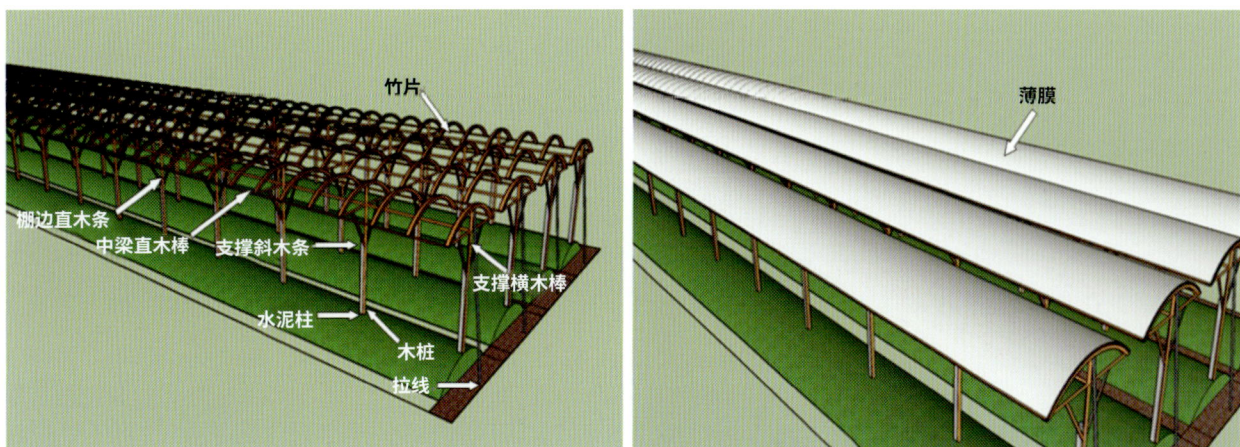

简易竹木拱棚设计示意图

简易竹木拱棚设计实际应用效果

6.3.2 简易钢架拱棚

6.3.2.1 主要参数

每 1 ～ 2 行为一个单棚，考虑稳固性不超过 20 个单棚相连为一个单元连棚。位于栽培行中间的主立柱高度为 3.5 ～ 4 米，间距 3 ～ 4 米；位于连棚两侧和天沟中央两端的侧立柱高度为 2.8 ～ 3 米，主立柱和侧立柱为镀锌钢管，直径不低于 50 毫米，壁厚不低于 1.5 毫米。棚顶顺行一排钢管，每个单棚两边各一根棚边钢管，每根立柱有一个横向连接钢管，直径均为 25 ～ 32 毫米，壁厚 1.5 毫米的镀锌钢管，长度不超过 60 米。为方便农事操作和机械进出，可以在正面设置一根横向通道钢管，直径 40 ～ 50 毫米，壁厚 1.5 ～ 2 毫米；每个单元连棚四周、天沟正面通道钢管（或侧立柱）与背面侧立柱之间以钢丝绳相连接；位于四周边上的主立柱和侧立柱从顶端到地面，拉一根斜拉钢丝绳，所有钢丝绳直径不低于 4 毫米；所有立柱钢管、斜拉钢丝绳下必须有 40 厘米 ×40 厘米 ×40 厘米水泥桩，斜拉钢丝绳与水泥桩之间用花篮螺丝拉紧。棚边钢管和棚顶钢管上用 Φ25 毫米 ×1.2 毫米镀锌钢管弯曲成撑膜弯拱，间距 1 ～ 1.2 米，或直径不低于 5 毫米的铝包钢筋弯曲成撑膜弯拱，间距不超过 0.5 米。棚架上盖普通 PE 或 PP 薄膜，厚度不低于 0.12 毫米，膜边用钢丝或夹子绑紧，至少每隔 6 米在膜上加两根相交叉的压膜绳。亩成本 23000 ～ 25000 元。

6.3.2.2 主要优点

结构较稳固，抗风雪能力较强，棚膜使用寿命达 3 ～ 5 年，棚架寿命达 5 ～ 7 年。

6.3.2.3 主要缺点

建设周期较长，成本较高，换膜或清洗薄膜不太方便。

简易钢架拱棚设计及实际应用

6.3.3 标准钢架拱棚

6.3.3.1 主要参数

大棚为东西向，长度可依地块而定。大棚肩高为 4.2 米，脊高为 6 米，拱杆间距 1.3 米，横拉杆间距 4 米，大棚建造跨度可达 8 米，地块边缘可根据地形适当调整跨度，但控制在 6～8 米，如跨度过小，投入成本过高，钢材浪费较大，如跨度超过 9 米，需增设中立柱。棚架顶端最好设置通风口。温室框架结构主要由基础、立柱、拱杆、纵杆、横拉杆、天沟等组成。基础采用 C25 钢筋混凝土，全部为点式基础，尺寸为 50 厘米 ×50 厘米 ×50 厘米，埋深 50 厘米；立柱采用 Φ60 毫米 ×2.5 毫米热镀锌钢管；拱杆采用 Φ32 毫米 ×1.8 毫米热镀锌钢管；纵杆采用 Φ25 毫米 ×1.8 毫米热镀锌钢管；横拉杆采用 Φ32 毫米 ×1.8 毫米热镀锌钢管。卡槽使用温室专用 1.0 毫米热镀锌板卡槽；卡簧使用温室专用 2.7 毫米浸塑碳素钢丝；覆盖材料采用三层共挤无滴膜，厚度为 0.12 毫米，薄膜初始透光率达到 90%，使用寿命 5 年；压膜线采用 8 号耐老化聚乙烯塑料绳。天沟采用 2.2 毫米冷弯镀锌板，大截面可抗 140 毫米 / 小时的降水量，天沟与天沟之间使用防水专用黏合剂，每条天沟单向排水，通过排水管道导入排水沟。亩成本 30000～40000 元。

6.3.3.2 主要优点

结构稳固，抗风雪能力强，棚架使用寿命 8 ～ 10 年。

6.3.3.3 主要缺点

建设周期长，成本高，埋设立柱时对果园土壤有一定破坏，换膜或清洗薄膜不方便。

标准钢架拱棚设计示意图及实际应用

6.3.4 夯链复膜屋脊棚

6.3.4.1 主要参数

棚宽 4 ～ 6 米、顶高 4 ～ 4.5 米、肩高 2.8 ～ 3 米。夯压基桩代替水泥桩，基桩地下深度 ≥ 80 厘米，基桩与立柱间以自攻螺丝固定，纵向同侧立柱顶端以钢丝绳相连接，横向立柱间以钢丝绳和钢丝相连接，形成十字连接并与斜拉基桩连接。新建园的立柱上用特制卡件在高度 1.7 米位置拉架面钢丝或钢丝绳。立柱钢管顶端有特制抗老化顶帽，棚宽 4 米以下为单幅棚膜，4 米以上为双幅棚膜，双幅棚膜顶端和模块之间以扣眼重叠相连，棚膜扣眼以挂钩和抗老化橡皮筋与天沟或边沟立柱顶端的钢丝绳连接。天沟和边沟留有防高温通风和积雨保墒通道。亩成本 16000 ～ 18000 元。

6.3.4.2 主要优点

不挖基坑，建设周期短，抗风雪强，棚膜使用寿命 3～5 年，棚架寿命 10 年以上，收放较方便。

6.3.4.3 主要缺点

会一定程度地影响园区机械化操作。

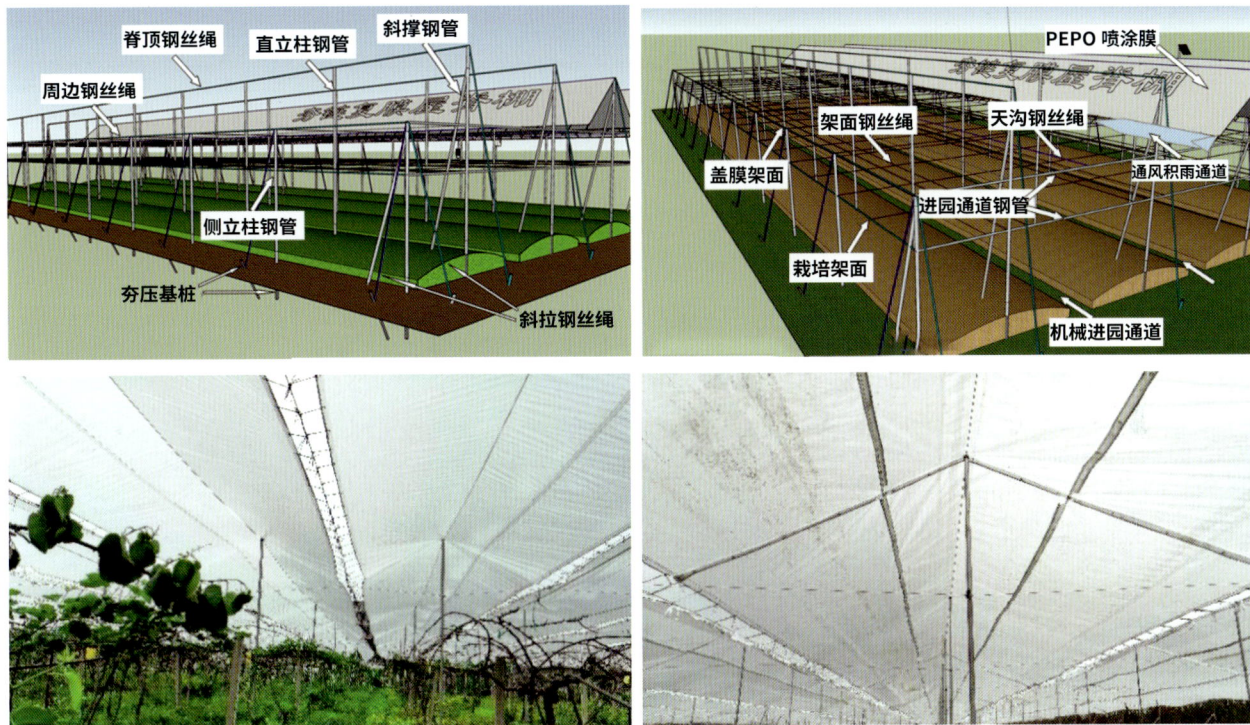

夯链复膜屋脊棚设计示意图及实际应用

6.4　猕猴桃避雨设施栽培关键技术

6.4.1 避雨棚搭建技术要求

宜选择平坝区、台地或缓坡地建棚。常年刮大风的迎风口不宜搭建避雨设施大棚。建棚后为减少风害概率，建议在园区周围建设配套防风林。最好在冬季低温来临前完成建棚盖膜工作。四川红肉猕猴桃产区棚架搭建时间以 10 月底至 11 月上中旬为宜（秋施基肥后），11 月底前完成盖膜。

6.4.2 棚架搭建后的配套管理关键技术

6.4.2.1 土肥水管理技术

（1）盖膜前施足底肥控草保湿。盖棚前，全园撒施生物有机肥 10～20 千克/株＋均衡型颗

棚内地面物理控草技术（覆盖 LS 地布或遮阳网）

棚内行间生草 + 树盘松针覆盖技术

| 松针层 10 厘米处土壤测试结果 | 去除松针后 5 厘米处土壤测试结果 | 行间裸露 5 厘米处土壤测试结果 |

松针覆盖对土壤温湿度、pH 值及 EC 值的影响

棚内叶面肥浓度过高易造成叶片和果实肥害

粒复合肥 0.5 ～ 1 千克 / 株 + 中微量元素肥 0.05 ～ 0.1 千克 / 株，内浅外深进行翻耕，7 天内加生根剂浇透水 1 次，并用松针、秸秆等进行树盘覆盖（厚度 10 ～ 15 厘米），行间人工播种白三叶、毛叶苕子、紫云英等。

（2）盖膜后少量多次肥水供应。棚内必须安装配套喷灌或滴灌设施。夏季日均最低温 ≥ 20℃时每 2 ～ 3 天补水一次，生长季节每 10 ～ 15 天结合补水适量添加水溶肥，肥液浓度应控制在0.5% 以内，冬季（12 月至翌年 2 月）结合土壤情况，适当补水 2 ～ 3 次。

6.4.2.2 花果管理技术

（1）花期做好人工辅助授粉。设施栽培后第 1 ～ 2 年猕猴桃物候期会有所提早，盖棚后会在一定程度上影响蜜蜂授粉，需充分做好人工辅助授粉准备。每亩备纯花粉 15 ～ 30 克 + 染色石松粉 75 ～ 300 克，混匀后，分别于初花期、盛花期上午 8：00 ～ 11：00 用授粉器喷授 1 次。授粉后要及时浇水。

（2）采前铺反光膜增糖提色。果实套袋后半个月或果实采收前 2 个月，在树盘两侧各铺设宽80 ～ 100 厘米银白色反光膜，提高棚内光照强度，促进植株生长和提高果实品质。

6.4.2.3 整形修剪技术

（1）培养多主干上架树形。目前，四川采用避雨栽培的园区，多数是已发生溃疡病的红肉猕猴桃园。建议发病植株在春季锯除感病部位后，嫁接口以上采取 3 ～ 5 个主干上架方式快速恢复树冠；嫁接口以下萌发的实生苗可适当保留 1 ～ 2 个，用作辅养枝，并在当年6 ～ 8 月从基部疏除，促使伤口愈合，也可在6 月初用其进行夏季嫁接，增加骨干枝数量或

棚内铺反光膜对果肉颜色的影响

进行品种改良。溃疡病控制好后，选择 2 个强壮主干培养成永久骨架，其余逐步从基部疏除，让树形逐渐恢复至双干双蔓十六侧蔓的丰产结构。

（2）防止更新枝攀缘上棚。更新枝 1 米长时及时进行绑缚，并在 1.5 米长时进行捏尖控长。过于直立的旺盛更新枝应在 20～30 厘米长时保留 3 片叶进行重短截，促发二次枝培养成更新枝。旺盛结果枝宜在开花前 7～15 天进行捏尖控梢，防止长势过旺顺棚架攀缘，影响树体结构。

棚内枝蔓容易攀缘上棚

6.4.2.4 病虫害综合防控技术

（1）关注病虫发生规律变化。盖棚后溃疡病、褐斑病发生率明显下降，每年用药次数可比棚外减少 3～4 次。但因小气候有所变化，须重点做好飞蚜、叶蝉、红黄蜘蛛、介壳虫、根结线虫以及灰霉病等的防控。其中，介壳虫孵化时间比棚外提早 1 周左右。

（2）调整好施药方法及浓度。棚内温度较露地高，生长季节施药浓度须比露地适当降低 10%～20%（尤其是药肥复配时），且喷药时重点喷施叶片背面。

棚内用药不当易造成果面形成药斑

7 现代猕猴桃采后技术

7.1 猕猴桃采后生理变化规律

7.1.1 我国猕猴桃产业采后概况

近年来，随着物质生活的富足，人们对猕猴桃果实品质的要求也越来越高。其中，对果实即食性与口感的要求尤为突出。然而，由于我国即食技术研究及配套设施建设起步较晚，当前国内即食猕猴桃市场仍主要被新西兰和意大利等国家占据。因此，我国现阶段亟须加大对即食猕猴桃催熟与供应等配套技术的研究，以满足人们日益增长的高品质果实需求。

7.1.2 猕猴桃果实生长发育规律

猕猴桃是一种呼吸跃变型水果，随着果实发育淀粉逐渐积累并形成特有风味。猕猴桃果实的生长发育受多种因素影响，如品种、气候条件、栽培环境等都能导致果实的发育规律各不相同。随着果实生长的结束和成熟的开始，果实大小、单果重、干物质含量、果肉色度角、种子颜色、可溶性固形物和硬度等会发生明显变化，这些变化往往取决于品种和环境等因素。果实成熟时最明显的变化是果实大小和重量增加缓慢或基本停止增加，以及碳水化合物的积累。'海沃德'和'Hort16A'两种猕猴桃果实在花后约40天之前快速生长，其生长速度高达1.5克/天；而在成熟过程中，由于树体光合生产力降低导致果实生长速率下降（Patterson et al.，2003）。在停止生长之前，种子的颜色从白色变为棕色到黑色（Pratt and Reid，1974）。猕猴桃果肉颜色随果实成熟度也会有相应的变化，'海沃德'采收时果肉颜色为绿色，在贮藏和后熟过程中果肉颜色基本不变，而'Hort16A'果实成熟时，果肉颜色由绿色变为黄色（Patterson et al.，2003）。猕猴桃品种生长发育规律在国内外已有报道（Kim et al.，2012；Richardson et al.，2011），'红阳'猕猴桃果实在整个生长发育过程中纵径呈"单S"形增长曲线，而横径和单果重呈"双S"形增长曲线（尹翠波 等，2008）；此外，'碧玉'猕猴桃果实的整个生长过程呈"双S"形曲线且纵径和横径生长规律都符合二次曲线，相关系数均在0.95以上（张欣倩 等，2016）。果实的生长模拟模型不仅可以预测果实的生长发育规律，也可以为栽培管理方式提供可靠的建议。

7.1.3 猕猴桃果实采收标准

采收时果实成熟度对猕猴桃果实品质和贮藏性能有很大影响，然而仅从外观形状及色泽难以准确评价其成熟度。可溶性固形物（SSC）是判断猕猴桃是否适宜采收的关键指标之一。新西兰和美国加利福尼亚地区以采收时猕猴桃的可溶性固形物含量为采收标准，新西兰为 6.2%，美国加利福尼亚地区为 6.5%，而我国陕西周至'华优'猕猴桃的采收 SSC 为 6.5%～7.0%，'海沃德'猕猴桃的可溶性固形物含量则在 6.5% 以上采收。另外，干物质含量也是重要的采收指标之一。采收时的干物质含量能客观反映软熟后果实的品质及口感，是决定果实是否适宜采收的关键指标。根据我国国家行业标准（NY/T 1392—2015），通常干物质含量高于 15% 的果实便可采收，但是不同品种的适宜采收的干物质含量需要深入研究。'金桃'猕猴桃的果实采收时的干物质含量与软熟时的可溶性固形物相关系数高达 0.578，可作为果实软熟后食用品质和采收期的评判指标（陈美艳 等，2019）。由于果实干物质含量的积累与果实生长期直接相关，因此根据生长期预判果实的适宜采收期也是常用的方法，比如产自陕西的'秦美'和'海沃德'一般在 10 月上旬、中旬采收。另外，对于黄肉猕猴桃，果肉颜色也可用于判断果实是否成熟的指标，比如'Hort16A'，但由于受不同季节的气候影响会有所变化，仅作为评判采收期的辅助指标。考虑到采收指标的复杂性，需要对多个果实生理指标进行综合判断才能确定适宜的采收期。

7.1.4 猕猴桃后熟特性

果实成熟是一种由遗传因素影响、高度协调且不可逆转的现象，涉及一系列生理、生化和感官变化，使得成熟果实质地柔软可食且具有理想的风味品质。猕猴桃的成熟过程没有显著外观变化，其后熟过程主要表现为果肉质地的软化、淀粉的降解、可溶性糖的积累及风味品质的形成（Atkinson et al., 2011）。通常，猕猴桃果实的后熟过程可分为 4 个阶段：①起始阶段。果肉硬度、淀粉含量较高。②快速软化阶段。果肉硬度迅速下降、细胞壁开始分解、淀粉加速降解。③可食用阶段。食用品质形成并伴随内源乙烯的大量合成。④过熟阶段。果实风味劣化，基本失去食用价值（Atkinson et al., 2011）。

猕猴桃是一种典型的淀粉积累型水果，当果实达到商业采收阶段时，淀粉与干物质含量的占比超过 40%（Hall et al., 2013）。猕猴桃采收后的淀粉降解过程不仅影响果实的硬度，更影响可溶性固形物含量及果实风味的形成（Nardozza et al., 2013），因此，猕猴桃在采收后需要经历淀粉充分降解的过程，以形成消费者广泛接受的食用及风味品质。由于对乙烯的高敏感性，猕猴桃被定义为呼吸跃变型水果（Pratt and Reid，1974）。微量的外源乙烯便可启动猕猴桃的自催化系统，内源乙烯大量合成，也伴随着果实的迅速软化及食用品质的形成。但乙烯催熟不仅大幅缩短猕猴桃货架期，更会导致果实淀粉降解不充分、口感不佳、风味劣变较快等问题，严重影响猕猴桃的商业价值及消费者的购买体验。

除了受到乙烯对果实成熟的加速诱导外，猕猴桃还表现出另一种软化特性，即适当低温的贮藏可以显著加速健康猕猴桃果实的软化进程，促进淀粉的降解、可溶性固形物的积累，而这一过程没有乙烯的参与（Eric et al.，2012，Mitalo et al.，2019），表明在猕猴桃中可能存在一条独立于乙烯通路的温度诱导果实软化途径。这一特性为猕猴桃贮运及新型即食催熟技术的开发提供重要参考。

7.1.5　猕猴桃采后果实食用品质变化

猕猴桃是一种淀粉积累型水果，刚采收的猕猴桃果实硬度高、酸度高、糖度低，通常需经过后熟才能具备一定的食用品质。研究表明，猕猴桃的食用品质主要与果实中糖、酸与挥发性风味物质含量及果实硬度有关，采收后，果实食用品质会随着内含物质的改变而不断变化（Jaeger et al.，2003；Marsh et al.，2004）。

7.1.5.1　采后果实可溶性固形物与可滴定酸含量变化

可溶性固形物含量（SSC）和可滴定酸（TA）是影响果实食用品质的重要因素。其中，SSC是指导猕猴桃果实采收的重要参数，主要由可溶性糖构成，其数值大小直接反映了果实糖度的高低（Burdon et al.，2013）。采收后，果实SSC的上升主要与淀粉向可溶性糖的转化有关。有研究表明，当大部分淀粉转化为可溶性糖时，果实SSC基本达到最高水平（Macrae et al.，1989）。此外，猕猴桃果实的有机酸主要由奎宁酸、苹果酸和柠檬酸组成，采收后，果实酸度会随着呼吸消耗与果实软化而逐渐降低（Nishiyama et al.，2008；Choi et al.，2022）。因此，随着果实不断后熟，果实糖酸比将逐渐升高。通常，合适的糖酸比可使果实表现出更佳的风味。据严涵等（2022）报道，'红阳'猕猴桃可食用期果实的SSC为14%～20%。由'海沃德'感官实验表明，消费者更喜欢 $SSC \geq 12.5\%$ 以上的果实，不喜欢 $SSC \leq 11.6\%$ 及 $TA \geq 1.17\%$ 的果实（Crisosto and Crisosto，2001）。

7.1.5.2　采后果实硬度变化

猕猴桃果实硬度主要受细胞壁及淀粉的影响。其中，细胞壁由果胶、纤维素、半纤维素和少量糖蛋白等物质组成（Bashline et al.，2014），主要通过增加细胞间黏附力及细胞机械强度来保持果实硬度。淀粉分为直链淀粉与支链淀粉（Li and Zhu，2018），可以通过支撑细胞形状及保持细胞膨压来维持果实硬度。采收后，猕猴桃果实的软化可分为快速软化和缓慢软化两个阶段，快速软化期主要是由于淀粉降解导致果实硬度迅速下降；缓慢软化前期主要是由于PG等酶活性增加，致使原果胶降解，细胞壁胶质液化；缓慢软化后期则是在纤维素酶与氧自由基等物质作用下，细胞壁解体，细胞膜破裂，导致果实彻底软化过熟（王贵禧 等，1994；王仁才 等，2000；Atkinson et al.，2011）。前人研究表明，'红阳'猕猴桃的软化与果实内细胞壁多糖物质含量减少有关，该过程主要受到多聚半乳糖醛酸酶和纤维素酶的调控（王亚楠 等，2013；陆玲鸿 等，2023）。Wang 等（2021）发现，猕猴桃果实硬度下降与淀粉含量的降低、淀粉颗粒的消失、细胞间隙的增加及果胶和半纤维素的解聚有关。此外，采收后，随着果实硬度下降，果实食用品质也会发生变化。

通常，硬度高的果实往往成熟度较低，果实淀粉含量高、糖度低、口感差，不宜食用（Wang et al.，2021）。然而，当硬度过低时，果实则会由于乙醇等异味物质含量过高而丧失原有的风味（Huan et al.，2021）。因此，即食猕猴桃果实硬度应处于合适的范围之内。Ilina 等（2010）将 4～13 牛顿定义为猕猴桃果实的可食用硬度。Chai 等（2022）通过对整体口感和香气特征进行分析得出，'徐香'猕猴桃可食用的果实硬度为 3～7 牛顿，'翠香'猕猴桃可食用的果实硬度为 3～9 牛顿。据 Wang 等（2011）报道，'Hort16A'猕猴桃的适宜可食用硬度为 4～10 牛顿，'海沃德'猕猴桃可食用的果实硬度为 4～8 牛顿。

7.1.5.3 采后果实挥发性风味物质变化

猕猴桃的挥发性风味物质是果实香味形成的主要原因。现已检测到猕猴桃产生的挥发性物质共有 80 多种，包括醛类、醇类、酮类、酯类、内酯类、萜烯和其他有机化合物（Garcia et al.，2012）。研究表明，不同成熟度的猕猴桃果实所产生的挥发性物质会有所不同。通常，未成熟果实中主要为醛类化合物，赋予果实新鲜、青草味；即食阶段则主要为酯类化合物，赋予果实甜味和果香味；过熟阶段，则以乙醇为代表的异味物质较多（Wan et al.，1999，Friel et al.，2007，Garcia et al.，2013）。据 Wang 等（2011）报道，在'海沃德'后熟过程中，以反式 -2- 己烯醛为代表的醛类化合物的比例逐渐降低，以丁酸酯为代表的酯类化合物含量却逐渐增加。此外，猕猴桃采后香味物质变化在不同品种的果实中也有差异。

通常，美味系绿肉果实主要呈现青草和绿叶的香味特征，中华系黄肉果实则主要以花香和果香为主（Lindhorst et al.，2016）。Wang 等（2011）对'海沃德'与'Hort16A'猕猴桃果实中的挥发性物质进行了分析比较，结果表明，'海沃德'中赋予果实青草、新鲜味的醛类化合物占比更高。此外，一些具有特殊香味的挥发性物质可能仅存在于特定品种中。例如，Du 等（2019）研究表明，松油烯、γ- 松油烯及水杨酸甲酯可能是'红阳'猕猴桃的特异性挥发物。Zeng 等（2020）发现，在'Hort16A'及'Red5'等中华猕猴桃品种中，萜烯类桉叶油醇为果实提供了特异的薄荷、桉树香味。

7.1.5.4 采后果实其他营养物质含量变化

干物质含量（DMC）是判断猕猴桃果实食用品质的重要指标，其含量高低对可食用期果实品质具有决定性的作用（Harker et al.，2009；Famiani et al.，2012）。果实干物质主要由淀粉、可溶性糖以及结构碳水化合物组成，消费者通常对 DMC 含量高的果实喜爱度更高（Jordan et al.，2000；Burdon et al.，2004）。然而，DMC 的高低主要与果实品种和成熟度有关，采摘后不会发生明显变化。因此，为了确保猕猴桃果实的品质，干物质含量需要达到一定水平才可采收。此外，采后猕猴桃果实维生素 C、类胡萝卜素、叶绿素、酚类以及膳食纤维等营养物质含量的变化，均受到贮藏温度、贮藏时间、品种以及采摘时期等因素的影响（Tavarini et al.，2008；Montefiori et al.，2009；Sharma et al.，2015；Xia et al.，2020；Zhang et al.，2020）。通常，猕猴桃在适时采收后，贮藏时间越长、温度越高，果实营养物质的损失则更多、更快（Lee and Kader，2000）。

7.1.6 猕猴桃催熟研究进展

猕猴桃属于乙烯敏感型水果，使用微量乙烯处理便可以有效促进果实后熟软化（Lim et al.，2017）。因此，使用乙烯及其类似物处理，是实践中最常用的猕猴桃催熟方法。Choi 等（2022）研究表明，新鲜采摘的'海沃德'与'Haegeum'猕猴桃果实，在使用乙烯处理 3 天后便可达到即食状态。Shin 等（2019）发现，'Goldone'和'Jecy Gold'猕猴桃在使用 100 微升 / 升的乙烯处理 1 小时后，果实分别在处理后第 9 天和第 15 天达到可食用状态。据赵婷婷等（2020）报道，使用浓度为 500～1500 毫克/千克的乙烯利处理，可以有效促进'皖金'和'徐香'猕猴桃果实的成熟。

此外，利用 ABA、MeJA、乙醇和蔗糖等天然或人工合成的物质处理，以及将果实置于高氧环境都被证明能有效促进猕猴桃果实的成熟。研究表明，外源 ABA 处理可以促进猕猴桃果实采后早期果实软化（Gan et al.，2020）及以酯类为主的香气生物合成（Han et al.，2022）。据 Wu 等（2020）报道，使用 MeJA 处理可以促进成熟过程中 ETH 诱导的乙烯产生，从而加快'海沃德'猕猴桃果实的成熟。Mencarelli 等（1991）发现，使用浓度为 0.18% 的乙醇处理，可以有效促进'海沃德'猕猴桃果实的呼吸与成熟。Fei 等（2020）研究结果显示，外源蔗糖处理可以促进猕猴桃果实乙烯的合成，同时加快果实的软化和成熟。此外，研究表明，环境中的氧含量是影响果实呼吸速率的重要因素，同时氧气是乙烯合成限速酶 ACC 合酶发生作用的关键条件（Tatsuki，2010）。据柴佳欣（2021）报道，使用 30% O_2 和 40% O_2 处理，均可以通过促进果实的呼吸与乙烯产生以缩短'海沃德'和'徐香'猕猴桃果实的后熟时间。

上述猕猴桃催熟方式，大都需要依赖乙烯的作用来促进果实后熟。然而，在实际应用中，若不能及时有效地控制乙烯影响，果实货架期与食用品质均会受到较大冲击。因此，猕猴桃的催熟应选择对乙烯依赖程度更低的方式。研究表明，猕猴桃中存在一组成熟相关基因受到低温的独特调控（Asiche et al.，2018），这使健康的猕猴桃果实可在未检测到乙烯的低温环境中发生显著软化（Mworia et al.，2012）。据 Mitalo 等（2019）报道，与 22℃相比，5℃贮藏会加快'Kosui'猕猴桃果实软化和 SSC 增加的速度。另外，Asiche 等（2017）发现，'Rainbow Red'猕猴桃贮藏在 5℃与 10℃比贮藏在 0℃和 20℃成熟得更快。然而，虽然特殊低温可促进果实成熟的现象在多个猕猴桃品种中都得到了印证（Yin et al.，2009；Mitalo et al.，2019），但在不同品种中，具体可促进果实后熟的温度仍须开展更深入地研究。

7.1.7 猕猴桃过熟控制研究进展

在催熟完成后，果实即将进入呼吸跃变期，若此时直接将果实置于常温销售，则会由于乙烯大量产生与积累，导致果实过熟而失去食用价值。因此，在催熟完成后，需要对果实进行保鲜处理，以阻遏其软化进程。有研究表明，乙烯是影响果实货架期的主要因素（Wei et al.，2021；焦旋等，2021），因此削弱乙烯影响是延缓猕猴桃过熟的关键所在。

温度是影响果实贮藏时间与后熟速度的重要因素，在一定范围内，温度越低果实后熟速度越慢。黄文俊等（2022）发现，与 20℃贮藏相比，1.5℃低温贮藏可以极大地降低'猕枣一号'果实的日失重速率，同时能有效延长果实的贮藏期限。据 Zolfaghari 等（2010）报道，在（1±1）℃的环境下，猕猴桃果实的营养物质能得到较好的保留。此外，Antunes 等（2000）研究发现，低温处理可以通过抑制 ACC 合酶基因表达以延缓猕猴桃果实后熟。然而，虽然低温处理可以有效保持果实状态，但温度选用不当可能会使果实发生冷害（Suo et al.，2018）。因此，在进行低温处理时，应根据不同品种与需求来选择合适的温度。

1-MCP 是一种安全无毒的乙烯受体抑制剂，主要通过与乙烯受体高效且不可逆的结合以削弱乙烯影响（Blankenship and Dole，2003）。研究表明，使用 1-MCP 处理可以有效延长猕猴桃的贮藏寿命与货架期（Asiche et al.，2016）。李辣海等（2023）研究结果表明，使用 1-MCP 处理经乙烯催熟后的'红阳'猕猴桃，可以延长果实的货架期，同时延缓可食窗口期果实的硬度，但使其食用品质下降。据 Quillehauquy 等（2020）报道，使用 1.0 微升 / 升的 1-MCP 处理，可以延长'海沃德'猕猴桃的采后寿命与可食用窗口。Chai 等（2021）研究表明，使用浓度为 0.5 微升 / 升的 1-MCP 处理可以有效延缓即食猕猴桃果实的硬度下降，同时使'海沃德'和'脐红'猕猴桃的货架期分别延长 8 天、10 天。

7.2 猕猴桃商品化处理与贮藏保鲜规范

猕猴桃是一种呼吸跃变型水果，其果实后熟受乙烯诱导，浓度低至 0.01 微升 / 升的乙烯即可诱导软化。然而，采后机械伤、冷害与感病等均可诱导形成乙烯，使得果实不可逆地快速软化，给贮藏寿命带来巨大挑战，因此低温贮藏与保鲜技术的开发和应用对猕猴桃产业的发展具有重要意义。为了进一步增加采后管理的趣味性和互动性，我们开发了一套猕猴桃贮藏保鲜技术要点虚拟仿真实验软件（https://shijian.hzau.edu.cn/portal/#/home/virtualsimulationexperiment/experimentdetails?id=74）。

根据贮藏与分选的先后顺序，通常可以分为两种模式，模式 1 为先分选后贮藏，多数用于成品果或半成品果的短期存放；模式 2 为先贮藏后分选，适合于中长期低温贮藏保鲜。以下将详细阐述猕猴桃采后商品化处理与贮藏保鲜的技术。

模式1：先分选后贮藏流程

采摘➡愈伤➡分选➡包装➡预冷➡贮藏➡检测➡运输

模式2：先贮藏后分选流程

采摘➡愈伤➡预冷➡贮藏➡分选➡包装➡运输

贮藏与分选模式

7.2.1 确定采收期

猕猴桃果实达到最佳食用硬度时能充分体现品种特性和品质，且需符合一定的实际市场需求，如采后立即食用、需后熟后食用、中长期低温贮藏、加工等，此时的采收期为适宜采收期。不同品种或者同一品种在不同年份、不同产地，适宜采收时间节点不同。确定适宜的采收窗口，应根据生育期、干物质含量、可溶性固形物含量、果实硬度以及市场需求综合确定。部分品种的采收指标见下表。

通常，用于中长期贮藏的果品固形物含量至少达到 6.5% ~ 7.5%，干物质含量 ≥ 17%。

猕猴桃的采收参考标准表

品种	生育期（天）	干物质含量(%)	可溶性固形物含量（%）	果实硬度（千克/平方厘米）	果肉色度角（Hue）	种子颜色
'红阳'	130 ~ 150	≥ 17.5	≥ 7.0	≥ 8.0		
'东红'	135 ~ 145	≥ 17.0	≥ 7.0	≥ 8.0		
'金桃'	140 ~ 150	≥ 16.0	≥ 8.0	≥ 8.0		
'金艳'	170 ~ 180	≥ 15.5	≥ 8.0	≥ 8.0	对于黄肉品种，果肉色度角 ≤ 104	黑色或者褐色种子比列达 100%
'金魁'	160 ~ 170	≥ 16.5	6.5 ~ 8.0	≥ 9.0		
'建香'	130 ~ 150	≥ 18.0	7.0 ~ 9.0	≥ 8.0		
'炎农一号'	150 ~ 175	≥ 18.0	7.0 ~ 9.0	≥ 8.0		
'炎农三号'	165 ~ 180	≥ 17.0	7.0 ~ 9.0	≥ 8.0		

注：果实生育期：猕猴桃自谢花坐果开始至果实生理成熟所持续的时间。干物质含量：指果实去掉水分后的质量占原物质的含量。果实硬度：去除猕猴桃果实胴部约1毫米厚果皮后，果肉单位面积所承受的试验压力。可溶性固形物含量：果实汁液中包含的能溶于水的糖、酸、维生素、矿物质等占食物总质量或重量的百分比。

7.2.2 采前果园管理

从果实生理成熟开始，定期对果园进行清园、梳枝摘叶、通风透光、清除裂果和烂果，并进行无害化处理；采前 7 天停止灌水，采前不要大量施氮肥，采前 20 天不施农药。

采前防腐处理：采收前用二氧化氯溶液在全园树上喷施，使用果面喷均匀，药液自然晾干后立即采收，以减少入库时果子带回的病原菌。生物杀菌剂配方：1000 毫升水 + 二氧化氯 60 毫克 + "吐温 -20" 0.5 克 + 柠檬酸 0.3 克。注：一般配 1 吨水（即 1000 升）加入 3 升二氧化氯（有效含量为 2%），再加入柠檬酸 300 克搅拌均匀后使用，现配现用。

7.2.3 采收条件

猕猴桃表皮有一层茸毛，可减轻果皮的机械损伤，而且可减少水分损失，在采收过程中要围绕避免果实遭受机械损伤的采收操作要领采果，为了有效延长果实的贮藏寿命，采收时应注意以下条件。

（1）选择晴天，在气温较低的上午或下午采收，阴雨、大雾、有露水时不宜采收，雨后 3 ～ 5 天不宜采收。

（2）果实应成熟一批采收一批（特别对于花期较长的产地），人工采收，采果人员要求身体健康，采前要剪指甲，戴上干净手套操作，经专门培训。

（3）采收要求轻拿轻放，弯腰轻倒入周转筐，严防造成机械损伤。

（4）采收时应避开中午高温期，随时将装满的果箱转移到阴凉处待运，避免日晒；禁止重压，抛掷和滚动。

（5）采收所用器具必须洁净卫生。

猕猴桃采收

7.2.4 采摘质量要求

周转筐要求：周转果筐不能装得太满；在周转筐内放置通风透气的减震内衬；采果前对果筐进行消毒处理，采前一定要检查周转果筐内是否清洁。破碎、腐烂果实的残留物均能污染或损伤果实，此外，还应注意周转筐须保持干燥。

果品要求：

（1）贮藏用果实应无机械损伤、无虫口、无灼伤、非畸形，无任何可见的真菌或细菌侵染的病斑（可提前疏果）。施氮过多、施肥不当、过于荫蔽、叶片黄化、失水落叶等病树果品都不得用于贮藏。

（2）果品应具有本品种的果形、大小、颜色，达到采收成熟度（糖、干物质含量、硬度）；详见下表。

（3）使用生物药剂（膨大剂）的果品和冷敏性差的果品不得中长期存放。

猕猴桃的果品要求

项目	指标
风味	具有本品种的特有风味，无异味
果面	洁净，无污染物、机械伤、腐烂和缺陷
成熟度	充分发育，达到市场或贮存要求的成熟度
果形	果形端正，整齐一致，无畸形果
果心	果心小，无空心，柔软，纤维少
果肉	颜色符合品种特征，质地细腻，多汁，无颗粒感
色泽	具有本品种成熟时应有的色泽

7.2.5 运输

运输时应堆码整齐、牢固，果筐顶部应预留 5 ～ 10 厘米的空隙，中途不宜倒筐。道路宜整齐，避免过度颠簸造成机械伤。运输中如遇雨天须用防水篷布遮盖果品。

7.2.6 果实愈伤

从果园回来的果心温度一般在 25 ～ 35℃，放置在安装风扇（风速 0.4 ～ 0.6 米 / 秒）且四周通风良好的室内进行降温愈伤 24 ～ 72 小时，室内温度控制在 15℃ 左右，果蒂伤口颜色微变黄即愈伤完成。愈伤时间与猕猴桃品种特性、采收时气温及灰霉病抗性有直接关系，比如'红阳''翠香'等采收时气温高、极易软化的品种一般要求在 24 小时内完成愈伤，并及时打冷至贮藏温度 0.8℃；而'海沃德'等晚熟、采收温度相对较低的品种建议愈伤时间为 48 ～ 72 小时，可大幅度降低灰霉病的发病率。

采摘的果品如直接分选，可以将分选至入库之间的时间计入愈伤时间内，分选好的果品进行梯度降温后及时入库低温贮藏。

猕猴桃运输

A. 中国模式；B. 新西兰模式

7.2.7 预冷

预冷是果实入库贮藏前的快速降温措施，以去除田间热，最大限度地保持其硬度和鲜度等品质指标的方法，延长贮藏期，同时减少贮后设备运行的能耗，降低成本。适合猕猴桃的主要有 3 种预冷方式：机械预冷、压差预冷、自然降温冷却预冷。

机械预冷是指强迫空气降温，是一种常用预冷措施。将猕猴桃采摘后快速进入预冷间，在堆间以 1 米 / 秒气体流速为宜，不要将果实温度急速降到管理温度，易发生冷害，且采摘伤口得不到愈伤，易发生采后病害。为了防止果实在预冷期间蒸腾失水，在库内地面喷洒加湿是必要的。

这里需要注意的是，对于低温特敏感性的品种，如'红阳''华优''黄金果''金艳''徐香''翠香'等，入库后温度降到 2 ～ 5℃，稳定 1 ～ 2 天后，再降到品种所需的贮藏温度。

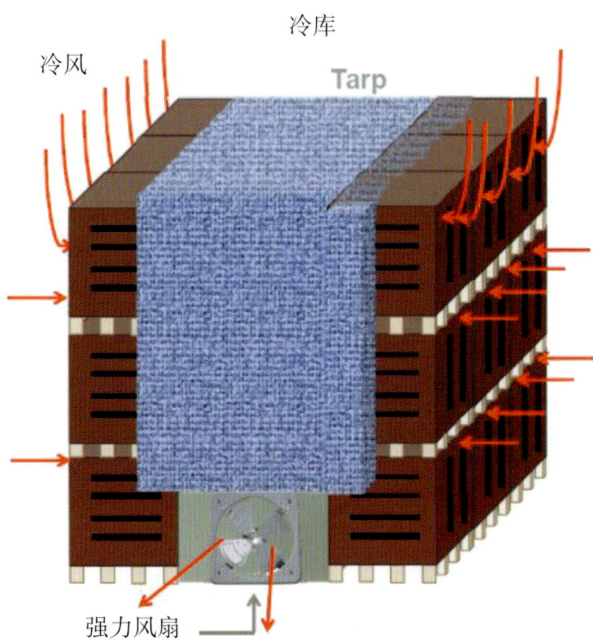

猕猴桃压差预冷设施

7.2.8 贮藏库管理要求

7.2.8.1 库房要求

（1）检修设施。冷藏库、气调库、大帐气调库在果实入库前要仔细检查管道系统、制冷系统、通风系统、加湿设备、温湿度检测器、照明设备；气调库、大帐气调库还需检查气调设备、库房气密性等，并试运行无异常后停机待用。

（2）消毒。猕猴桃入库前7天对果箱进行清洗消毒处理，对库房彻底清扫、灭鼠、消毒。消毒方法可选择下列任意一种。

库房臭氧消毒：将臭氧发生器接通电源后关闭库门，待库内 O_3 浓度达到 40～60 毫克/立方米后断掉电源，保持 24 小时。

库房二氧化氯消毒：配制 60～80 毫克/升二氧化氯溶液在库房全面均匀喷洒后，密闭 24 小时，然后通风换气。

库房甲醛、高锰酸钾消毒：按照甲醛∶高锰酸钾 =5∶1 的比例配置溶液，以 5 毫克/立方米的用量熏蒸冷库 24～48 小时后通风换气。

容器消毒：将果箱（筐）以 60～80 毫克/升二氧化氯溶液，或者含氯浓度 0.5%～1.0% 的漂白粉溶液，或者 0.2% 次氯酸钠溶液浸泡 3～5 分钟，刷洗后沥干。

（3）库房预冷。冷库管理最关键的是温度的校准和检测。选用库内的 4 个点以上进行温度监控，确保温度的稳定性和均一性。冷库、气调库在猕猴桃入库前 4～5 天开机降温，使库内温度降至 0.5～1.5℃，并稳定在该温度范围。库内有 2 个以上的蒸发器时，要提前观察温度巡检仪，务必使各个蒸发器温度保持平衡。库内地面须保持湿润，有干燥的地方及时进行洒水，保持待用。

猕猴桃冷库内景

7.2.8.2 入库贮藏的基本原则

（1）果实入库要求。对猕猴桃的采收、运输、进库必须做好计划安排。运回的果实要严格挑选后逐个轻轻放入贮藏箱（建议选用透气的木箱或塑料筐），每箱（50厘米 ×30厘米 ×28厘米）装果量15～20千克为宜。

（2）中长期贮藏的果品在采摘质量严格的管控下，可以不先上分选线（注：有时会在采摘时放置保鲜袋），愈伤、预冷后直接入库。

（3）短期贮藏的果品可以先分选再入库。

（4）保鲜库和气调库入库完成后，对风机出口处用湿麻袋等透气保湿物覆盖。

7.2.8.3 品种分放与温度设定

各品种需单独存放，不能混储，以免因后熟期不一致，造成互相影响。不同品种的贮藏相对湿度为90%～95%；存放温度因品种不同而有所不同。通常，中华猕猴桃为（2±0.5）℃，美味猕猴桃（1±0.5）℃。部分主栽猕猴桃品种的贮藏温度参考下表。

部分主栽猕猴桃品种适宜的贮藏温度表

品种	'红阳'	'东红'	'金桃'	'金艳'	'金魁'	'海沃德'	'金塘三号'	'翠香'	'徐香'	'秦美'
适合贮藏温度（℃）	1.0～2.0	2.0	2.0	1.5	0.5～1.0	0.0	1.0～1.5	0.5～1.0	0.5	0.0

经愈伤、预冷后的'翠香'猕猴桃入库后先将温度降至（5±0.5）℃，稳定1～2天（预冷）后，再降至0.8℃贮温，库温波动控制在±0.25℃，保持至贮期结束。对靠近冷风机出口处的果实应采用透气性材料覆盖。

关重要，华中农业大学猕猴桃采后团队开发了一款可精准检测猕猴桃果心温度的数字孪生果实，其具有精准检测、实时数据传输、长续航能力等优点。

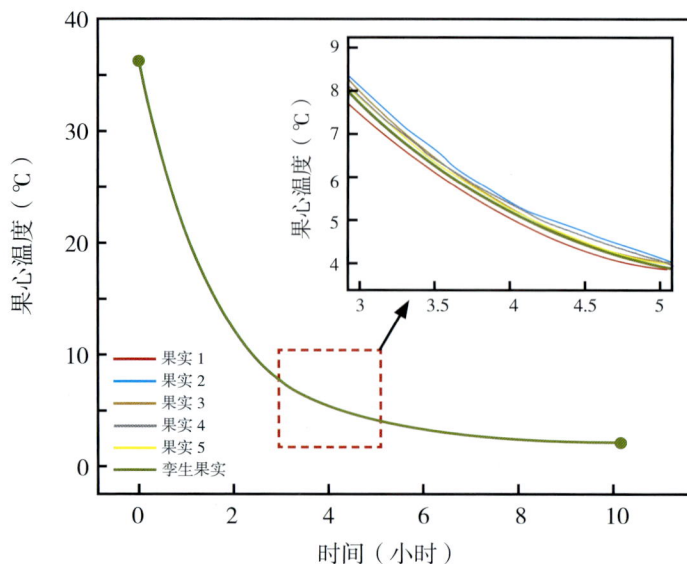

猕猴桃果心温度孪生果

冷藏过程中，需控制温度在适宜贮藏温度的范围内，避免局部或短时间不适温度的发生，导致果实表面发生结露现象及冷害的发生。

7.2.8.4 入库流程

（1）入库堆垛。堆垛应按产地、品种堆码，并悬挂垛牌，一个库间放一个品种，不能混放。垛位不宜过大，垛长小于 6 米，宽小于 2 米，入满库后应及时填写货位标签和平面货位图。

堆垛要求：货垛堆码要牢固、整齐，货垛间隙走向应与库内气流循环方向一致，有利于气流循环。距冷风机出口不少于 1.5 米，距墙不少于 0.2 米，距库顶 1 ～ 1.5 米（垛高不能超过冷风机的出口），垛间距离 0.3 ～ 0.5 米，垛内容器间距离 0.02 ～ 0.03 米，库内通道 0.6 ～ 0.8 米，托盘高度 0.1 ～ 0.15 米。有效空间的贮藏密度冷库不应超过 200 千克 / 立方米，气调库不应超过 230 千克 / 立方米。

（2）入库量。果品从预冷间进入保鲜库或气调库要分批入库，每天入库量不超过该单库容量的 20%（约一个预冷库的储量），入库造成的温度上升不超过 3℃，上升到 3℃时停止入库，等温度降到品种所需温度再大量入库。第二天入库时需将前一天入库的果实降到品种所需温度，再堆码。

（3）气调库入库。果实需要 2 ～ 3 天内装完毕，关闭库门降温。库温稳定后封库调气。产品用透气的周转筐盛装，堆码参照冷库贮藏管理，确保气体流通。需在观察口放置 6 ～ 8 箱样果，以供贮藏期检查所用。

7.2.9 冷藏库日常管理

（1）测验库温。入库初期，每天进库观察 1 次，直到库温基本稳定。库温可以连续或者间歇测定，如以 3 小时记录一次，并自动传输到电脑，自动监控。温度计不应放在冷凝异常、震动或者辐射的地方；根据库容，选择 4 ～ 6 个代表性测温点。此外，还需要检测果温。

（2）保持湿度。在前期降温阶段不要加湿，待库温、果温均降至要求且稳定后再行加湿，库内相对湿度保持在 90% ～ 95%，如相对湿度达不到要求，开启超声波加湿器进行补湿，以 4 个以上的代表性点测湿度，数据做好记录。若为成品箱贮藏则需要另外考虑。

（3）库内消毒。开启臭氧发生器，使库内臭氧含量达到 15 毫克 / 立方米，关闭电源保持 1 周，每周开启 1 次。

（4）贮藏期果品检验。贮藏期应隔 10 ～ 15 天抽检 1 次，检验项目包括硬度、固形物含量、干物质含量、感染性病害等。

（5）通风换气。库房内的冷风机一般控制在 0.3 米 / 秒，使库内温度均匀一致。贮藏前期待库内温度稳定后，如陕西等冷凉地区可采用整库换气，贮藏前期（入贮后 1 个月期间）和贮藏后期（出库前 1 个月），每 7 ～ 10 天进行一次；贮藏中期每 2 周进行一次。一般在晴天气温较低的凌晨或夜间进行。每次约半小时，以及时排除库内大量的乙烯、二氧化碳、乙醇等有害气体；冬天外界温度过低，需防止冻伤。在长江以南等冬季相对高温的地区，需要安装专业的通风换气设备，实现智能通风换气。

（6）果品出库。出库时应在开库后 1 周之内基本出完，开库后剩余果品不能放置太久，以免影响果品保鲜的质量。猕猴桃贮藏寿命通常为 3～5 个月，出库后的果实硬度应该不低于 30 牛顿，就近销售应不低于 20 牛顿。

7.2.10 气调贮藏日常管理

通常，气调贮藏比冷藏延长保鲜期 1/3 以上。

（1）贮藏温度

降温要求：在空库降温和入库后的降温阶段，应注意保持库内外的压力平衡，一定要在果温和库温达到并基本稳定在要求的温度时才能封库，封库后温度的波动幅度不超过 ±0.25℃。

范围：猕猴桃果实气调贮藏的适宜贮温与冷藏温度一致，见贮藏温度表。

测温：需自动传感器测量，一般每隔 2 小时记录一次数据。其余与冷藏库相同。

（2）相对湿度。猕猴桃气调贮藏适宜相对湿度与冷藏的要求一致。但须在封库后才可加湿。湿度测定需用自动传感器测量，其余与冷藏库相同。

（3）气体成分。采用充氮或分离法快速降氧，48～72 小时将库内气体成分降至规范范围。

（4）调气要求。封库之后即可开始降氧，一般将氧气降到高于技术指标 2%～3%，然后依靠果实的呼吸降氧，逐步达到要求的指标。之后，当库内氧气降至接近低限时，补充新鲜空气，二氧化碳升至接近高限时，开启清除装置。

（5）空气环流。贮藏期间货间风速在 0.25～0.35 米／秒。

（6）乙烯监测与脱除。对库内乙烯浓度进行监测，并及时使用乙烯脱除设备对库内乙烯进行脱除。

（7）果品出库。出库前 2 天解除气调，经约 2 天时间，缓慢升氧。当库内 O_2 浓度超过 18% 后才可进库操作。出库后尽快分级包装。

7.2.11 出库包装

出库时，将果实在缓冲间放置 10～12 小时。缓慢升温，让果实与外界温度差小于 6℃，再出库包装；出库后尽快分级包装，外包装一般选择机械强度较高的容器，果与果之间和果与箱之间都应填充软质衬物，如泡沫塑料等，以保证果实在贮运过程中不受损伤；若当天不能及时出货，需先放在预冷库中。

成品出库一般服从"先入先出"原则，半成品出库应以库内果品质量为基础，"质量好的后出，差的先出"；出库后的果品，不宜再返回原库存放，应分开存放不宜久存、尽早销售。

装车时需要夜间气温降至当日最低时，将果箱用薄膜、棉被等全部包裹，长途运输要小于 3 昼夜。

7.2.12 运输

（1）运输方式

非控温运输：采用非控温的方式运输，应用篷布（或其他覆盖物）遮盖。并根据天气情况，采取相应的防晒、防热、防冻、防雨措施。

控温运输：采用控温的方式运输，控温车、船应控制温度为适宜冷藏温度，温度以 1 ～ 5℃ 为宜。

（2）运输基本要求

运输前处理：鲜销猕猴桃果实，在中、长途运输前应对其进行预冷处理，消除果实的田间热。无论采用哪种运输工具，或者是运输距离远近，所有果实都要用箱包装。

运输条件：运输工具应清洁、卫生、无异味、无污染、无残留乙烯，严禁与其他有害、有毒、有异味的物质混装混运。短距离运输可用卡车等一般运输工具；长距离运输要求用具备控温、控湿、调气设备的集装箱。

运输堆码要求：非控温运输时，从产地到包装车间或贮藏库，果箱在车内应码成花垛，以便通风散热。控温运输时，应保持车内温度均匀，温度控制在 1 ～ 3℃。每件货物均可以接触到冷空气，确保货堆中部及四周的温度均匀，防止货堆中部积热及四周产生冻害。货物不宜直接接触车底板和壁板，需留有间隙，且货件不能紧靠机械冷藏车的出风口或加冰冷藏车的冰箱挡板。从低温贮藏库运往市场时，宜用控温运输。当用非控温的方式运输时，果箱在车内应堆码紧密，并用棉被等覆盖，以保持车厢内较低温度。

（3）装卸及行车要求。应轻装轻卸，快装快运，适量装载，行车平稳，运输中尽量减少震动。

7.3 冷库建设与结构规范

常温下猕猴桃容易软化不耐存放，低温冷藏可降低呼吸速率、延长营销周期，实现有计划销售，达到经济、社会和生态效益最大化。低温贮藏的主要目标：①在不造成冷害或冻害前提下，人为创造最适低温和最佳气体成分以减缓猕猴桃果实的生物活性。②保持低温和维持果实表面湿度以减缓病原微生物的生长和扩散。③减少果实与库内温度波动，保持库内高湿，从而减少果实水分损失及由此产生的萎蔫。④降低乙烯浓度以及由其带来的损坏。

冷库还可用于特殊处理。例如，猕猴桃在适宜温度和高湿条件下预冷和愈伤，以达到去除田间热以及愈合收获时产生的伤口；库内用臭氧、二氧化氯等处理猕猴桃果实，以减少灰霉病等腐烂率；利用库内变温处理可以促进猕猴桃软化，达到即食可控催熟效果；还可以用乙烯处理相对早采的果实，使其更快、均匀地成熟。

机械冷藏库主要由制冷设备和库体组成。通常猕猴桃冷藏库要求具备良好的隔热性、防潮性及新风换气系统和一定的湿度环境等条件。此外，冷库还需有外部防雨棚架，用于保护库体，有效防止库体遭受外界环境影响，有遮雨和防止直晒等作用，能有效提高贮藏效果，延长冷库使用年限。

7.3.1 贮藏冷库的分类

冷库的类型多样。按照库体结构分类，可分为：①钢筋混凝土无横梁结构。多用于大中型冷库，其特点是可充分利用库房空间，载荷能力大；②钢筋混凝土梁板式结构。多用于小型冷库，其特点是技术简单、施工方便，但因横梁导致库容量减少，且影响库内空气流通；③现代冷库大多数是由聚氨酯塑料或者聚苯乙泡沫塑料做成的夹心板装配式冷库，其特点是建库速度快，但停机后库温回升相对较快。

按照冷藏设计温度分类：①高温冷库。冷藏温度一般设计在 –2 ～ 8℃。②中温冷库。冷藏温度一般设计在 –10 ～ –23℃。③低温冷库为 –23 ～ –30℃。④超低温速冻冷库为 –30 ～ –80℃。此外，按照容量可分为大型冷库、中型冷库和小型冷库。按照冷库的功能可分为预冷库、冷藏库、冷冻库、周转库和气调库等。

猕猴桃属于呼吸跃变型果实，根据品种和种植地域差异，采收季节从 8 月初至 10 月中下旬，采收季节的气温相对较高，需要快速预冷除去田间热，并维持在温度波动小的冷库中长期贮藏。每个冷库应能在短时间内被填满，猕猴桃通常要求在 3 ～ 4 天内装满封库。通常，针对需长期低温贮藏的果实，贮藏库大部分都是装配式小型（<500 立方米）的高温保鲜库（0 ～ 2℃）；针对短期存放的周转库，可选择使用中大型冷库。

7.3.2 贮藏冷库的结构

机械冷藏库主要由支撑系统、保温系统、防潮系统、制冷系统和控制系统 5 个主要部分构成。

7.3.2.1 冷库支撑系统

冷库支撑系统即冷库的外层骨架结构，是保温系统和防潮系统等赖以敷设的主体结构，一般由钢筋水泥或钢架筑成。这部分工程形成了整个库体的外形，也决定了库高和库容。

冷库库体容量的选择需要考虑多重因素。这些因素主要为贮藏猕猴桃的数量、果实堆码方式、行间过道、堆垛与墙壁、天花板之间的空间及包装空隙等。一般适合猕猴桃长期低温贮藏的冷库，应尽可能建高，在容量不变的基础上，增加建库高度可以相对减少地平面和天花板以及梁架材料投入，不仅具有较高的性价比，同时还有利于库内冷空气循环。一般建议把猕猴桃贮藏冷库建库高度控制在 6 ～ 6.6 米，每个库不宜超过 500 立方米，果实可堆垛高度为 4.5 ～ 5.5 米，因此这类高度的库房必须有适宜高层堆垛操作的设备配合，如叉车、铲车等。设计时还需考虑必要的附属建筑和设施，如预冷间、包装分选间、工具库和装卸台等。

7.3.2.2 冷库保温系统

保温系统是冷库实现保鲜功能的重要组成部分。保温系统能有效地限制库内外的热量交流，因此选择合适的保温材料、密度和厚度至关重要。

冷藏库建筑的关键要点是设法减少热量流入库内，冷库保温功能的好坏由建库绝缘材料性能决定。绝缘材料除应具备良好的绝缘性能外，还应具有廉价易得、质轻、防湿、防腐、防虫、耐冻、无味、无毒、不变形、不下沉、便于使用等特性。常见的绝缘材料有软木、聚苯乙烯、木屑和聚氨酯等，并各具优缺点。软木具有容量小、干燥状态导热系数小、富有弹性、易加工、不生霉菌、不易腐烂和耐压等优点，但价格较高；稻壳，价格便宜且易于就地取材，可降低造价，在使用前应过筛除尘，并晒干以防其受潮；白色珍珠岩，是一种白色多孔的粒状材料，使用时可直接填充于夹层起保温作用，也可以胶结成各种性状的制品，便于安装使用；聚苯乙烯，具有质轻、保温性能好、可耐低温，使用时可将其加工成各种形状，使用方便；现代冷库常用保温材料为聚氨酯泡沫塑料，其具有隔热性能较好、抗变形性强、阻燃、耐高温、重量轻、低导热率和防潮防水等优点。

适宜的聚氨酯板厚度通常为 100 ～ 150 毫米，容重不小于 40 千克 / 立方米，并达到国家标准所需的防火等级。在有些老产区，也用喷涂聚氨酯泡沫的方法填充库板，这种方法虽然造价较为便宜，但是材料易吸潮长菌且不易清理。除冷库四周和天花板外，地板也需铺设隔热层。猕猴桃冷藏库的温度一般维持在 0 ～ 2℃，而地温常在 10 ～ 15℃。这意味着一定的热量由地面不断地向库内渗透。通常地板隔热能力要求相当于 5 厘米厚的软木板。冷库绝缘层的厚度应当使贮藏库的暴露面向外传导散失的冷量约与该库的全部热源相等，以便保持库温稳定。冷藏设施的墙壁和屋顶应涂成浅色，避免阳光直晒。

冷库门是冷库作业人员和货物的出入口，需要保温性能良好、坚固耐用、密封性好和启闭灵活等特点。一般可将库门分为移动门、挤压门、卷帘门等形式。合板或金属覆盖，有些库门需用铝板焊接在铝框架上。库门底部通常用填缝材料密封。此外，库门上方安装风幕机可以有效隔断冷热空气的交换，在一定程度上提高了冷库的保温性能。大多数门宽 2.4 ～ 3 米，可允许装有 1.2 米 ×1 米的拖盘的叉车通过。通常，库房还宜开设一个 60 厘米 ×75 厘米的小门，以便在不打开大库门的情况下查检果实及维修。有时会开设一个透明窗，可以在不进入房间的情况下查检水果。透明窗通常呈凹形，可看到冷库内所有区域。通常，库门下方需安装塑料皮，以减少装卸过程热量渗透入库内。使用高效光源，如金属卤化物灯，以减少冷藏中光源释放的热量，且在不需要时关闭指示灯。

7.3.2.3 冷库防潮系统

冷库防潮系统是阻止水汽向保温系统渗透的屏障。防潮系统主要是由良好的隔潮材料敷设在保温材料周围，形成闭合系统，以阻止水汽渗入，维持冷库良好的保温性能和延长冷库使用寿命。防潮系统和保温系统一同构成冷库的围护结构。通常，隔潮材料主要有塑料薄膜、金属箔片、沥青等。其中，石油沥青因防水防蒸汽性能好，稍有弹性，在低温环境中不脆裂，在潮湿环境中不改变性能，且成本较低等特点，在冷库防潮隔汽广泛使用。敷设防潮材料时，需完全封闭，不能留有任何微细缝隙，如果只在绝热层的一面敷设防潮层，就必须敷设在隔热层经常温度较高的一面，表现出更佳的隔潮效果。

现代冷库的结构正向装配式发展，即预制成包括防潮层和隔热层的整体构件，在筑好地面的现场进行组装。其优点是施工方便、快速，缺点是造价较高。但是无论何种隔潮材料，日积月累，受潮会变严重、导热系数增大、热阻降低和冷量损耗增大，为避免和延缓聚氨酯受潮，延长绝热层寿命，在绝热层的热侧作密封处理（也就是形成隔汽层）是一种有效的方法。

7.3.2.4 冷库制冷系统

制冷系统包括制冷剂与蒸发器、压缩机、冷凝器、膨胀阀和其他必要的调节阀门、风扇、导管和仪表等部件。

（1）制冷剂。制冷系统的热传递任务靠制冷剂进行。制冷剂是制冷系统中完成制冷循环的工作介质，须具备沸点低、冷凝点低、对金属无腐蚀性、不易燃烧、不爆炸、无毒无味、易于检测和易得价廉等特点。天然制冷剂又称自然制冷剂，指的是自然界本身存在而非人工合成的可用作制冷的物质，如水、空气、烃、氨和二氧化碳等。氨是中温制冷剂之一，氨的蒸汽无色，但是有强烈刺激的臭味。且氨对人体有较大毒性，氨气与空气中的氧气混合后会发生爆炸。氟利昂是一种透明、无味、无毒、不易燃烧和爆炸以及化学性质稳定的制冷剂。不同化学组成和结构的氟利昂制冷剂热力性质相差很大，可以适应不同制冷要求。常用的氟利昂制冷剂有 R22、R32、R502 和 R134a 等。因此，氨常作为制冷剂用于大型猕猴桃冷库，而氟利昂是猕猴桃中小冷库常用的制冷剂。

（2）蒸发器。蒸发器的作用是保证制冷剂在低压低温状态下蒸发，吸收环境中的热量从而达到制冷。猕猴桃冷库常选用冷风机为蒸发器，其特点是降温速度快，但容易造成果实水分损耗过快，因此需安装加湿装置，及时加湿。

在冷库日常管理中，管理不当可能会造成蒸发器或膨胀阀上结霜，常用的除霜方式有水冲霜、电融霜和制冷剂蒸汽冲霜。其中，水冲霜操作简单，效果较好，但需水量较大；蒸汽冲霜能源利用合理，效果也较好，但操作烦琐，且库温变化较大。电融霜操作简单，效果较好，但是较大地增加了冷库耗电量。目前，猕猴桃冷库主要采用水冲霜和电融霜。

（3）压缩机。在制冷系统中，压缩机起着心脏作用，将制冷剂压缩成高压状态进入冷凝器。选择压缩机时，需考虑冷库制冷量是否能够满足旺季最高需求，一般需将压缩机配大至 1.5 倍，以满足猕猴桃夏、秋季高温采收所需的快速降温需求。

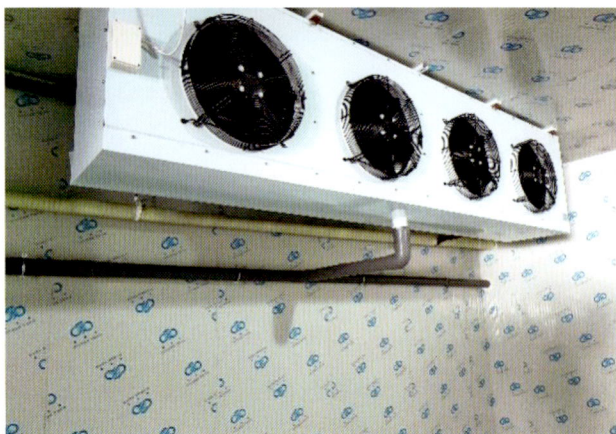

水冲霜式蒸发器

（4）冷凝器。冷凝器是用冷却介质与从压缩机中出来的高温高压气态制冷剂进行热交换的装置。猕猴桃冷库中常用的冷凝器为水冷式和风冷式。水冷式的冷凝效率较高，其冷凝水可以重复利用。风冷式冷凝器比较常见，须注意在安装风冷机组时，其前方应该留出足够距离，以便散热。

冷凝器
A.水冷式冷凝器；B.风冷式冷凝器

7.3.2.5 冷库的控制系统

控制系统是整个冷库设施的核心系统，它通过电子计算机和传感器等设备实现对冷库的监测和控制。控制系统能够监测冷库的温度、湿度等环境参数，并根据设定的参数进行自动调节和控制，以确保冷库内的货物保持在适宜的温度和湿度条件下。

（1）温度控制器常见参数及其解释。温度的稳定性和一致性是冷库管理的核心。控制器中常见的温度控制参数如下。

开机温度：库温度上限温度，当库温度达到此设定值，电磁阀接通；

停机温度：库温度下限温度，当库温度达到此设定值，电磁阀关闭；

压机延时：延时保护时间一般是在 1 ～ 10 分钟；

高温报警设定：库温探头温度高于此设定数值则报警；

低温报警设定：库温探头温度低于此设定数值则报警。

温度控制器一般有 3 种探头，分别是风机探头、库温探头、化霜探头。

①风机探头。一般安装在风机近端。库温比较容易产生温差，需设定温差上/下限以控制风机的运行，既能尽可能保证库内的温度均衡，又最大限度地减少了风机运行时间。

②库温探头。一般安装在风机远端，或者在蒸发器回风口。一般，若探头安装在回风口，则不会再安装风机探头，仅有库温探头和化霜探头。

③化霜探头。在蒸发器翅片上，用于控制化霜。

化霜是冷库管理的关键环节。制冷管壁结霜严重影响到制冷设备的运行，传热阻力增大、热气无法送出、空气流通不畅、增加电力消耗等。除霜可以恢复冷风机的冷热交换能力，提高制冷效果。否则，将会导致制冷机的制冷能力下降甚至不制冷或损坏。除霜时，必须使制冷机停止制冷，输入相当大的热量，因而导致库温回升（一般回升 3 ～ 5℃），频繁除霜将使园艺产品脱水、老化，直接影响贮存质量。采用科学、有效的除霜方法对冷库运行及制冷效果非常重要。常见的除霜方式有以下 4 种。

人工除霜：凝霜大多以固态形式存在。人工除霜即用人工的方法清除蒸发器排管表面的霜层，使其从设备上脱落。优点是可在制冷设备不停机的情况下进行，对冷库内部的温度波动较小；弊端是劳动强度大、人工成本高、除霜不彻底、易损坏制冷设备等。

水溶霜：通过向蒸发器表面浇注热水，蒸发器温度升高，凝霜融化。这种操作方法比较简单有效，节约成本，但在过低的环境温度下长时间操作有可能会造成结冰。在这种情况下，可将水替换为冰点较高的盐溶液，避免结冰现象的产生。此种方法一般适合于中大型风冷机冷库。

电加热融霜：通过在制冷风机翅片内部按照上、中、下布局安装电加热管或加热丝，利用电流的热效除霜。优点为系统比较简单，可通过微电脑控制器智能控制融霜，操作简单，人工成本低。弊端是消耗大量电能，增加冷库运营成本，带来冷库内温度波动，影响贮藏果实的贮藏寿命与品质。此方法多用于中小型冷风机冷库，储存对温度波动不太敏感的园艺产品。

热氟化霜：利用压缩机排出的高温制冷剂蒸汽，进入蒸发器中，将蒸发器暂时当成冷凝器，利用冷凝时所放出的热量，将蒸发器表面的霜层融化。优点为化霜时间短，化霜后库温上升幅度小，较节能省电，有利于清除冷风机管壁积油，提高冷风机换热效率，常见于大中小各型制冷系统。

（2）化霜的常见参数

化霜周期：冷风机启动间隔时间；

化霜时间：冷库化霜的时长；

化霜终止温度：达到此设定温度停止化霜。

（3）影响设备结霜的原因：①入口处空气与空气冷却器之间的温差大小。冷风机安装在冷库门上方，当库门打开时，如果冷风机正在运行，冷库外热空气直接被吸入到冷风机内部，同时水蒸气也凝结在冷风机外壳和风机网罩上。因此，建议将冷风机安装在远离冷库门的位置，避免开门时外部热空气直接被吸入到冷风机内。②温度波动大。冷库在上货时库门频繁开关，并且每次开门时间很长，导致外部热空气持续大量地侵入库内。因此，建议在冷库门处加装门帘或风幕机，隔绝外部热空气侵入，同时规范冷库管理，及时关门；另外，在冷风机选型时，应选择大片距和变片距型号，并增加风筒电加热器保护电机安全运转。③除霜不净。由于除霜时间不够，加上除霜复位探头位置不合理，导致蒸发器化霜不净时就开机运转，蒸发器局部霜层经过多个循环后结成冰状并且积累变大。因此，根据果蔬贮藏需要的温度和温度敏感性，选择合适的除霜方式，并根据不同的除霜方式合理操作。比如，针对电加热融，需重新设置除霜周期和除霜时间，并留出足够的排水时间并检查除霜复位探头位置；针对水冲霜，调整除霜水量并确认水管管径是否合理，确保蒸发器上每一结霜部分都被水冲刷干净彻底。④环境温度。当环温度高于 6℃时候，很少结霜；在 -5 ~ 3℃时且相对湿度较大时，比较容易结霜。

7.3.3 猕猴桃冷库建造与优化

7.3.3.1 建库要求

（1）建设用地选择。一个良好的猕猴桃冷库建设用地需要满足以下条件：①冷库建筑宜选择货源比较集中，交通比较便利的地区，建设在没有阳光照射和热风频繁的阴凉处为佳。在一些山谷或地形较低，冷凉空气流通的位置较为有利。②充足稳定的电力，需安装三相增压电源，并建议配套备用发电机，避免用电高峰期突然断电等紧急情况。③建库周围应有良好的排水条件，地下水位要低，保持干燥对冷库很重要。若冷库为包装车间等工程的一部分，应该有足够水源供应蒸发器、冷凝器，以及工人和包装车间用水需求，且应具有良好的排水系统和下水道公用设施。④应考虑建设消防服务、燃气供应等配套设施。⑤冷库周围要有足够空间，以便大型车辆移动，以及未来可扩建空间。

（2）冷库设计。科学的冷库设计为冷库的操作、管理等提供了便利。与只允许外门入冷库的设计相比，冷库中设计内门更方便操作和控制冷气流失。常用内开门设计主要有4种模式。模式1是猕猴桃产业中较为常见的，将商品化处理生产线与预冷库或者冷藏库相邻建设在一个建筑物中。模式2中果实的流通比模式3更为顺畅，但模式3的走廊专用面积较少，即货物可容纳量更大，而模式4因未设计走廊或者穿堂，是4种模式中性价比最高的一种，但是室外的暖空气渗透到冷库将增加电能使用。

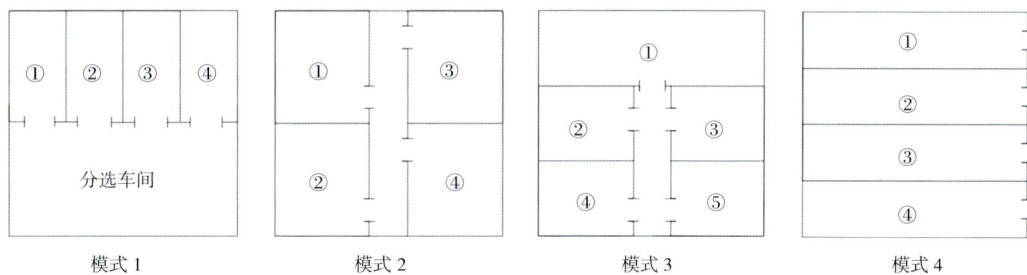

冷库设计模式

（3）选择性能较好的隔热材料。冷库冷藏性能好坏与其隔热性能息息相关。隔热性能好，对节省制冷设备的投资和运转费用，以及维持库温稳定具有重要意义。对于新建的猕猴桃专用冷库，优先选择聚氨酯泡沫塑料材料为保温材料，其具有隔热性能优异和防潮防水等优点。在已经建成的砖或混凝土仓库中，用聚氨酯喷涂发泡，可有效增加冷库的防潮隔热性能。对于猕猴桃冷库，建议使用比目前常规水果保鲜库更佳的绝缘材料，首先，猕猴桃对温度极其敏感，温度波动将导致果实快速软化，优良的保温材料将显著减少温度波动；其次，可节约用电成本，且一步到位安装保温材料的成本远远低于施工完成后更换保温材料的成本。

（4）配置加湿装置。由于库内温度低，使库内水蒸气气压减小，难以保证贮藏猕猴桃最佳相对湿度（90%～95%）的要求，从而使得果实水分流失，造成经济损失。因此，建库时要求库内配置喷雾器来喷洒水雾以提高库内湿度，且加湿装置应选择超声波加湿装置，避免水雾过大造成猕猴桃大面积腐烂，应待库温降至要求且稳定后再行加湿。此外，对于小型冷库，可采用自然加湿措施，库内设置有蓄水槽，水自然蒸发，增加了空气湿度。

冷库超声波加湿管道

（5）空气环流和新风换气系统。中华、美味等猕猴桃品种的贮藏寿命长达 3 ~ 8 个月，在贮藏后期冷库内易积累 CO_2、乙烯等物质。乙烯积累会使猕猴桃快速软化，CO_2 浓度过高会引起生理失调和品质变劣。故须加强空气环流，以及安装良好的排气系统，以便换入新鲜空气并加强空气流动，有利于增加猕猴桃贮藏保鲜时间。可通过库房内的冷风机和风道设计，最大限度地使库内空气温度、湿度保持均匀一致。新风换气系统主要包括 3 种：①被动换风。在库体安装风扇，用风带动风扇转动，以达到被动换风目的，其安装简单、便宜易用，但库外热风易进入库内，增加温度波动性，不宜在长江以南等冬季相对高温产区使用。②主动换风。③智能换风。主动换风及智能换风可以自由选择换气时长与周期，其具有换气效率高、对库温影响较小等特点，是目前主要使用的新风换气设备。此外，在一些未设计新风换气系统的陕西猕猴桃产区，可利用低温整库新风换气，通常做法为每 7 ~ 14 天进行一次。

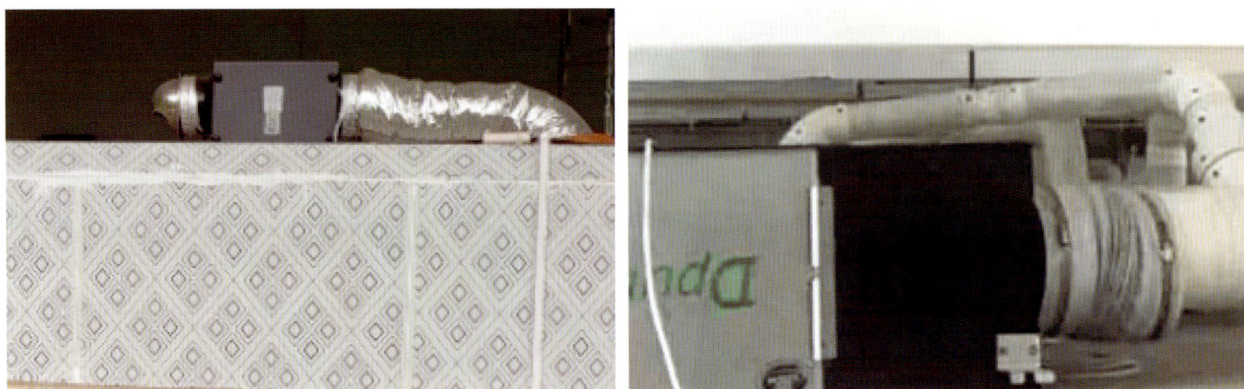

新风换气系统

（6）冷库环境监察设备。库内建议加装温湿度和气体检测探头，主要有温度、湿度、乙烯、氧气和二氧化碳等传感器，实时监控库房内的温度、湿度、乙烯浓度、二氧化碳浓度和氧气浓度，以便了解果实贮藏环境，从而根据探头数据调整冷库操作，以预测果实品质变化和延长果实贮藏寿命。

7.3.3.2 预冷库的建造

园艺产品在收获时温度高，其生理作用旺盛，鲜度会很快下降，因此应尽快降低其温度。在运输和贮藏之前将果蔬的温度降低，去除田间热的过程，称为预冷。预冷主要包括4个作用：①迅速降低园艺产品体温，从而降低呼吸强度，有利于保持贮藏期间的猕猴桃果实品质新鲜，减少腐烂变质。②进入冷藏车或冷藏库后消耗较少的冷气，防止车温或库温的上升。③经过预冷的猕猴桃在以后的冷藏中较抗冷害，减少生理病害。④未经预冷的果品装在冷藏车内，由于果温和车厢温度相差大，果蔬水分蒸发快，会加速果蔬失水，但若车厢内湿度过高，顶部水汽凝结成水珠滴在果箱上，这对运输极为不利，经过预冷就可避免。猕猴桃采后快速预冷至关重要，在进行冷库设计时需要考虑预冷库的建造，预冷库应尽可能靠近冷藏库。以下为猕猴桃预冷常用的4种预冷方式设计：

（1）自然降温冷却，是最简单、最原始的预冷方法。将采收的猕猴桃放在背阴、冷凉、通风场所，让其自然降温，让产品所带的田间热散去。其优点为简单、易操作，便宜无须特殊预冷装备。其缺点为降温范围不能低于当时最低气温，难以达到产品所需的最佳预冷温度，降温速度较慢，但仍可散发部分热量。在我国陕西、新西兰等猕猴桃产区，充分利用当地的冷凉天气（10～15℃）进行自然冷却仍然是较普遍的方法。当没有更好的预冷条件时，自然冷却也是一种常用的预冷方法。

差压预冷与穿堂预冷

（2）机械预冷库，直接利用冷藏库进行预冷的一种方法。当制冷量足够大及空气以1～2米/秒的流速在库内和容器间循环时，冷却的效果较好。堆码的垛与包装容器之间都应该留有适当的空隙，保证气流通过。如果冷却的效果不佳，可以使用有强力风扇的预冷间。

（3）差压预冷库，是在包装箱堆或垛的两个侧面造成空气压差而进行的冷却，当压差不同的空气经过货堆和包装箱时，将果实散发的热量带走。差压预冷库可以利用小型冷库，在机械制冷的基础上加装抽风机，可以加快冷却的速度。如果配上适当的机械制冷和加大气流量，可以加快冷却的速度。

（4）穿堂预冷库，此预冷方式无须单独安装制冷系统，预冷所需冷量是由两边冷库提供，有效节约建库成本，且从预冷到冷藏可以做到温度不升高和无缝衔接。且冷藏库开门时与外界热交换较少，有利于冷藏库内温度稳定。

7.4 气调库建设与结构规范

气调保鲜技术是指在冷藏基础上，通过调控果蔬贮藏环境中气体成分含量变化来实现保鲜目的的一种高效保鲜技术。其中，对气体成分的调控主要是指降低 O_2 浓度、增加 CO_2 含量，并及时排除乙烯等（Yahia et al., 2019）。园艺产品在采摘后仍进行呼吸等一系列生理活动，随着干物质消耗以及微生物不断繁殖，商品价值逐渐丧失（戚英伟 等，2014）。研究表明，降低 O_2 浓度可有效抑制果实呼吸作用，延缓果实衰老（Beaudry，1999）；同时，提高 CO_2 含量可以抑制霉菌等微生物的生长繁殖（Nakata & Izumi，2020）；此外，降低 O_2 浓度和增加 CO_2 浓度还可以抑制乙烯合成相关酶活性，减少乙烯产生（Weber et al.，2019）。乙烯的存在对呼吸跃变型果实贮藏十分不利，脱除乙烯是气调保鲜技术的重要组成，及时脱除贮藏环境内产生的乙烯，可以有效延长猕猴桃果实贮藏寿命。但是，由于气调设备昂贵及市场过度竞争导致贮藏效益较差，气调管理技术复杂，企业缺少专业技术人员，加之特定品种气调技术参数研究滞后和不精准，导致有的企业不会用，也不敢用。

7.4.1 气调保鲜技术对猕猴桃保鲜效果的影响

7.4.1.1 对硬度的影响

猕猴桃采摘后其硬度会随着细胞壁组分的降解而逐渐下降，而硬度是反映贮藏过程中果实状态的一个重要指标（高萌 等，2020；罗白玲 等，2021），能有效保持果实硬度，是保证猕猴桃采后贮藏品质的关键所在。McDonald 和 Harman（1982）的研究显示，在 $5\%CO_2 + 2\%O_2$ 的贮藏条件下，'海沃德'猕猴桃的软化速率显著降低。据康慧芳等（2020）研究，与单纯冷藏相比，结合 $2\%O_2 + 5\%CO_2$ 气调贮藏可以显著保持'徐香'猕猴桃果实硬度。王亚楠等（2013）研究了 4 种不同的气调组分对'红阳'猕猴桃的贮藏效果，结果表明，$2\%O_2 + 3\%CO_2$ 的气体组分能有效抑制细胞壁降解酶的活性，延缓果实硬度下降，使果实贮藏期延长至 4 个月。

7.4.1.2 对可溶性固形物等营养物质含量的影响

可溶性固形物含量（SSC）是影响猕猴桃品质的重要因素，也是用来判断后熟程度的重要指标。在一定范围内，SSC 会随着果实的后熟而逐渐增加。'红阳'猕猴桃在采摘后，使用冷藏或气调贮藏的果实 SSC 均呈上升趋势，贮藏期 2 个月，采用气调贮藏的果实 SSC 由 8% 上升至 10.5%，显著低于冷藏的 15.8%（邱静 等，2019）。黄永红等（2006）的研究结果显示，采用 3%～4%CO_2 贮藏'海沃德'猕猴桃，可以明显抑制果实的呼吸作用并有效保持 SSC。此外，相关研究表明，气调保鲜技术除了可以有效抑制果实 SSC 的上升外，还可有效减少贮藏期间维生素 C、类胡萝卜素等营养物质的流失（Paulauskienè et al.，2020）。

7.4.1.3 对腐烂率的影响

猕猴桃在采摘后易软化和腐烂变质。已有大量研究表明，包括气调保鲜在内的一些保鲜技术对降低猕猴桃的腐烂率有积极作用（沈云亭，2004）。气调保鲜可以有效降低贮藏过程中因果实软化与衰老而引起的腐烂。但有研究显示，使用气调保鲜技术会增加灰霉病的发生率而导致果实腐烂。Manning 和 Lallu（1997）发现，使用气调贮藏的猕猴桃比非气调贮藏的果实硬度保持更好，但因灰霉病引起的腐烂率明显更高。Brigati 等（2003）的研究表明，相比常规贮藏，使用气调贮藏可以将猕猴桃贮藏时间延长约 2 个月，但与此同时，由灰霉病菌引起的茎端腐烂也会显著增加。Lallu 等（2005）对'海沃德'猕猴桃做了连续两年气调贮藏探究，结果显示，气调贮藏的腐烂发生率均高于普通冷藏。

综上所述，虽然气调贮藏可以通过延缓果实的软化与衰老减少果实腐烂，但是在产业实践中，由于真菌感染而导致的果实腐烂高于常规冷藏。这可能是由于气调条件使果实本身在成熟期比正常情况更易腐烂，或者刺激了果实上的真菌生长，但其具体机理与原因仍不清楚。虽然气调条件对果实腐烂率有一定影响，但气调贮藏仍是猕猴桃等园艺产品最先进的保鲜手段之一。在使用气调保鲜技术进行贮藏时，可以结合采后充分愈伤和使用化学保鲜剂以抑制灰霉病菌等菌丝生长，从而降低腐烂率。

7.4.1.4 对贮藏寿命与货架期的影响

贮藏寿命是反映保鲜效果的直接体现，延长贮藏时间可以增加产品的供应期，合理避开产品的集中上市，从而提高产品的经济效益。货架期是指果品在结束贮藏后，进入商品流通环节直至被消费者食用的这一流通时期（余亚英和袁唯，2007），同时在这一段时间里，果实需保持理想的感观与营养品质（孙强 等，2019）。有大量研究表明，相对于传统机械冷藏，使用气调保鲜技术可以显著延长猕猴桃的贮藏期，延长时间可达到 2～4 个月（王亚楠，2014）。据杨德兴等（1999）研究表明，'秦美'猕猴桃使用气调保鲜技术后，贮藏寿命可达到 7～8 个月，与冷藏相比，贮藏时间延长了 105 天，货架期增加 7 天以上。此外，Li 等（2015）的研究结果显示，相对单独冷藏，结合 2%～5%O_2 和 3%CO_2 的气调贮藏能更有效地延长'红阳'猕猴桃的货架期，延缓其品质劣变。高书亚等（2013）在猕猴桃鲜切产品上也得到了相似的结果，采用 70%～80% 的高氧条件可以有效地延长鲜切果盘的货架寿命。猕猴桃常温售卖时易软化腐烂，民间有"七天软、十天烂、半月扔一半"的说法（肖妍，2020），采用气调贮藏可在延长果实贮藏寿命的同时延长果实货架期，对改变猕猴桃在消费者心中的形象具有重要意义。

7.4.2 气调参数控制

7.4.2.1 温度与湿度

温度与湿度是影响猕猴桃等园艺产品采后贮藏效果的重要因素。猕猴桃采摘时恰逢高温季节，采后呼吸旺盛，不耐贮藏，而低温可以抑制果实的呼吸及其表面微生物的生长和繁殖，同时还能降低果实软化和与风味形成相关酶的活性以达到延长保鲜时间的效果（Yin et al.，2009）。但温度过低会导致果实出现冷害，使果实丧失商品性。王香兰等（2021）的研究显示，相对于（0 ± 0.5）℃，'皖金'猕猴桃在（1 ± 0.5）℃下贮藏，可以在保证贮藏品质的同时显著降低果实冷害的发生。此外，有研究表明，猕猴桃果实中存在一条受 5 ～ 10℃特殊温度（不需要乙烯信号）诱导果实软化的机制（Asiche et al.，2018）。Mitalo 等（2019）的研究结果显示，与 22℃相比，5℃贮藏会加快 'Kosui' 猕猴桃果实软化和可溶性固形物增加的速度。Asiche 等（2017）发现 'Rainbow Red' 猕猴桃贮藏在 5℃与 10℃，比贮藏在 0℃和 20℃成熟得更快。因此，需要严格控制贮藏期间的温度波动。

在猕猴桃贮藏过程中，贮藏环境的相对湿度对果实的水分保持有重要影响，较高的湿度可以减少果实水分流失，从而减少果实的失重萎蔫。潘林娜和陈长忠（1995）的研究结果显示，'海沃德'猕猴桃在相对湿度为 90% 以上的环境中可以贮藏 5 个月，水分损失率小于 2%，且果实外观正常，而在相对湿度为 70% 的环境中果实表面出现皱缩，失水率高达 5.1%。

由此可见，选择合适的贮藏温度与湿度对保证猕猴桃气调贮藏效果至关重要。通常，中华猕猴桃贮藏温度为（1.0 ～ 2.0）℃ ± 0.5℃，美味猕猴桃为（0 ～ 1.0）℃ ± 0.5℃，相对湿度一般为 90% ～ 95%（曾云流，2021）。

7.4.2.2 氧气和二氧化碳

通过适当降低贮藏环境中 O_2 含量和提高 CO_2 含量，可以有效延缓猕猴桃果实的衰老与变质，但猕猴桃对 O_2 和 CO_2 的耐受力有一定限度，在 O_2 浓度过低或 CO_2 浓度过高时都会对果实造成不同程度的生理伤害。Thomai 和 Sfakiotakis（1997）的研究表明，低氧环境会导致猕猴桃果实中乙醛和乙醇等有害物质含量增加而产生异味。王贵禧和于梁（1993）通过对 '秦美' 猕猴桃在不同 CO_2 浓度中的贮藏效果进行比较，发现 3%CO_2 处理能有效保持果实品质，但 9% 以上的 CO_2 处理会使果实出现严重生理损伤。Harman 和 McDonald（1989）的研究表明，过高的 CO_2 浓度会使猕猴桃的原果胶与可溶性果胶的比例在果核部位异常升高，导致果实出现硬心的现象。通常，O_2 浓度应控制在 1% ～ 2%，CO_2 浓度控制在 3% ～ 5%，乙烯浓度应控制在 20 纳升 / 升以内（Kader，2003）。不同品种与不同贮藏时期，果实贮藏的最适气体比例不同，需要对其贮藏参数不断精确细化，才能最大程度地发挥气调保鲜技术在猕猴桃采后保鲜中的作用。下表中归纳了推荐的常见猕猴桃品种气调参数。

常见猕猴桃品种气调参数推荐表

种系	品种	温度（℃）	O₂（%）	CO₂（%）	保鲜效果	参考文献
美味猕猴桃	'翠香'	0 ± 0.5	2.5	4.5	延缓果实硬度下降，降低腐烂率与失重率	廖梓懿 等，2021
	'徐香'	0 ± 1	2.0	5.0	控制 MDA 含量上升，保持维生素 C 含量	康慧芳 等，2020
	'海沃德'	0	2.0	5.0	保持果实硬度	Li et al.，2017
	'哑特'	0 ± 0.5	2.5～3	4～4.5	显著抑制与乙烯合成相关酶活性，减少乙烯生成	王静 等，2015
	'秦美'	0 ± 0.5	2～3	3～5	贮藏期比冷藏长 2～3 个月，风味较好	邢红华 等，1998
中华猕猴桃	'红阳'	0～2	3～5	3～5	在保证果实的贮藏品质的同时延长果实贮藏保鲜时间	邱静 等，2019
	'华优'	0.5 ± 0.3	2.5～3	4～4.5	显著抑制货架期果实可溶性固形物含量上升	姚天娇 等，2015
	'丰绿'	1～4	—	5	显著抑制果实呼吸，较好保持果实硬度	蔡慧 等，2012
软枣猕猴桃	'长江一号'	0±0.5	17.1～18.6	2.2～3.1	使用气调包装可以有效抑制果实软化与腐烂，较好保持可溶性固形物和维生素 C 含量	颜廷才 等，2016

7.4.2.3 乙烯

乙烯是与果实成熟相关的关键激素，负责协调编码各种与成熟衰老相关基因的表达（Dias et al.，2021）。乙烯可以促进果实成熟和香气物质的释放，但是在贮藏过程中，乙烯的存在会使果实呼吸强度增加，从而导致果实更快衰老和腐烂。因此，减少乙烯产生、及时清除乙烯或削弱果实对乙烯的感知，对减缓果实成熟和延长货架期至关重要。大量研究表明，低温和低氧的气调贮藏可以抑制乙烯产生，从而减少乙烯对果实的影响（Antunes & Sfakiotakis，2002）。另外，采用高锰酸钾、1-MCP、臭氧及高温催化等处理来降解或吸附乙烯的方法也得到了越来越多的应用。下表列出了一些常见的可以用来控制乙烯对贮藏果实产生影响的方法。

气调保鲜中乙烯浓度控制方法及其效果表

控制类别	处理	使用与效果	参考文献
清除	通风换气	可以直接清除环境中的乙烯，应在气温较低的夜晚进行，且一次时间不宜过长	胡磊洋 等，2018
	臭氧	具有清除乙烯和杀菌防腐双重功效，但使用不当可能会对人体与果实造成严重伤害	Skog & Chu，2001
	高锰酸钾	吸附在硅胶、蛭石、活性炭等材料上，吸附氧化贮藏环境中的乙烯	Aprilliani et al.，2018
	紫外辐射	通过裂解氧气产生氧原子与乙烯反应来实现乙烯清除，产生低浓度臭氧来清除乙烯	Jozwiak et al.，2003
	光催化氧化	使用二氧化钛等材料作为催化剂实现对乙烯的氧化去除	Pathak et al.，2017
	高温催化氧化	使用铂、铜等作为催化剂对乙烯进行催化燃烧，可以有效去除乙烯	Wojciechowski，1989
减少产生	降温	抑制与乙烯合成相关的ACC合酶和ACC氧化酶活性，减少乙烯产生	Antunes et al.，2000
	氨基乙氧基乙烯基甘氨酸（AVG）	抑制乙烯合成限速酶—ACC合酶的活性，从而减少乙烯的生物合成	Yu & Yang，1979
削弱影响	1-甲基环丙烯（1-MCP）	通过与乙烯受体永久性结合抑制果实对乙烯信号的感知	Blankenship & Dole，2003
	重氮环戊二烯（DACP）	在光照下能永久与乙烯受体结合，使大多数乙烯受体失效	Sisler & Blankenship，1993

7.4.2.4 杀菌保鲜剂

采摘后的果实可能携带各种病原菌，在贮藏过程中会使果实腐败变质。王国立等（2022）的研究表明，使用40毫克/升的二氧化氯溶液处理'贵长'猕猴桃，可以有效清除果实表面的菌落，同时还能保持果实的贮藏品质。李桦等（2017）的研究结果显示，草酸处理可以显著抑制猕猴桃果实中木质素合成关键酶的活性，显著降低冷藏期间木质素在果实中的积累。李黎等（2019）报道，使用30% 琥胶肥酸铜300倍液及45% 代森铵150倍液可以有效抑制猕猴桃软腐病致病菌丝生长，抑制率可达到88.19%。杀菌保鲜剂的使用可以有效降低气调贮藏过程中果实的发病腐烂率，但是潜伏性病菌会随着果实的衰老而暴发，入库前的消杀难以对其进行完全消灭，因此应当加强在气调贮藏过程中气体杀菌保鲜剂的研究。

7.4.3 气调保鲜技术在猕猴桃贮藏保鲜中的应用

从1929年气调贮藏在商业上得到成功应用开始，气调保鲜技术在许多国家得到了迅速发展（Dilley，2006）。发展至今，气调设备经过了不断地更新迭代，同时气调技术的应用形式也由传统的气调贮藏库发展到根据不同需求来选择的现代气调库、气调包装以及大帐气调等形式。近年来，气调保鲜技术在猕猴桃等园艺产品的贮藏保鲜中得到了广泛应用。

7.4.3.1　气调库

现阶段，气调贮藏的主要设施是配备有制氮机和二氧化碳脱除装置等设备的气调库（刘新美和孙璐，2020）。1995 年中国建成了第一座低乙烯猕猴桃气调库，使用该气调库贮藏的猕猴桃，在第一年保鲜期就达到了 6 个月（李民，1996）。王兰菊等（1998）连续两年对商业贮藏的'秦美'猕猴桃进行研究，结果表明，通过气调库贮藏，果实的贮藏寿命达到 6 个月以上，且好果率高于98%。Lallu 等（2011）研究结果显示，与 1℃冷藏相比，使用 7℃气调库进行贮藏，可以在延缓'Hort16A'猕猴桃果实软化的同时，减少冷害的发生以及近 35% 能源的消耗。现阶段，气调库仍是实现猕猴桃气调贮藏的主要形式，虽然较大型气调库建设成本比冷藏库造价高 20% ～ 50%，但其使用较少的主要原因是气调技术和特定品种参数研究滞后和不精准，导致企业不敢用。

7.4.3.2　气调包装

气调包装（MAP）是将果蔬放入特定包装内，引入所需的气体混合物来置换原有气体（称为主动气调）；自发气调是指利用果蔬自身的呼吸与包装的选择性渗透来调节包装内氧和二氧化碳的浓度（称为自发气调），使果蔬处于一个适宜的气体环境中（Kader et al., 1989；Wilson et al., 2019）。有研究表明，利用 MAP 技术可以有效延缓'海沃德'猕猴桃在冷藏以及货架期间的软化（Han et al., 2022），同时还可以减缓冷藏过程中果实的重量损失（Ozturk et al., 2019）。罗政等（2021）发现使用 O_2、CO_2 透过性能更好的 MP20 气调袋，可以有效保持'红阳'猕猴桃贮藏期间的果实硬度，同时减少维生素 C 等营养物质的流失。使用气调包装可以有效保持果实贮藏品质，但是进口 MAP 价格较为昂贵，因此研发具有自主知识产权的国产 MAP 材料，并通过规范使用及合理回收再利用，实现经济高效与环保应用的效果，将是国内推广使用 MAP 技术的主要方式。

7.4.3.3　大帐气调

大帐气调是在常规冷库内把需要贮藏的产品密封在特制的塑料大帐中，再利用气调一体机来调控帐内的气体成分，从而实现气调贮藏的目的（段眉会和朱建斌，2013）。王贵禧等（1998）用大帐气调贮藏'秦美'猕猴桃，与冷藏相比，其淀粉和果胶物质的降解速度减慢，乙烯生成量减少，在贮藏 8 个月后商品果率仍可达到 92.3% ～ 94.5%。雷玉山等（2005）使用大帐气调贮藏'海沃德'和'秦美'猕猴桃，在贮藏 210 天后，其好果率分别可达到 98.2% 和 97.5%。廖梓懿（2021）发现，与冷藏相比，使用大帐动态气调能显著减少'翠香'猕猴桃果实的冷害发生，同时还能有效延缓果实硬度下降。

使用大帐气调可以实现猕猴桃气调保鲜的目的，成本较低，且单帐体积小，帐间不会相互影响，适合在中国推广。但其也存在一些问题，如需爬上垛顶进行造帐，帐口不易密封，管理较为复杂。因此，研发新型高密封性气调舱、智能化管理软件等是实现大帐气调推广与应用的重要方向。

目前，华中农业大学猕猴桃采后团队已经开发出了智能气调舱。该设备具有多种优点：①性价比高，价格仅为普通气调库的 50%。②可以分批进出库。③安全有保障。④管理智能便捷，兼容了多款智慧化远程管理软件。

智慧气调舱

7.4.4 展望

气调贮藏是现阶段最先进的果蔬保鲜技术之一，与传统贮藏方法相比，有贮藏品质高、贮藏寿命与货架期长等优点。近年来，基于贮藏期间果实可接受的最低氧气水平的动态气调，在苹果（Anese et al.，2020）、梨（Deuchande et al.，2016）和猕猴桃（廖梓懿 等，2021）等果品上被证明具有更好的保鲜效果，其中动态参数变化主要是利用乙醇、叶绿素荧光与呼吸熵 3 种类型的传感器进行监测。此外，通过结合乙烯吸附剂（Murmu & Mishra，2018）、1-MCP 处理（Klein et al.，2021）和贮前低压处理（Zhang et al.，2021）等保鲜技术来增强保鲜效果的复合型气调保鲜技术也得到不断发展。但现阶段中国猕猴桃等园艺产品采后使用气调保鲜技术的比重仍然很小。这主要是由于气调设备昂贵、气调管理技术难、周年利用率低、设备与参数研究滞后以及实际应用难以达到预期效果。针对这一现象，笔者认为可以从以下方面开展相关研究。

第一，在气调设备研发上：①气调设备的可移动化、小型化与"一机带多舱"，降低建造成本。②气调设备多功能化，如集气调保鲜、温度催熟、乙烯催熟等多功能为一体。③气调设备智能化，实时监测库内环境参数变化，实现远程监控与调节，提升管理精度，降低管理难度。

第二，在保鲜技术研发上：①加强多种保鲜技术与气调保鲜相结合的相关研究，形成一个更有效的复合型气调保鲜方式。②杀菌保鲜剂在气调上的应用。③加强对不同品种猕猴桃贮藏过程中生理品质变化研究，获得不同品种在整个贮藏周期的最佳动态环境参数，真正做到"存哪个品种，用哪套方案；到哪个时期，用哪组参数"。

综上所述，可以通过监测不同品种猕猴桃贮藏环境中温度、湿度以及氧气、二氧化碳与乙烯等气体的含量变化，并将贮藏品质与不同的贮藏参数进行关联，建立一个多品种最佳气调贮藏参数数据库，再结合智能、便携、多功能的气调设备与杀菌保鲜剂的应用，以最大程度地发挥气调保鲜技术在猕猴桃等园艺产品贮藏保鲜上的作用。

7.5　出库与运输

7.5.1 猕猴桃果实出库

猕猴桃贮藏寿命通常为 3 ～ 8 个月，出库后的果实硬度应该不低于 30 牛顿，就近销售应不低于 20 牛顿。出库时，需将果实在缓冲间缓慢升温，再出库包装；出库后尽快分级包装；若当天不能及时出货，需先放在预冷库中；成品出库一般服从"先入先出"原则，半成品出库应以库内果品质量为基础，"质量好的后出，质量差的先出"；出库后的果品，不宜再返回原库存放，应分开存放不宜久存、尽早销售，开库后剩余果品不能放置太久。此外，出库后还需进行分选，剔除软化与其他不适宜上市的果实，然后将果实进行分级包装后再进行销售。使用气调贮藏的果实，出库应提前 2 天解除气调，经约 2 天时间，缓慢升氧。当库内 O_2 浓度超过 18% 后才可进库操作，出库后尽快分级包装。

7.5.2 猕猴桃果实运输

猕猴桃果实运输主要是指从生产地运送到消费地的过程。根据运输工具不同，可分为公路运输、铁路运输、海上运输和航空运输等不同的运输方式。每种运输方式都有其优点和不足，在生产实践中，需要根据货物运送量、时间要求及运输成本等因素综合考虑选择最适合的运输方式。无论选择何种运输方式，其运输时间越长，要求的适宜温度越严格。

7.5.2.1 公路运输

公路运输的工具一般为卡车和冷藏车。常用的冷藏车主要包括 2 种：一种是保温车，无调温设备，只具有良好的隔热厢体，宜在中、短途运输中采用；另一种是具有制冷设施的冷藏车，适于长途运输。运输前货物摆放时要注意稳固、紧凑，同时使包装箱之间有一个网状通气渠道，要与运输车的底板和壁板保持一定间隙，让冷气绕着包装箱循环。运输时要注意堆码紧实，不要过高，注意快装快运，轻装轻运。在冷藏车中，相对湿度不易控制，一般要配套超声波加湿器；同时建议使用乙烯吸附剂以防乙烯造成伤害。公路运输的主要优点是灵活性强，易于因地制宜，对接受站设施要求不高。可以采取"门到门"运输形式，即从发货者门口直到收货者门口，而不需转运或反复装卸搬运。公路运输也可作为其他运输方式的衔接手段。公路运输的经济半径，一般在 200 千米以内，是国内猕猴桃主要的运输手段。

7.5.2.2 铁路运输

铁路运输适于国内长途运输和国际间运输。运输设备有普通车厢运输、冷藏列车运输和用于集装箱运输的铁道平车运输。铁路运输的优点是速度快，受自然条件限制小，载运量大，运输成本较低。其主要缺点是灵活性差，只能在固定线路上实现运输，需要以其他运输手段配合和衔接。铁路运输经济里程一般在 200 千米以上。

7.5.2.3 海上运输

水路运输工具，主要是海、河上的大货船。船艇运载量大，行驶平稳，振动小，果实不会因为振动而受伤，是海岸城市间远洋运输的主要运输工具，是最经济的运输方法。水路运输主要包括具有通风库效果的通风船舱、冷藏船舱和集装箱运输轮。近些年，气调运输已经被商业化应用。这种服务正在应用于集装箱，特别是新式的随车携带的气调控制设备。水运的主要优点是成本低，能进行低成本、大批量、远距离的运输。但是水运运输速度慢，受港口、水位、季节、气候影响较大。目前，海上运输是新西兰猕猴桃果实运往海外销售的主要途径，利用运输轮的冷藏装备、保鲜处理以及催熟措施实现了全球猕猴桃的即食供给。

7.5.2.4 航空运输

空运是最昂贵一种运输方式，它不能像冷藏陆运和海运方法那样提供严格的温度控制，但其优点是速度快，不受地形限制，能够大大缩短运输时间，主要是用来运输易损伤、高价格的产品，特别是长远距离的国内外市场之间的运输。目前，从丹东采收的软枣猕猴桃，利用空运快递实现了隔日到达的目的，保障了果实的新鲜度。

7.5.3 猕猴桃运输管控

运输环境条件的调控，是减少或避免果实运输过程中腐烂损失的重要环节，如果对运输环境条件的管理重视不够，就可能造成很大的损失，主要影响因素：①振动。造成运输损耗的原因之一，它可直接造成果实的物理损伤，引起品质劣变。②温度波动。运输过程中温度变化幅度不宜过大，常温运输随外界条件起伏很大，应注意保护，且不宜作长途运输。低温运输时，厢内下部产品冷却比较迟，要注意堆码方式，改善冷气循环。③湿度维持和气体控制。园艺产品的贮藏和保鲜应保持一定的湿度条件，园艺产品运输具有吨位大、包装严等特点，产品代谢容易导致供氧不足或 CO_2、乙烯等有害气体积累，如果管理不善可能引发无氧呼吸或乙烯伤害。货物装卸时宜在夜间气温较低时进行，运输时将果箱用薄膜、棉被等包裹，长途运输尽量小于 3 个昼夜。

8 猕猴桃果实的加工

8.1 猕猴桃果实的营养成分和保健功能

成熟后的猕猴桃果实柔软多汁、口感酸甜、清香爽口，具有香蕉、草莓和菠萝的混合香味。猕猴桃果肉中含有丰富的营养物质和功能因子，其中总糖含量为 7.2% ～ 13.5%，以葡萄糖、果糖和蔗糖为主；有机酸含量为 1.4% ～ 2.2%，以柠檬酸为主，其次为奎宁酸、苹果酸和少量的酒石酸；含有天冬氨酸、苏氨酸、丝氨酸等人体所需的 17 种氨基酸，总含量为 1.79% ～ 9.04%，且各氨基酸间的组合配比与人脑神经细胞中的氨基酸组合配比相近，其中赖氨酸等 8 种氨基酸为人体不能合成的必需氨基酸；含有钙、磷、钾、铁、镁、锌、铜等多种与人体健康密切相关的矿质元素和多种维生素，尤以富含增强人体抵抗力的维生素 C 闻名而被冠以"维 C 之王"，其含量可达 100 ～ 420 毫克 /100 克；膳食纤维含量为 2.6%，是菠萝的 1.5 ～ 2.0 倍；此外，含有大量的猕猴桃碱、单宁和有助于肉类消化吸收的蛋白水解酶。美国农业部儿童营养中心和美国 Rutgers 大学食品研究中心的营养测试结果均表明，猕猴桃是各类水果中营养最全面、功能成分含量最丰富的水果，与常见水果的营养指数木瓜（14）、柑橘（8）、杏子（7）、草莓（7）、香蕉（4）、梅子（4）、樱桃（3）、西瓜（3）、苹果（2）、梨（2）相比，猕猴桃的营养指数高达 16，且脂肪含量少，不含胆固醇，因其具有更高的钾含量而位于前三大低钠高钾水果榜首。

猕猴桃在中国具有悠久的历史，其丰富的营养成分和功能因子为其特殊保健功效的发挥奠定了物质基础。从 2000 多年前的《尔雅》到后来的《本草衍义》《本草纲目》等历代医药著作均对其食疗保健功效进行了记载和说明。中医认为，猕猴桃果味咸温无毒、甘酸、性寒，具有消渴解热、理气通淋、润中利尿、祛风利湿等功能，是独特的营养保健果品。随着人们生活品质的不断提高和健康产业的快速发展，猕猴桃的保健功能受到社会各界的广泛关注。大量科学研究和临床试验表明，猕猴桃在提高机体免疫功能、耐缺氧、保肝护肝、清热润燥、预防心血管疾病、解除紧张疲劳、减肥健美、促进胎儿发育等方面发挥着积极作用。

以猕猴桃果为主要原料，采用适当的工艺进一步加工，生产干片、果汁、果脯、果酱、罐头、果酒、果醋等可以有效延长产业链，优化产品结构，提高猕猴桃附加值，增加效益。而且这些产品可以长期存储，弥补鲜食供应期短的不足，获得鲜食猕猴桃不一样的体验。

8.2 猕猴桃食品的加工方法

8.2.1 猕猴桃冻干片

猕猴桃冻干片是将新鲜的猕猴桃经过冷冻和干燥处理而制成的食品，保留了猕猴桃的原汁原味，同时由于冻干片的水分被蒸发，体积变小，重量减轻，便于携带和保存。猕猴桃片在冻干过程中水分被蒸发，降低了微生物的生长条件，使得猕猴桃冻干片的保质期相对较长。

8.2.1.1 工艺流程

猕猴桃→选果→清洗→去皮→切片→护色→冷冻→真空干燥→包装→成品。

8.2.1.2 加工方法

（1）原料选择与处理。选用无病虫、霉烂，充分成熟的猕猴桃为原料，以流水清洗去除果实表面的泥土、灰尘和附着的大量微生物。

（2）去皮。用20%氢氧化钠溶液，在105℃左右（微沸）浸泡1～2分钟。用1%盐酸中和，常温下30秒。放在流动清水中漂洗10分钟后沥干。

（3）切片。首先切去两端片，修去残余果皮，然后将其横切成3～5毫米厚的薄片。

（4）护色。用1%～2%的食盐加0.1%柠檬酸加18°Bx果糖液浸泡15秒护色。

（5）冷冻。将猕猴桃切片均匀平铺在料盘中，放入冷冻室进行预冻，预冻温度设为-18℃以下，预冻4小时。

（6）真空干燥。冷冻完成后，连同金属盘迅速转入真空冷冻干燥机，设置真空度60帕，保持猕猴桃片低温-20℃以下完成真空冷冻干燥过程。

（7）密封包装。将猕猴桃干片成品迅速密封包装，防止在空气中受潮回软，影响酥脆口感。宜采用充氮包装，避免氧化或压碎。

8.2.1.3 成品特点

冻干技术能最大限度地保持猕猴桃的原有营养成分，如维生素C、膳食纤维、抗氧化物质等；产品保持猕猴桃果肉原有颜色和糖度，酥脆爽口；冻干技术可以使猕猴桃在常温下长期保存，不易变质，便于携带和贮存；猕猴桃冻干片可以直接食用，也可以泡水、泡茶，或者作为烘焙、烹饪的配料，使用方式多样。

8.2.2 猕猴桃澄清果汁

猕猴桃澄清果汁是一种以新鲜猕猴桃为原料制成的果汁饮料。它采用先进的澄清技术，将猕猴桃果肉中的杂质和固体颗粒去除，保留了猕猴桃的天然风味和营养成分。猕猴桃澄清果汁口感清爽，酸甜适中，富含维生素C、维生素E、维生素K、钾等多种营养物质，具有增强免疫力、促进消化、改善肌肤质量等功效。

8.2.2.1 工艺流程

猕猴桃→选果→清洗→破碎→榨汁→灭酶→过滤→澄清→过滤→灌装→杀菌→冷却→成品。

8.2.2.2 加工方法

（1）原料处理。选取成熟适度的猕猴桃健康果实进行清洗。由于猕猴桃的表皮比较粗糙，而且是带皮提汁，因此应特别注意用流水清洗，再用清水冲洗干净，必要时用高锰酸钾溶液漂洗。

（2）破碎。采用锤式破碎机破碎，破碎粒度要适中，粒度过大或过小都会影响出汁率，一般破碎粒度以 4 ～ 6 毫米较好。

（3）榨汁。选择适合成熟度的加工工艺，控制果实中原果胶不要过多地分解为可溶性果胶，可提高出汁率。采用机械式榨汁，可利用裹包式榨汁机进行榨汁，以利于提高出汁率。

（4）灭酶、澄清。将料液加热至 90℃，持续 30 秒，然后冷却至 55℃，粗过滤。然后利用果胶酶、明胶对果汁进行澄清。果胶酶的最适 pH 值为 3 ～ 3.5，最适温度 50℃～ 55℃。果胶酶添加量 0.01% ～ 0.03%，处理时间 45 ～ 60 分钟。果胶酶与明胶配合使用效果更佳。

（5）过滤。采用硅藻土过滤机过滤，再用纸板过滤机进行精滤。

（6）灌装、杀菌。将料液在 60℃以上的温度下，灌装到包装容器中，封盖。在 95℃水浴中保温 25 ～ 30 分钟，进行杀菌处理，然后冷却至 40℃以下。

8.2.2.3 成品特点

产品色泽浅绿色，清澈透明，无杂质，无沉淀分层，酸甜可口，具有猕猴桃特有的香气。可溶性固形物 ≥ 10%，有机酸达 0.4% 左右。

8.2.3 猕猴桃混合果蔬汁

随着人们生活水平的日益提高，人们对于饮食的需求逐步从吃饱向营养健康、绿色天然、快捷高效转变。关于果汁，消费者不仅要求其口感良好，且在便捷化、多样化、营养化和功能化等多方面也都有要求。以猕猴桃为主要原料的复合果蔬汁将含有不同营养及功能成分进行复配，实现功能互补，提高了营养价值，以其多样性、营养性和功能性受到越来越多消费者的喜爱。

8.2.3.1 工艺流程

原料选择→清洗→破碎→榨汁→灭酶→澄清→成分调整→灭菌→包装。

8.2.3.2 加工方法

（1）原料处理。选取成熟适度的健康果实进行清洗。

（2）破碎。不同的榨汁方法所要求的果浆泥的粒度是不相同的，一般要求在 3 ～ 9 毫米，破碎粒度均匀，并不含有粒度大于 10 毫米的颗粒。果浆泥粒度合适，在压榨过程中果浆泥内部就有可能产生一个有利于排出果汁的排汁系统，但由于原料组织强度强，结构又不均匀，因此很难将它破碎成为粒度一致的颗粒。从任何新鲜蔬菜中取得蔬菜汁的过程是粉碎、分离出粗大颗粒或是将粉碎后的蔬菜进行压榨，以取得菜汁。

（3）榨汁。选择适合成熟度的加工工艺，控制果实中原果胶不要过多地分解为可溶性果胶，可提高出汁率。采用机械式榨汁，可利用裹包式榨汁机进行榨汁，以利于提高出汁率。

（4）灭酶。把一定数量的酶制剂加入果浆泥中，在室温下处理 6 ～ 12 小时，缩短室温下的酶处理时间，然后迅速加热到 80℃，保温 10 分钟，趁热榨汁。这样能使果胶分解，达到满意的出汁率。

（5）澄清。指通过澄清剂与果蔬原汁的某些成分产生物理化学反应，达到使果蔬原汁中的浑浊物质沉淀，或使某些已经溶解在原汁中的果蔬原汁成分沉淀的过程。澄清后，可以很容易地过滤果蔬原汁，使制得的果蔬汁饮料能够达到合理的澄清度。一些较大的固体颗粒可直接通过过滤和离心分离方法除去，而对那些非常细小的，如果胶物质、淀粉、其他多糖类物质、蛋白质、多酚物质及金属离子等，需要用酶法处理和澄清剂处理。常用的酶制剂有果胶酶、淀粉酶等，澄清剂有明胶、硅胶、膨润土、聚酰胺、单宁等。

（6）成分调整。将上述步骤获得的猕猴桃汁、橙汁、苹果、柠檬汁、荸荠汁、胡萝卜汁等按照合适的比例进行调配。

（7）杀菌。一般瞬间杀菌法采用温度为91～95℃，时间为15～30秒，特殊情况下可采用120℃以上杀菌3～10秒。用加热杀菌抑制酶活性时要严格控制加热温度和时间，一般不超过95℃，时间为1～2分钟。通常使用瞬时杀菌器、板式热交换器，防止因温度过高、时间过长而致使色泽变深、风味劣化。

目前，紫外线照射灭菌法已接近产业化，此方法用于苹果汁、柑橘汁、胡萝卜汁及它们的混合汁的灭菌，都取得了满意的结果，而且对果蔬汁的风味无任何影响。另外，高压（100～400兆帕）、超高压杀菌（400～600兆帕）技术也逐渐在工业中应用，主要用在果汁工业的酶钝化。

（8）包装。因果蔬汁品种和容器品种而有所不同，有重力式、真空式、加压式和气体信息控制式等。果蔬汁饮料的灌装，除纸质容器外，几乎都采用热灌装。这种灌装方式由于满量灌装，冷却后果蔬汁容积缩小，容器内形成一定真空度，能较好地保持果蔬汁品质。

8.2.3.3 成品特点

猕猴桃汁120毫升，橙汁10毫升，苹果柠檬汁（5：4）20毫升，荸荠汁40毫升，且所含维生素C为0.32克/升，总糖含量为75.3克/升，相比市售同种类混合果蔬饮料而言，维生素C高于同类产品，总糖量低于同类产品，是一种营养丰富、无添加剂的纯天然混合果蔬饮料。

8.2.4 猕猴桃浓缩果汁

猕猴桃浓缩果汁是由新鲜的猕猴桃经过榨汁、浓缩等工艺制成的果汁产品。猕猴桃浓缩果汁可以直接饮用，也可以用于制作果汁饮品、果汁冰淇淋、果汁沙拉等多种美食，增添口感和营养。总体来说，猕猴桃浓缩果汁是一种方便使用、口感浓郁、营养丰富的果汁产品，适合作为日常饮品或添加到其他食物中使用。

8.2.4.1 工艺流程

猕猴桃原汁→杀菌→浓缩→冷却→灌装→密封→包装→成品。

8.2.4.2 加工方法

（1）杀菌。经过澄清处理并经过一段时间贮存的猕猴桃原汁中存有一定数量的微生物。因此，在浓缩之前应再利用薄板热交换器进行杀菌，一般杀菌温度为90℃、时间持续30秒。尽量避免在浓缩之后加热杀菌，因为浓缩果汁在较高温度条件下极易发生褐变，风味和质量会受到破坏。

（2）浓缩。根据实际需要，可以采取抽真空浓缩、冷冻浓缩或反渗透浓缩的方法。

抽真空浓缩：在减压条件下，加热使猕猴桃果汁中的水分迅速蒸发而进行浓缩。这种真空浓缩温度一般为 40 ～ 50℃，真空度约为 94.7 千帕，浓缩设备是由蒸发器、真空冷凝器及附属设备组成。由于猕猴桃果汁中的芳香物质基本上随最初蒸发出来的 9% 果汁水分一起被带出来，因此，必须在蒸发器上装有特殊的冷凝器来收集前馏部分，待果汁浓缩结束后再将含有果汁芳香物质的前馏部分添加到浓缩汁中。

冷冻浓缩：将猕猴桃果汁冷却到 –2℃ 以下，果汁中的水将形成冰结晶，分离这种冰结晶，使果汁中的可溶性固形物得到浓缩，从而获得猕猴桃的浓缩果汁。冷冻浓缩设备的机型由搅拌冷冻和析出结晶的分离器两大部件构成。在浓缩过程中猕猴桃的芳香成分及维生素 C 几乎没有损失，可以获得风味良好、品质优良的猕猴桃浓缩果汁。

反渗透浓缩：以半透明薄膜为界面，在原液上加上一个比渗透压略高的机械压力，使汁液中的水分被除去而达到浓缩的目的。在反渗透过程中，原料所需的压力可由泵或其他方法来提供。

（3）灌装。浓缩果汁灌装所用的不同型号的塑料瓶、玻璃瓶及纸质容器等，同生产场所、贮存容器、输送管道一样，均要进行杀菌消毒，以实现无菌灌装。

（4）成品。猕猴桃浓缩汁在生产过程中要尽量减少与空气接触的机会，避免直接接触铁、铜等机械设备，以避免果汁中维生素 C 等成分的氧化而降低其营养价值和风味，影响产品质量。

8.2.4.3 成品特点

产品色泽呈深绿色，均匀一致，汁液透明，无分层、无沉淀；酸甜适口，具有浓郁的猕猴桃果实的芳香，无异味。

8.2.5 猕猴桃酸奶

猕猴桃酸奶是一款融合了猕猴桃和酸奶的健康饮品。它以新鲜的猕猴桃为原料，经过精心挑选和加工，与优质酸奶相结合而成。猕猴桃酸奶不仅口感酸甜可口，还具有丰富的口感层次。它不仅保留了猕猴桃的酸甜口感和丰富的维生素 C，还融入了酸奶的丰富蛋白质和益生菌，具有多重营养价值。猕猴桃富含维生素 C、维生素 E、维生素 K 和纤维素等，有助于提高免疫力、促进消化和保护心血管健康。而酸奶则富含优质蛋白质、钙和维生素 B 群，有助于增强骨骼健康、维持肠道平衡和促进新陈代谢。

8.2.5.1 工艺流程

①食盐、乳酸、柠檬酸→溶解；

②猕猴桃果实→清洗→破碎→酶处理→榨汁→过滤→杀菌；

③原料牛奶→净化→冷却→定量混合；

④蔗糖、稳定剂→混合均匀→加适量水→搅拌→溶解→冷却；

①、②、③、④→混合调配→均质→脱气→灌装→杀菌→包装→成品。

8.2.5.2 加工方法

（1）产品配方。猕猴桃汁 100 千克，鲜牛奶 300 千克，CMC–Na（羧甲基纤维素钠）1.5 千克，柠檬酸 2 千克，食盐 1 千克，蔗糖 90 千克，黄原胶 3 千克，乳酸 1 千克，香精适量。

（2）清洗、破碎、酶处理。猕猴桃原料要求果形完整，成熟度在八九成熟，大小均匀、无机械损伤、无病虫害、无疤痕、色泽鲜嫩，然后用流动水清洗干净。用打浆机破碎，使果肉完全碎解。果肉浆加热到 50 ～ 55℃，加入果胶酶，恒温持续 30 分钟。

（3）榨汁。可用螺旋榨汁机进行，也可用离心分离机分离果汁，果汁收得率一般为 80% ～ 85%。用 200 目筛网过滤后，可得黄绿色或淡黄色猕猴桃果汁。

（4）稳定剂溶解。将稳定剂 CMC-Na 与白砂糖混匀后，加入 10 倍 70 ～ 80℃的热水中，快速搅拌至完全溶解。

（5）牛奶处理。牛奶验收后经净化、冷却，然后打入贮奶罐，备用。

（6）调配。按配方将稳定剂和牛奶都打入配料罐，搅拌混合均匀。

（7）溶酸与酸化。将乳酸、食盐和柠檬酸用温水配成 10% 的酸液，然后加到猕猴桃汁中，搅拌混合均匀。将果汁酸液慢慢加入调配罐中，快速搅拌，用配方中剩余的软化水将料液补充至规定重量，搅拌 5 分钟。

（8）均质、脱气。将料液加热到 50 ～ 60℃，用高压均质机在 20 兆帕下均质。均质后的料液进行真空脱气，真空度为 800 千帕，时间为 15 分钟。

（9）调配。调香脱气后的料液送入另一调配罐，加入香精，搅拌均匀，并加热到 85℃，准备灌装。

（10）灌装、杀菌、冷却。料液使用灌装机直接灌注到马口铁罐或饮料瓶中（使用前应用热水或蒸汽消毒），并立即密封。将装罐后的马口铁罐或饮料瓶浸入 100℃水中杀菌，保持 15 分钟。杀菌后快速冷却，包装入库。

8.2.5.3 成品特点

产品呈淡黄色，具有猕猴桃和牛奶的复合香味，无异味；组织状态为均匀乳液，无分层、无沉淀、无杂质。蛋白质 ≥ 1%，可溶性固形物 ≥ 12%。

8.2.6 猕猴桃果脯

猕猴桃果脯是一种以新鲜猕猴桃为原料制作而成的水果干。猕猴桃果脯不仅保留了猕猴桃的酸甜口感和丰富的营养，还具有柔软的口感和独特的果香。猕猴桃果脯不仅口感独特，还具有便携性和方便性。它可以作为零食随时食用，也可以作为早餐、下午茶或户外活动的补充食品。

8.2.6.1 工艺流程

原料→筛选→预处理→糖制→烘烤→整形→包装。

8.2.6.2 加工方法

（1）原料选择。生产猕猴桃果脯可用果实硬度较大的品种。准备加工的果实应挑选成熟度在坚熟期采收的果实。筛除小的，剔除病果、虫果、腐烂果、生果及过熟变软的果实。

（2）预处理。将选好的果实去皮，去皮的方法一般采用化学去皮法。去皮后，用清水洗净、晾干水分，将块形较大的果实适当进行切块处理。然后将果块放入竹盘内，送入熏硫房中进行熏硫处理，熏硫时间一般在 2 小时左右。

如无熏硫设备，可把果实浸入 0.25% 亚硫酸氢钠溶液中泡 2～4 小时。条件许可的可以对制脯的果块进行抽真空处理。抽真空处理时，将果块晾干水分，倒入真空罐中。装入果块的数量以抽真空罐的容积而定，不要过满，也不要太少，一般每次装 500 千克，然后加入 30% 浓度的糖液，使其淹没果块，上面压上木板，然后密封好真空罐盖。开动真空泵，使真空度达 600～700 毫米汞柱，持续 25～30 分钟，停止抽真空，让真空罐内真空度慢慢降到常压后，再浸泡 10～20 分钟。

（3）糖制。可以采用以下两种方法：

糖渍煮制法：取白砂糖 35 千克，先将 10 千克糖用 15 升水溶解，倒入容器中，放入 25 千克果块。然后将余下的白糖和果块按照一层糖一层果块的顺序放入容器中。上面多撒些糖把果块覆盖住，糖渍 24 小时。然后进行糖煮。糖煮时可分两次进行。第一次糖煮时，先将经过糖渍的果块捞出，把糖渍液加热至沸，然后将果块连糖液一起倒入容器中浸泡 24 小时。第二次糖煮时，捞出果块，将糖液放入锅中加热，调整糖液浓度至 65%～70%，把果块放入，煮沸 20～30 分钟后，倒入容器中浸泡 48 小时。出锅时，将其加热至 80℃，捞出果块，沥干糖液进行烘烤。

多次煮成法：第一次糖煮时，取水 20 升，放入锅中加热至 80℃，加入白砂糖 20 千克，同时加入柠檬酸 40 克，共同煮沸 5 分钟。取已处理好的果块 50 千克，投入糖液中，煮沸 10～15 分钟，然后连同糖液带果块一起放入大缸中浸泡 24 小时。第二次糖煮时，把缸中的糖液及果块放入锅中，煮沸后分两次加入白糖共 20 千克，至糖液浓度达 65% 时加入浓度为 65% 的冷糖液 20 千克，立即起锅，放入缸中浸泡 24～48 小时。出锅时再升温到 80℃ 左右，将果块捞出沥干糖液，摆盘烘烤。

（4）烘烤

烘烤温度：糖渍好的果块，沥干糖液后，摆入烘烤盘中放到烘烤车上推入烤房，迅速升温到 60℃ 左右，6 小时后升温到 70℃，烘烤结束前 6 小时再降温到 60℃，一般烘烤 20 小时左右即可停止。

通风和排潮：烘烤中间要注意通风排潮。通风和排潮的方法与时间，可根据烘房内相对湿度的高低和外界风力的大小来决定，当烘房内相对湿度高于 70% 时，就应进行通风排潮。如室内湿度很高，外界风力小，可将进气窗及排潮筒全部打开，如室内湿度较高，外界风力大时，可将进气窗和排潮筒交替打开。一般通风排潮次数为 3～5 次，每次通风排潮时间以 15 分钟左右为宜。通风排潮时，如无仪表指示，亦可凭经验进行。根据经验，当人进入烘房时，如感到空气潮湿闷热、脸部感到有潮气、呼吸窘迫时，即应进行通风排潮；当烘房内空气干燥、面部不感到潮湿、呼吸顺畅时，即可停止排潮，继续干燥。

倒盘和整形：因烘房内各处的温度不一致，特别是使用烟道加热的烘房中，上部与下部、前部和后部温度相差较大。所以在烘烤中，除了注意通风排潮外，还要注意调换烘盘位置及翻动盘内果块，使之均匀烘干。调换的时间和次数视产品干燥的情况而定，一般在烘烤过程中倒盘 1～2 次，可在烘烤的中前期和中后期进行。一般是把烘架最下部的两层和中间的进行位置互换；把靠火源近的和距离火源远的位置互换。

在第二次倒盘时，对产品要进行整形，将其制成扁圆形，然后再送入烘房继续烘烤。当烘烤到产品含水量在 18% 左右，用手摸产品表面不黏手时即可出房。

（5）整修与包装。出烤房的果脯应放于 25℃ 左右的室内回潮 24 ～ 36 小时，然后进行检验和整修，去掉果脯上的杂质、斑点及碎渣，挑出煮烂的、干瘪的和色泽不好的等不合格产品另作处理。合格品用无毒玻璃纸包好后装箱入库。

8.2.6.3 成品特点

产品呈乳黄色或橙黄色，鲜艳透明有光泽，色度基本一致。浸糖饱满，块形完整，稍有弹性，无生心、无杂质。在规定的存放条件下和时间内不返糖、不结晶、不流糖、不干瘪。每块产品用白玻璃纸或聚乙烯塑料纸包好。保持原果味道，甜酸适宜，无异味。总糖含量达 65% ～ 75%，水分达 16% ～ 18%。

8.2.7 猕猴桃果酱

猕猴桃果酱是一种以猕猴桃为主要原料制作的果酱，具有酸甜可口的口感和浓郁的猕猴桃香味。猕猴桃果酱营养丰富，含有丰富的膳食纤维和天然果酸，能促进消化液分泌，有增强食欲、帮助消化之功效。猕猴桃果酱含丰富的钾、锌元素，能消除疲劳，增强记忆力。猕猴桃果酱不仅营养丰富、风味独特而且食用方便，使用范围很广，而且是面包、糕点重要的装饰品和调味品。将猕猴桃加工成猕猴桃果酱，不仅方便食用，还有利于猕猴桃营养成分的吸收。

8.2.7.1 工艺流程

原料选择→清洗→去皮→打浆→煮酱→装罐密封→杀菌冷却→检验→贴标→成品。

8.2.7.2 加工方法

（1）选果。选用充分成熟的果实为原料，剔除腐烂、发霉、发酵的不合格果实。

（2）清洗、去皮。用流动清水洗净果实表面的泥沙和杂物，去掉果肉中的硬核部分。晾干后将果实投入到沸腾碱液中，浸烫 1 ～ 2 分钟去皮，然后用 1% 盐酸中和，用清水洗净，去除果毛、果蒂和残留果皮。

（3）打浆。将果肉放入不锈钢桶内捣碎或用打浆机打浆，打浆机筛孔直径为 0.8 毫米。

（4）煮酱。取砂糖 100 千克加水 33 升，加热至溶解，用 4 层纱布过滤，备用。先取糖液总量的 1/3 与 100 千克的果肉一起倒入不锈钢双层锅内预煮软化 8 ～ 10 分钟。软化后，再分 2 次加入其余的糖液，继续加热浓缩约 20 分钟，蒸汽压强为 3.5 兆帕。浓缩至可溶性固形物达 65%，果酱黏稠、有光泽，温度上升至 104 ～ 105℃ 时，即可关闭蒸汽，出锅。

（5）装罐密封。出料后立即装罐，酱体温度在 80℃ 以上，保留顶隙 3 毫米左右，迅速密封，装罐与密封应在 30 分钟内完成。

（6）杀菌冷却。密封后立即放在 70℃ 热水中，加温 5 分钟，100℃ 条件下杀菌 15 ～ 20 分钟，然后分段冷却至 40℃，擦干净入库。

8.2.7.3 成品特点

酱体呈黄绿色或琥珀色，光泽均匀一致；具有猕猴桃独有的风味，无焦煳等异味；酱体呈胶黏状，置于水面上允许徐徐流散，不分泌汁液。可溶性固形物（以折光计）不低于 65%，总糖量不低于57%。

8.2.8 猕猴桃果冻

猕猴桃果冻是以猕猴桃为主要原料，以卡拉胶、明胶等为主要胶体制成，营养价值高，感官性状良好，并具有一定保健功能。

8.2.8.1 工艺流程

原料选择→清洗→去皮→取汁→过滤→浓缩→冷却→检验→成品。

8.2.8.2 加工方法

（1）选果及处理。选择成熟度较低、果肉坚硬的猕猴桃为原料，剔除霉烂、变质、病虫害严重的不合格果；清洗干净后，晾干备用。将洗净的果实投入锅中，开始时升温要快，加热过程中要不断搅拌，使上下层果块均匀软化，果胶充分溶解，煮至果实软烂为止。

（2）取汁。捞出软化后的果实用打浆机打浆并过滤，或用压榨机压榨取汁。无压榨机的小型加工厂，也可用细孔筛进行过滤，或用帆布袋揉压取汁。

（3）浓缩。果汁与糖混合比例一般为1：0.8，按需要调整后加热浓缩，先用旺火加热，后改为文火。要充分搅拌，防止焦煳。当可溶性固形物达66%～69%、温度为104～105℃时，即可达到煮制终点。终点判断可采取：①温度测定法。用温度计测得沸点温度达104～105℃时即可出锅。②折光仪法。取1滴浓缩液滴在折光仪的玻片上，当浓度达到60%以上时即可出锅。③挂片法。用竹片或玻璃棒蘸浓缩液后挑起，观察液滴下落情况，几秒钟内竹片或玻璃棒下端的液滴欲滴而未滴，说明已达到浓缩终点。④冷水法。取一盆冷水，用玻璃棒挑起一滴浓缩液滴入冷水中，液滴在数秒钟内下沉而不散开，说明已达到规定浓度，即可停止加热。

（4）入盘冷却。将浓缩至终点的浆液倒入搪瓷盘或其他容器中，冷却后将其切成边长5厘米左右的方块，厚度为2～3厘米。

（5）成品包装。成品单层放入洁净食品袋。

8.2.8.3 成品特点

产品色泽微黄带绿，表面稍有光泽，口感Q弹，有一种独特的果冻感，同时还能尝到猕猴桃的酸甜味；果冻半透明，表面光滑不黏手，无明显固体颗粒。总糖含量60%以上，总酸含量0.8%～1.2%。并且无致病菌及因微生物作用引起的腐败现象，可以长时间保存，不易变质，方便携带和食用。猕猴桃富含维生素C和膳食纤维，是一种营养丰富的水果，制成果冻后，既保留了猕猴桃的营养，又增加了趣味性。

8.2.9 糖水猕猴桃片罐头

猕猴桃片罐头是以猕猴桃和糖水为原料浸渍而成的一种罐头食品，方便携带，可以随时享用的健康食品。

8.2.9.1 工艺流程

原料→验收→化学去皮→切端→修整→分级→切片、选片→预煮→配糖水→装罐→封口→杀菌、冷却→入库。

8.2.9.2 加工方法

（1）原料、验收。选果型大、肉质厚、含糖多、香味浓的品种，以无毛的圆形或椭圆形品种较为适宜。加工前将霉烂、病虫害、机械伤、畸形、成熟过度及直径小于28毫米的猕猴桃剔除。

（2）化学去皮。采用浸碱去皮盐酸中和的方法，在浸擦皮机组内进行，碱液是浓度20%～25%氢氧化钠，微沸（约105℃），浸碱时间1～2分钟，盐酸浓度1%，常温30秒。要求去皮干净，表面光滑。浸酸后立即在流动水中漂洗10分钟再进行切端。

（3）切端、修整、分级。用小刀切除两端片，修去残余果皮及斑疤，要求切端平整，防止切歪或切得过多，剔除腐烂的果实和果径在25毫米以下的果实。合格的果实经二道筛分大、中、小三级。

（4）切片、选片。按大、中、小三级分别切片，横切成片，厚度4～6毫米，切好的片经清洗过滤，除去部分碎果肉和碎屑，再进行选片，选出白籽片、粉红色片以及横径小于25毫米的果片等不合格片。

（5）预煮、配糖水。将选好的片按大小分别在预煮机内预煮，预煮水与果肉比3：1。预煮时间为2～3分钟，煮后即迅速冷却装罐。糖水配制：糖水浓度30%，煮沸过滤备用，温度保持在75℃以上。

（6）装罐、封口。要求每罐果肉色泽、大小、厚薄大致均匀。抽真空时真空度为5.3千帕以上，要逐个检查封口密闭是否良好。

（7）杀菌、冷却。封口后立即杀菌，10分钟内使杀菌温度升至100℃，并在此温度下保持20分钟的杀菌处理。然后冷却至40℃左右。冷却后将罐擦干净入库贮藏。

8.2.9.3 成品特点

果肉呈黄绿色或淡绿色，同一罐中色泽一致，糖水透明，允许含有少量果肉碎屑及种子。具有糖水猕猴桃片罐头独有风味，甜酸适口，无异味。软硬适度，去皮横切成片，厚薄为3～5毫米，直径为25毫米以上，同一罐内果肉厚薄大小较均匀，允许有少量不规则片。产品固形物不低于60%。糖水浓度开罐时为14%～18%，无致病菌及因微生物作用所引起的腐败现象。

8.2.10 猕猴桃发酵酒

猕猴桃发酵酒是以猕猴桃汁为原料发酵而成。它具有浓郁的果味和香气，口感酸甜适中，入口爽滑，是一种清爽的饮品含有丰富的维生素、氨基酸和大量的多酚，可以起到抑制脂肪在人体中堆积的作用。与其他酒类相比，猕猴桃酒对护理心脏、调节情绪的作用更明显一些。

8.2.10.1 工艺流程

猕猴桃鲜果→分选、清洗→破碎榨汁→过滤→澄清→成分调整→煮沸灭菌→冷却→接种→初发酵→分离→调整→后发酵→陈酿→倒罐两次→成熟酒液→调配→澄清→过滤→灌装→杀菌→成品。

8.2.10.2 加工方法

（1）原料选择、破碎。选择九成熟、果肉翠绿、无腐烂、轻微变软的新鲜优质猕猴桃。放入猕猴桃清洗设备中清洗，去除去表面茸毛、污物等，以减少原料的带菌量，并且防止茸毛进入猕猴桃汁液而降低产品的风味质量。用打浆机将洗净的猕猴桃打成粗浆，同时将果皮等废渣由出渣口排除。同时进行过滤、澄清。

（2）成分调整。猕猴桃原果汁含糖分不足，需添加白砂糖来弥补，才能正常发酵达到需要的酒精度，按所需酒精度换算出所要添加的白砂糖量，以1.7克/升糖生成1%vol.酒精计算，加入白砂糖50克/升。充分发酵后，可得到猕猴桃白酒的酒精度为10～12%vol.。

（3）接种。酵母的选育和用量是接种的关键。猕猴桃酒酵母用量没有白酒那么严格，因为在发酵中除了起主导作用的纯种酵母外，还伴随其内在酵母的共同发酵。但用量过少，残糖高，纯度上不去，易受杂菌污染，影响品质。适宜的酵母用量为7%～10%。活性干酵母以1∶10的比例复水，在室温下、含糖量5%的水溶液中复水活化后以7%～10%的用量加入猕猴桃汁母液中，混合均匀，即为发酵液。

（4）初发酵。接种后的猕猴桃浆汁在密闭的发酵罐中进行初期发酵，发酵温度30℃左右，初期发酵的开始阶段进度比较缓慢，过了这一阶段后酵母开始迅速发酵，这时可见插入水中密封的排气口处有大量二氧化碳气体冒出。开始阶段时间长短因酵母种类、接种量、酵母活力而有所不同。

（5）分离。酵母经过旺盛发酵后，猕猴桃浆汁中的含糖量迅速下降，酵母发酵速度也随之降低，在初发酵中产生的酒精含量远远未达到产品酒精度要求。初发酵后的猕猴桃浆汁中所含的大量果肉、沉淀因子和老化的酵母也因发酵速度的降低而逐渐沉降下来，此时将浆汁通过杀过菌的板框式压滤机除去沉淀物和大部分悬浮物，然后将杀过菌的浆汁贮罐进行成分调整。

（6）调整。主要是对初发酵汁液的糖度和酒精度进行调整。猕猴桃鲜果中还原糖含量为8%～11%，若仅用鲜果发酵仅得酒精度4.5%～5.5%（v/v）。在此低酒精度下极易受杂菌污染，因此，可在前酵期添加适量糖水，使发酵醪糖度提高5～6度，将其发酵后酒精度提高至7%～8%（v/v）。

（7）后发酵。在前酵期，伴随酵母的大量增殖和发酵产酒，使发酵醪的温度上升，若升温过猛就会加速纯种酵母的衰老，易受杂菌侵害而降低酒度，影响品质；同时，升温又会促进维生素C的氧化而受到破坏。因此，为使发酵顺利进行，在鲜果前酵期必须保持27℃左右的发酵温度。

（8）陈酿。在发酵中残糖量降到1%以下时，再加食用酒精调整酒度至15%左右密封，进行陈酿。这样既保持果香又能防止杂菌污染。陈酿时隔绝空气，为避免猕猴桃原酒受杂菌污染而变质和减少维生素C的氧化损失，必须满缸封闭存放。陈酿使酒中微生物、酶和各种成分之间发生复杂的生化反应而产生独特、醇厚的猕猴桃发酵酒香气。

（9）倒罐两次。陈酿期间倒罐两次，及时除去酒脚以防沉淀物影响酒质的成分溶出，并防止因酵母的自溶而使酒浑浊。陈酿后得到成熟的猕猴桃酒。

（10）调配。经陈酿后的猕猴桃原酒酸度高，无法直接饮用，应按质量要求调整好糖度、酒精度和酸度，并密封贮藏一段时间再灌装。

（11）澄清。由于调配后的果酒澄清度较差，存放时间长了会出现大量沉淀，这种沉淀主要是果渣、果胶酸钙及蛋白质的变性物质，是猕猴桃酒产生沉淀的主要原因。因此，必须先进行下胶，下胶材料主要有明胶、蛋清、鱼胶、牛奶、干酪、单宁等有机胶体和黄血盐、高岭土、皂土、细砂硅藻土、纸浆、石棉、纤维素等无机物质，加入适量下胶材料处理，再进行过滤，以保证酒液澄清透明。也可用加热澄清法和硫酸铝法，生产中常用有机物质下胶。但以上方法成本较高，不能保持酒的长期稳定，獼猴桃酒存放 3 ～ 4 个月仍会产生沉淀。

目前，果酒澄清的最好方法是混合活化快速澄清法。具体操作是称取粉末钠基膨润土 1 千克（500 千克酒的用量），用砂滤水配成 80% 左右含量，静置 10 分钟。称取 303 型粉末活性炭 0.25 千克投入静置好的膨润土溶液中，进行混合搅拌均匀，然后进行活化处理 5 分钟后，迅速将已活化好的混合胶剂投入酒中搅拌均匀，10 分钟后过滤即得清亮透明的酒液。

（12）灌装、杀菌。澄清后的獼猴桃酒用果酒灌装机灌装并密封，然后送入加压连续式杀菌设备中杀菌并冷却，得到獼猴桃酒成品。

8.2.10.3 成品特点

产品呈淡黄色或浅黄色，清亮透明，酒体均匀一致，醇厚甘润，酒体丰满，回味无穷，具有獼猴桃酒特有的芳香。糖度小于 4 克 / 升，酒精度 14 ～ 16 克 /100 毫升，总酸度 ≤ 6 克 / 千克。无致病菌及因微生物作用所引起的腐败现象。

8.2.11 獼猴桃白兰地

獼猴桃白兰地以新鲜獼猴桃为原料，通过发酵与蒸馏获得的一种酒精饮品。

8.2.11.1 工艺流程

酵母→獼猴桃→分选→水选→破碎→过滤→调糖发酵→蒸馏→复蒸馏→橡木选择、处理→陈酿、调制→过滤→装瓶→成品。

8.2.11.2 加工方法

（1）獼猴桃的选择与处理。选择九成熟、果肉翠绿、无腐烂、轻微变软的新鲜优质獼猴桃。放入獼猴桃清洗设备中清洗，去除表面茸毛、污物等，以减少原料的带菌量，并且防止茸毛进入獼猴桃汁液而降低产品的风味质量。用打浆机将洗净的獼猴桃打成粗浆，同时将果皮等废渣由出渣口排出，之后过滤。陶瓷缸用水洗刷干净，再用 75%（v/v）食用酒精擦洗进行消毒。

（2）下料发酵。将压破的獼猴桃投入洗净消毒后的陶瓷缸中，在陶瓷缸中按果量的 150% 加入 10% 糖液，接入活化好的酵母菌，接种量为獼猴桃的 0.1%，发酵温度按自然温度，实际温度 18 ～ 25℃，发酵时间 5 天。

（3）蒸馏。发酵后，取上清发酵液 3 升，置于壶式蒸馏器的预热器中，蒸馏器内先放入 20 升水，开始蒸馏，待馏液达到 10 升时停止。将蒸馏器中残水放出，将预热器中的发酵液放入蒸馏器中，在预热器中重新加入 35 升发酵液，开始正式蒸馏。在开始时，火要缓，蒸馏液以每小时 15 升为宜，冷却水温控制在 25℃左右。蒸馏后期，开大火，使其蒸馏彻底。所接酒尾单独存放，蒸馏出的粗白兰地酒精度要求在 25% ～ 30%（v/v）。

每蒸馏一次，放掉残液后，要用水冲洗蒸馏器。因发酵液中果胶含量较高，易黏稠沉淀，造成焦煳，给酒带来杂味。

（4）复蒸馏。复蒸馏的操作与初蒸馏一样，但要接酒头，以降低白兰地中甲醇的含量。蒸馏出的原酒酒精度要求在 70%（v/v）左右。

（5）橡木的选择和处理。橡木是生产白兰地不可缺少的原料，它可以增加酒幽雅的橡木香和美丽的色泽，是白兰地三大典型风格之一。法国产的橡木，产于法国利木森地区，木质疏密均匀，通气性好，树脂含量少。其主要成分为含纤维素 40%～50%、半纤维素 20%～50%、木质素 25%～30%、单宁 8%～15%。我国的蒙古柞、辽东柞各项功能比较接近法国的橡木，其中长白山产的小叶柞木质更佳。选用直径 200 毫米以上直顺的木材，剔除枝节，风干一年以上，并采用酸处理、碱处理和水处理相结合的方法进行处理。

⑥白兰地的陈酿和调制。陈酿是白兰地生产过程中不可缺少的工艺过程，决定白兰地的质量。一些特征成分主要是在陈酿过程中进入酒中，增添酒的风味。同时，某些成分被氧化成酸、酮、醛、酚等物质，使酒体更加完美。将酒精度为 70%（v/v）的粗白兰地及经处理的橡木片，在 18～25℃的温度下进行陈酿，定期倒缸，促进氧化和陈酿。白兰地在陈酿过程中，酒精度下降，总酸、单宁酚、高级醇含量及浸出物均提高，其中总酸和单宁酚含量提高明显。

陈酿一年以上的白兰地，因酒度使各批酒质之间存在一定的差异，所以必须进行调制。在调制过程中，根据标准要求，用无离子蒸馏水将白兰地原酒降到 38%（v/v）。可适当调入糖液，减少酒的灼热感。调制好的白兰地放入陶瓷缸中贮存 2 个月以上，进行过滤、装瓶。

8.2.11.3 成品特点

产品呈琥珀色，澄清透明、晶亮，无悬浮物、无沉淀，具有和谐的猕猴桃果香、陈酿的橡木香、醇厚的酒香，具有幽雅浓郁、甘洌、沁润、细腻、丰满、绵延的口感。酒精度 8%～40%，总酸含量（以乙酸计）0.6 克/升，挥发酯（以乙酸乙酯计）0.4～0.5 克/升，总醛含量 <0.15 克/升。

8.2.12 猕猴桃露酒

以黄酒和猕猴桃汁配制的一款新型猕猴桃露酒。

8.2.12.1 工艺流程

猕猴桃→压碎→加果胶酶→滤汁→澄清（加果胶酶）→静置→发酵（加蔗糖、水、酵母）→终止（加食用酒精）→贮存→过滤→调配（加食用酒精、甜型黄酒）→猕猴桃露酒。

8.2.12.2 加工方法

（1）原料要求。猕猴桃要求无腐烂、无霉变，90% 以上成熟。黄酒是贮存 3 个月以上的甜型黄酒。酒精是食用酒精（二级以上）。

（2）榨汁、澄清。用锤击式破碎机将猕猴桃压碎，每千克加入 10～100 毫克粗制果胶酶，有利于过滤和提高出汁率。在 25℃温度下反应 4～7 小时。然后在板框压滤机上压 15 分钟。用每 30 毫克/千克粗果胶酶在 45℃温度下静置 12～15 小时，进行澄清处理。然后取上清液，置于 4℃温度下约 15 小时即可澄清。

（3）酿制。取已澄清的两个样和未澄清的原汁，在 5 升或 10 升玻璃瓶中，加入蔗糖和水，调整可溶性固形物为 22% 和每升可滴定酸度 7～10 克。然后接入 3%（容积）生长 3 天的啤酒酵母，在 15℃下发酵。2～5 天发酵终止（1%～2% 残糖），加酒精调整酒精度以抑制酵母的继续生长。于 4℃下冷冻，24 小时后榨汁过滤。随后在 4℃下密封存放 6～8 周，进行无菌过滤。

（4）调配。为保留果酒和黄酒的醇香风味，并顾及各层次消费者对糖、酸、酒的不同口味要求，用食用酒精和贮存 3 个月以上的甜型黄酒进行调配，制成露酒。

8.2.12.3 成品特点

产品呈橙红色，清亮光泽好，瓶底有聚集物。有强烈的果味和黄酒的混合醇香。入口酸甜，醇厚爽口，酒体协调，余味较长，味微苦。酒精度（20℃）20%，糖度（以葡萄糖计）为 80 克/升。

8.2.13 猕猴桃果醋

果醋是一种集保健、食疗、营养等功能于一体的新型食醋产品，富含有机酸、矿物质、维生素、氨基酸、多酚、黄酮等功能性成分，具有促进新陈代谢，调节酸碱平衡，消除疲劳、抗氧化、预防肥胖和高脂血症等作用，被称作"21 世纪的食品"。猕猴桃酿造成果醋，不仅具有调味品的调酸、增强食欲和抗菌防腐功效，还具有增强机体免疫、抗压解乏、抑制肿瘤细胞增长等功效。

8.2.13.1 工艺流程

猕猴桃→洗净、粉碎、蒸煮、糖化→榨汁→酒精发酵→醋酸发酵→过滤、高温杀菌、装瓶→成品。

8.2.13.2 加工方法

（1）猕猴桃清洗、粉碎、蒸煮、糖化。把猕猴桃的落地果、残果放入水池中洗去泥沙等污物，晾干，然后将其放入双滚筒气碎机中进行粉碎，粉碎后的果料同果汁一起放入蒸煮锅内，蒸汽蒸煮 1 小时左右，使果料蒸熟。在蒸煮过程中，为了蒸煮均匀，可上下翻动几次。蒸熟后的果料在温度降至 60～65℃时，即可加入黑曲霉制成的麸曲，加入量为果料总量的 5%，拌匀，再一起放入糖化罐中，使产品温度保持在 60～65℃进行糖化，糖化时间约 2 小时。

（2）榨汁。果料经糖化后，送入压榨机中压榨取汁，去掉果渣。

（3）酒精发酵。榨出的果汁需调整其糖浓度在 7% 左右，并使果汁温度降至 30～35℃，再加入酵母液，接种量为果汁量的 8%～10%，密封，保温 30℃左右进行酒精发酵，时间需 6 天。

（4）醋酸发酵。酒精发酵完毕后，在发酵液中加入 5% 左右的醋酸菌液，混匀，并把混合发酵液转入自吸式机械搅拌通风发酵罐中，保持产品温度 30℃左右，进行醋酸有氧发酵。这一过程需 25～30 天，当测定其酸度超过 35% 时即可终止发酵。

（5）过滤、高温杀菌、装瓶。醋酸发酵终止后，就可把发酵液送入流线式过滤机中进行过滤，滤液再经高温杀菌后，趁热装瓶密封，贴上标签即得成品猕猴桃果醋。

8.2.13.3 成品特点

产品呈淡黄色、澄清、无杂质和沉淀，具有猕猴桃果香和醋的特殊香味，无异味；酸味柔和，略甜而不涩，无霉花的浮膜。醋酸含量 3.5%～5%，酒精含量 0.15%～0.23%，氨基酸含量 0.08～0.12 克/毫升，还原糖含量 1～1.5 克/毫升，固形物含量 1.5%～1.8%。

猕猴桃栽培技术的理论知识

1 猕猴桃栽培概述

1.1 猕猴桃的种类

猕猴桃属植物的分布以我国为中心（其中，栽培利用最广泛的中华猕猴桃和美味猕猴桃以长江流域为分布中心），北至日本、朝鲜半岛及俄罗斯远东地区，南至越南、柬埔寨，向西延伸至尼泊尔及印度东北部。国外原产的仅有日本产山梨猕猴桃 [*A.rufa*（Sieb.et Zucc）Planch ex Miq]、白背叶猕猴桃（*A.hypoleuca* Nakai），越南产沙巴猕猴桃（*A.petelotii* Diels），尼泊尔产尼泊尔猕猴桃（*A.strigosa* Hook.f.&.Thoms），共 4 种。

我国原产的主要有中华猕猴桃等 10 余种，简介如下。

中华猕猴桃（*A.chinensis* Planch.）一般为二倍体或四倍体，是本属植物中分布最广泛、野生资源蕴藏量大、经济价值高的一种。集中分布于秦岭和淮河流域以南的海拔 100～800 米处，湖北的金桃、四川的'红阳'均属此种。美味猕猴桃（*A.deliciosa* Liang et Ferguson），多数为六倍体。分布于秦岭以南、河南西南部、湖北、湖南西部，直至四川、贵州、云南、广西东北部地区，面积和产量最大，集中分布于湖北神农架周边海拔 700～1800 米的地区，湖北的金魁，新西兰的主要品种'海沃德'即属此种。毛花猕猴桃（*A.eriantha* Benth.），主要为二倍体。分布于长江以南各地，福建、浙江、广西、江西较多。其果肉维生素 C 含量 561～1379 毫克/100 克，既可鲜食又宜加工，浙江的'华特'即为此种。软枣猕猴桃 [*A.arguta*（Sieb.et Zucc.）Planch.]，主要分布于东北和华北，在黑龙江、吉林、辽宁、河北 4 省分布较多。吉林的'魁绿'即为其代表品种。阔叶猕猴桃（*A.latifolia* Merr.），主要分布于长江以南各地，广西、湖南、浙江、江西、四川、安徽、云南、贵州较多。其维生素 C 含量最高可达 2140 毫克/100 克，超过其他所有水果，居于首位。狗枣猕猴桃（*A.kolomikta* Maxim.）又名深山木天蓼，主要分布在黑龙江、吉林、辽宁、河北、甘肃、陕西、安徽、湖北、湖南、四川、云南。此外，较重要的物种还有金花猕猴桃（*A.chrysantha* C. F. Liang）、浙江猕猴桃（*A.zhejiangensis* C. F. Liang）、河南猕猴桃（*A.henanensis* C. F. Liang）、中越猕猴桃（*A.indo-chinensis* Merr.）等。

1.2　生物学特征

1.2.1 生长结果习性

1.2.1.1 树性

猕猴桃为多年生木质藤本，常依附在其他物体（支架）上生长。猕猴桃为雌雄异株植物，雌花的花粉败育，雄花的子房与柱头萎缩，分别形成单性花，只有雌雄株搭配才能授粉受精结果。据报道，近年已在栽培的猕猴桃品种中发现了雌雄同株以及能结果的雄株等类型，并且新西兰育成相应品种。猕猴桃由于生产上常采用扦插、嫁接或组培繁殖，栽植 1 ～ 2 年后即可结果，3 ～ 4 年进入丰产，又由于其自然更新能力强，故树龄亦长，百年以上的老树仍能正常结果，在江西修水则有 400 年生的中华猕猴桃仍然果实累累。

1.2.1.2 根系

猕猴桃有发达的须根系，而且是肉质根，根内贮藏有大量的营养物质，包括有水分、维生素、淀粉、糖、矿物质等多种有机和无机成分，初生根为乳白色，渐转为淡黄色至褐色。猕猴桃根的皮层极厚，根皮率 30% ～ 50%，甚至有报道高达 72.7% 者，成熟根的表皮常发生龟裂状剥落，内皮层为粉红或暗红色。猕猴桃的成年植株根系分布多表现为浅而广，水平分布常为地上部的 2 ～ 3 倍，垂直分布多在 20 ～ 80 厘米范围内。相比较而言，猕猴桃的根系侧根较少，但根的导管很发达，故根压非常大，所以萌芽力强，春季树液流动明显，常常可以看到因冬季修剪或损伤某一部分器官而造成严重的伤流。猕猴桃的藤蔓易产生不定根，故可采用扦插繁殖，猕猴桃根系具有强大的再生能力，并可在根上产生不定芽，进一步发育成新的个体。猕猴桃与其他多年生木本落叶果树有类似的根系生长规律，即根系的生长与新梢的生长交替进行，在新梢的生长高峰后，有二次根系生长高峰，在新梢第二次生长高峰后，又有根系的第二次生长高峰。

1.2.1.3 芽的类型和特性

猕猴桃的芽外面包有 3 ～ 5 层黄褐色毛状鳞片，着生在叶腋间海绵状芽座中，通常 1 个叶腋间有 1 ～ 3 个芽，中间较大的芽为主芽，两侧为副芽，呈潜伏状。主芽易萌发成为新梢，副芽在主芽受伤或枝条短截时才能萌发。老蔓上的潜伏芽萌发之后，多抽生为徒长枝，栽培上可利用这种枝条进行树冠更新。

主芽有叶芽和花芽之分：幼苗和徒长枝上的芽多为叶芽；呈水平方向生长，发育良好的生长枝或结果枝的中、上部叶腋萌发的芽通常为花芽。猕猴桃的花芽为混合芽，芽体肥大饱满，萌发后先抽生新梢，并在其中、下部的几个叶腋间产生花蕾，开花结果（雄株只开花）。猕猴桃当年形成的芽即可萌发成枝，表现为早熟性。但由于结果枝或花枝上的花或花序（可看作主芽形成的）是着生在叶腋间，故已开花结果部位的叶腋间的芽（其实是副芽）则很难再萌发，而成为盲芽，该节位亦形成盲节，在栽培修剪中应注意这些部位枝条的更新复壮。

不同物种或品种芽的大小和形状有差异，如美味猕猴桃的芽垫较中华猕猴桃的大，但芽的萌发口较小，是休眠期区别它们枝条或苗木的重要特征。

1.2.1.4 枝蔓的类型和特性

猕猴桃为藤本植物，在自然状态下，为了获得光照和争取空间而攀缘其他物体以生长，它的茎是蔓生的，具有细长、坚韧、组织疏松、质地轻软、生长迅速的特点，通常称作枝蔓或蔓。枝蔓中部均有较大的髓。猕猴桃的髓有实心和片层状两类。新梢的髓呈片层状，黄绿、褐绿或棕褐色。随着枝蔓的老熟，髓部变大，多呈圆形，髓片褐色。猕猴桃是攀缘植物，从攀缘方式上看，猕猴桃则为缠绕茎。

（1）猕猴桃没有卷须、吸盘之类的特化攀缘器官，但它的枝蔓具有逆时针旋转的缠绕性。当枝条生长到一定长度，因先端组织幼嫩不能直立，就靠枝条先端的缠绕能力，随着生长自动地缠绕在其他物体上或互相缠绕在一起。值得注意的是，猕猴桃虽属蔓生性植物，但并不是整个枝条都具有攀缘性，其生长初期都具直立性，先端只是由于自重的增加而弯曲下垂，并不攀缘，旺盛生长的枝条或徒长枝在生长后期，由于营养不良，先端才出现攀缘性。猕猴桃的枝蔓在生长后期顶端会自行枯死，即自枯或称为自剪现象。自剪期的早晚与枝梢生长状况密切相关，生长弱的枝条自剪早，而生长势强健的枝条直到生长停止时才出现自剪。这种自枯还与光照不足有关。

（2）结果枝和结果母枝。猕猴桃枝蔓上的芽分为叶芽与花芽，而且其花芽都是混合芽，即花芽萌发抽梢后，在新梢上着生花序或单花。因此，两者的枝蔓据此均可分为3种类型，即生长枝（营养枝、发育枝）、结果枝（结果新梢）和结果母枝。分述如下。

生长枝：又叫营养枝或发育枝，是指那些由叶芽萌发，不带花序或花的新梢，这些新梢仅进行枝、叶器官的营养生长而不能开花结果，根据生长势的强弱，可分为徒长枝、营养枝和短枝。徒长枝多从主蔓上或枝条基部潜伏芽（隐芽）萌发，生长势强，长达3～6米，节间长，芽较小，组织不充实。营养枝主要从幼龄树和强壮枝中部萌发，长势中等，这种枝条可成为次年的结果母枝。短枝是从树冠内部或下部枝上萌发，生长势弱，易自行枯亡。猕猴桃新梢上的芽亦可当年萌发成枝，形成一次副梢、二次副梢等，有利于迅速扩大树冠，但副梢上不易发生花序。

结果枝：猕猴桃雌株上由混合芽萌发能开花结果的新梢称为结果枝。猕猴桃雄株的枝只开花不结果，称为花枝。猕猴桃的结果枝多着生在1年生枝的中、上部和短缩枝的上部。根据枝条的发育程度和长度，结果枝又可分为徒长性结果枝（150厘米以上）、长果枝（约1米）、中果枝（30～50厘米）、短果枝（10～30厘米）和短缩果枝（10厘米以下）5种。但长、中、短果枝的划分要根据种类或品种等不同情况而定。据调查，进入结果期的中华猕猴桃及美味猕猴桃主要以短缩果枝和短果枝结果为主，可占50%～70%；而毛花猕猴桃则以长果枝、中果枝和短果枝结果为主，约占73%。

结果母枝：是由上年成熟的枝蔓经过剪截而成。结果母枝是猕猴桃植株的结果基枝，生产上常根据预计收获的产量，来计划剪留结果母枝的数量。结果母枝上的芽萌发后抽生的1年生新梢带花序的叫结果枝，不带花序的叫发育枝。抽生结果枝的比例与品种、栽培条件有关。

1.2.1.5 叶

猕猴桃为单叶、互生，叶形有圆形、卵圆形（心脏形）和扁圆形（肾脏形）等，叶长5～15厘米，宽6～8厘米，叶缘多有锯齿，很少全缘。

猕猴桃叶片大而较薄，纸质或半革质。猕猴桃叶片厚度约 1 毫米，角质层较薄，叶肉的栅栏组织只有一层细胞，海绵组织细胞间隙不发达，为中生植物的特点。猕猴桃叶的形状，物种品种之间差异很大，叶下面及叶柄的毛被也不一样。同一株上的叶形和颜色也因着生部位和年龄而有变化。叶片的形状、大小、色泽、厚薄以及叶背茸毛的多少、长短及类型等是识别品种和进行分类的重要标志。

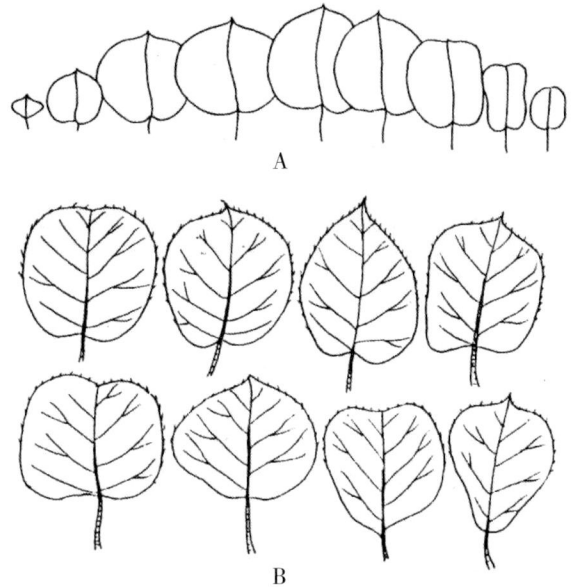

中华猕猴桃和美味猕猴桃的叶形

A.中华猕猴桃的叶形；B.美味猕猴桃的叶形

1.2.1.6 花芽分化

猕猴桃花芽的生理分化在越冬前就已完成，而形态分化一般在春季，与越冬芽的萌动相伴随。与许多果树不同的是，猕猴桃花芽形态分化的时期很短，自萌动至展叶前结束，仅 20 多天。

猕猴桃的花或花序是在结果母枝的越冬芽内形成，一般是下部节位的腋芽原基先进行分化。首先分化出花序原基，再进一步分化出顶花及侧花的花原基。当花原基形成以后，花的各部分便按照向心顺序，先外后内依次分化。按花芽的形态分化过程，可分为以下几个时期。

未分化期　未分化的芽为叶芽，在显微切片解剖图上可看到中央有一短的芽轴，其顶端为生长点，四周为叶原基。幼叶即由叶原基发育而成，幼叶的叶腋间产生腋芽原基，在适宜的条件下，腋芽原基即分化成花。

花序原基分化期　又可分为前、中、后 3 期。前期腋芽原基的分生细胞不断分裂，腋芽原基膨大呈弧状突起；中期腋芽原基进一步向上突起呈半球形；后期半球形突起伸长、增大，顶端由圆变为较平，形成花序原基。

花原基分化期　随着花序原基的伸长，形成明显的轴，顶端的半球状突起分化为顶花原基；其下分化出 1 对苞片，在苞片的腋部出现侧花的花原基突起。

花萼原基分化期　在侧花原基形成的同时，顶花原基增大，并首先分化出 1 轮（5～7 个）花萼原基突起，每一突起发育成 1 个萼片。

花冠原基分化期　当花萼原基伸长开始向心弯曲时，其内侧分化出与花萼原基互生的 1 轮（6～9 个）花冠原基突起，每一突起发育成 1 个花瓣。

雄蕊原基分化期　在花萼原基向上伸长向心弯曲覆盖花冠原基时，花冠原基内侧分化出两轮突起，每一突起为 1 个雄蕊原基。

雌蕊原基分化期　当花萼原基向心弯曲伸长至两萼相交时，雄蕊原基内侧分化出许多小突起，每一突起为 1 个心皮原基。

雌、雄花的形态分化，在前期极为相似，直到雌蕊群出现，两者的形态发育才逐渐出现明显的差异。雌蕊群出现之后，雌花中的雌蕊发育极为迅速，柱头和花柱的下面形成 1 个膨大的子房，雄蕊的发育较缓慢。雄花中也分化出雌蕊群，但发育缓慢，结构也不完全，而雄蕊群却极为发达，发育很快，雄蕊上的花药几乎完全覆盖了退化的雌蕊群。

1.2.1.7 花和花序

猕猴桃为雌雄异株植物，即花分为雌花、雄花。从形态上讲，雌花、雄花都是两性花，但由于雌花的花粉败育，雄花的子房与柱头萎缩，因而分别形成单性花。

不同种类猕猴桃的花，其大小和颜色是不同的。美味猕猴桃的花径平均可达 4.5 厘米，中华猕猴桃的花径为 3 厘米左右，柱果猕猴桃的雌花、雄花的花径只有 0.4 厘米左右。萼片一般为 5 枚，也有 2～4 枚的，分离或基部合生。花瓣多为 5 枚，呈倒卵或匙形，杂交形成的种间杂种，其花瓣数可能加倍。雌蕊有上位子房，多室，胚珠多数着生在中轴胎座上，花柱分离，多数呈放射线状，花后宿存。雄花子房退化，花柱较短；雄蕊多数有丁字花药，纵裂，呈黄色或黑紫色。雌花中有短花丝和空瘪不孕的药囊。

大多数猕猴桃物种或栽培品种的花瓣，在刚开放时为乳白色或浅绿色，不久便变成淡黄色或黄褐色。毛花猕猴桃的花瓣为粉红色，其花色艳丽，可作为绿化树种。

猕猴桃的花一般着生在结果枝的第一节至第七节之间，但不同种类甚至品种间其着生节位略有差异。中华猕猴桃、美味猕猴桃第一节至第七节均可着花，而以第二节至第五节着花最多；毛花猕猴桃第一节至第十节可着花，以第三节至第六节着花最多。

雌性植株的花多单生，少数呈聚伞花序，但种、品种之间有差异。中华猕猴桃的一些品种，如'通山 5 号'等的花多为单生，而'武植 3 号''金丰'等的花则多为聚伞花序；美味猕猴桃

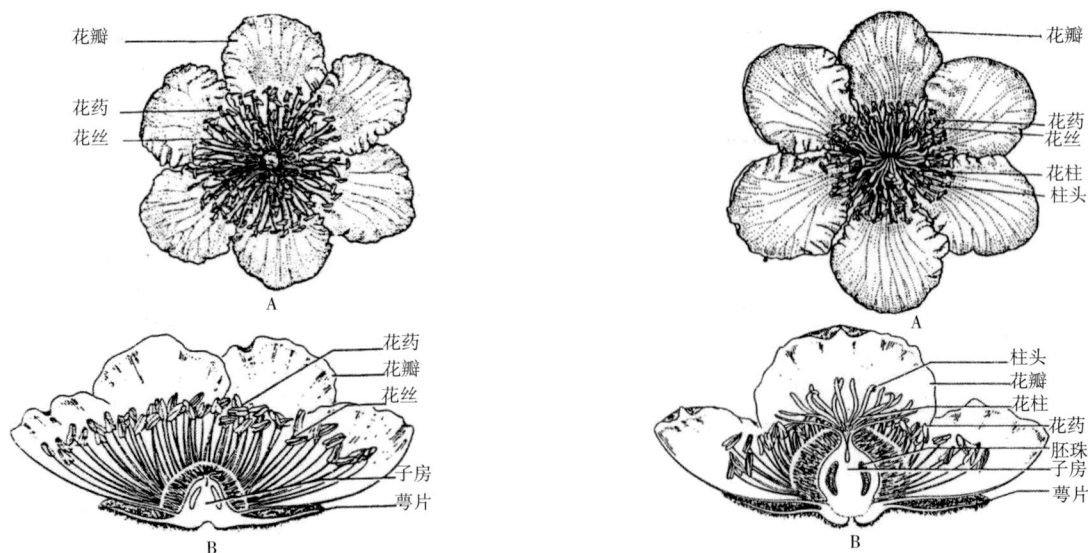

猕猴桃的雄花

A. 平面图；B. 纵切面图

猕猴桃的雌花

A. 平面图；B. 纵切面图

的著名品种'海沃德'的花多单生，'布鲁诺''蒙蒂'等品种的花呈花序状。阔叶猕猴桃、毛花猕猴桃、大籽猕猴桃等的花多为聚伞花序。雄性植株的花多呈聚伞花序，少数为单生花。每一花序中花朵的多少在种间及品种间均有差异。如阔叶猕猴桃的雄花多为 3～4 歧聚伞花序，每花序具 8～14 朵花；毛花猕猴桃、美味猕猴桃、中华猕猴桃的雄花序通常为 3 朵，偶尔也有 4～7 朵的。花朵数的多少是选择授粉品种的重要条件之一。

猕猴桃的花从现蕾到开花需要 25～40 天。每花枝开放时间雄花较长，为 5～8 天，雌花为 3～5 天。全株开花时间，雌株为 5～7 天，雄株为 7～12 天。中国科学院武汉植物研究所选育的中华猕猴桃雄株'磨山 4 号'的花期长达 15～20 天。花开放的时间多集中在早晨，一般在 7：30 以前开放的花朵数量为全天开放的 77% 左右，11：00 以后开放的花仅占 8% 左右。

开花顺序从单枝来看，大部分是先内后外，先下后上。同一枝条上，多由下节位到上节位；从同一花序来看，顶花先开，两侧花后开。单花开放的时间与天气变化有关，在开花期内天晴、干燥风大、气温高，花的时间短；反之，阴天、无风、气温低、湿度大时，开花时间长。

猕猴桃为雌雄异株果树，雌花只有在授粉后才能结果。在雄花产生的花粉可通过昆虫、风等自然媒介传到雌花的柱头上，也可人工采集花粉，然后进行授粉。授粉的效果除与环境有关外，更与花粉、柱头的生命力强弱有关，必须掌握好授粉的恰当时期，才会收到良好的效果。雌花的受精能力以开放后的当天至第二天最强，3 天后授粉的结实率下降，5 天以后就不能受精了。花粉的生活力与花龄有关，花前 1～2 天和花后 4～5 天，花粉都具有萌发力，但以花瓣微开时的萌发力最高，产生的花粉管也长，有利于深入柱头完成受精。

授粉对提高猕猴桃产量和果品质量起重要作用。为了提高授粉率，通常在花期利用蜜蜂辅助授粉，但猕猴桃花无蜜腺或蜜腺极不发达，不特别吸引蜜蜂，须放置蜂箱的数量较多，每公顷以 7～8 箱为宜。放蜂的最佳时期是 10%～20% 的花开放后，还可进行人工和机械辅助授粉。

每个商品果的种子含量为 1000～1200 粒，需要在花的柱头上有 2000～3000 粒有活性的花粉。雌花的柱头呈分裂状，分泌汁液，花粉落上柱头后，通过识别即开始萌发生长，花粉管经柱头通过珠孔进入胚囊后释放出精子，与胚囊中的卵细胞结合，形成受精卵。整个授粉、受精过程需要 30～72 个小时。雌花受精后的形态表现为柱头授粉后第三天变化，第四天枯萎，花瓣萎蔫脱落，子房逐渐膨大。

猕猴桃从终花期到果实成熟需 120～140 天，在此期间，果实经过迅速生长期、缓慢生长期和果实成熟期 3 个阶段。

在武汉地区，第一阶段从 5 月上旬到 6 月下旬，此期果实的体积和鲜重增长很快，先是由果心和内、外果皮细胞的分裂引起的，然后是由细胞体积的增大所致。此期生长量达总生长量的 70%～80%，内含物主要是碳水化合物和有机酸，其增加程度同果实迅速生长的速度相同。缓慢生长期自 6 月下旬至 8 月上中旬，种子加速生长发育，果皮由淡黄色转为浅褐色。在 7～8 月，淀粉及柠檬酸迅速积累时，总糖的含量则处于较低水平。第三阶段从 8 月中旬到 10 月上旬，果实的体积增长停滞，果皮转为褐色，种子赤褐色。内含物的变化主要是果汁增多，总糖分增加，风味增浓，出现品种固有的特性。

猕猴桃果实中酸的含量则伴随淀粉含量的降低而降低。维生素 C 的含量在果实发育前期随着果实增大而增加，接近成熟时，其含量有缓慢降低的趋势。

种子数量多而小，位于靠近胎座的周围。种子长度的发育开始于受精之后，经过 60 天左右，此时珠心发育到最大程度。随后胚乳和珠心内层发育完全。与其他果树不同的是，当其胚乳和珠心迅速生长时，胚却仍停留在双细胞阶段。直到花后 60 天，双细胞的胚才进行分裂形成珠心胚，然后迅速发育。种子在果实的缓慢生长阶段逐渐充实，种皮渐硬，由白色转为淡褐色。

猕猴桃成花容易，坐果率高，加之一般无生理落果，所以丰产性好。中华猕猴桃以中、短果枝结果为主，以当年生枝的第四节至第六节结果为主。结果枝大多从结果母枝的中、上部芽萌发。结果母枝一般可萌发 3～4 个结果枝，发育良好的可抽 8～9 个。结果母枝可连续结果 3～4 年。结果枝抽生节位的高低随结果母枝短截的程度而变化，结果枝通常能坐果 2～4 个，因品种而有差异，有的仅坐 1～2 个果，而丰产性能好的品种能坐 5～6 个。猕猴桃各类结果枝所占比例和结果能力与遗传特性和树体管理相关，种内类型之间也有差异。中华猕猴桃着生 2～4 个果的果枝占全果枝的 70%～100%，美味猕猴桃则 60%～70% 的果枝着生 2～4 个果。

生长中等的结果枝，可在结果的当年形成花芽，又转化为结果母枝；而较弱的结果枝，当年所结果实较小，也很难成为翌年的结果母枝。对生长充实的徒长枝加以培养，如进行摘心或短截，可形成徒长性的结果母枝。充分利用徒长性枝来结果，是高产、稳产中值得注意的技术措施，也是其他果树上很少见的。由于猕猴桃结果的节位低，又可在各类枝条上开花结果，这为其修剪与结果部位更新、整形和丰产稳产提供了有利条件。

中华猕猴桃和美味猕猴桃的单生花与花序花的坐果率，在授粉良好的情况下无明显差异。单生花在后期发育中，果形较大；而花序坐果越多，则果形越小，但在栽培条件良好的地方，且整树结果不是过多时，即使一花序坐果 2～3 个，也能结成较大的果实。一般来说，要获得较大的果实，在开花前应对花序进行疏蕾，保留中心花蕾。如果当年花期遇到不利的授粉天气，疏果程度要轻，或不疏果，且应在幼果坐住后疏除小幼果，这样比较稳妥，否则易造成减产，值得引起注意。

1.2.1.8 果实和种子

猕猴桃的果实为浆果，外表皮多为褐色，由一层木栓化细胞形成，皮孔和表皮无毛或被茸毛、硬刺毛。子房上位，由 26～38 个心皮构成，每一心皮具有 11～45 个胚珠，形成许多小型棕色种子，胚珠着生在中轴胎座上，一般形成两排。可食部分为中果皮和胎座。中果皮由圆或近圆形的薄壁细胞组成，大小不一，直径 20～200 微米，胎座由小型的长圆形薄壁细胞组成，整个果肉遍布许多大型异细胞，为分泌组织，内含黏液。

果实大小一般为 20～50 克，最小果实不足 1 克（如红茎猕猴桃、海棠猕猴桃），果实较大的是中华猕猴桃和美味猕猴桃，最大可达 200 克以上。果实表面有斑点（明显的皮孔）或无斑点（皮孔不明显）。果呈椭圆形、近球形、圆柱形、长圆形、纺锤形、卵圆形等。果皮较薄，颜色有绿色、黄褐色、橙黄色等。果肉多为黄色或翠绿色，也有红色的。果实软熟后，糖分增加，颜色有的转为金黄色，质地细软，有特殊香味，口感甜酸适度。

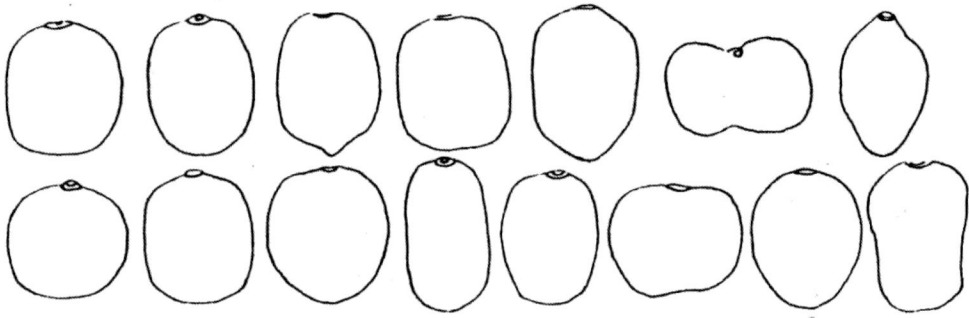

猕猴桃果形图

猕猴桃的种子很小，千粒重多为 1.2 ～ 1.6 克，最小的仅 0.2 克左右，最大的是大籽猕猴桃，为 7.3 克。种子长圆形，成熟新鲜的种子多为棕褐色或黑褐色，干燥的种子呈黄褐色，表面有条纹或龟纹。胚乳丰富，肉质，胚呈圆柱形、直立，子叶很短。种子含油量高，为 22% ～ 24%，最高可达 36.5%。种子还含有 15% ～ 16% 的蛋白质。

1.2.2 物候期

猕猴桃种类多、分布广，由于地域气候条件不同，同一种类在不同地区其物候期常有较大差别。如中华猕猴桃品种'庐山香'在云南昆明 2 月下旬萌芽，3 月下旬开花；在武汉则于 3 月中旬萌芽，5 月上旬开花，两地的物候期前后相差 20 多天。在同一地区，不同种类猕猴桃的物候期早、晚也有所不同。如美味猕猴桃较中华猕猴桃的开花期稍迟，分别在 4 月下旬至 5 月中旬和 4 月中下旬；而野生于我国南方的阔叶猕猴桃的开花期则到 6 月中旬。同一地区栽种同一品种，因海拔不同，物候期也不同，一般随着海拔的升高，萌芽期推迟，而落叶休眠期随着海拔的升高而提前。另外，还有同一地区的同一品种，在不同年份的物候期也有细微差别。

猕猴桃的生长物候期主要的观察记录标准如下：①伤流期。树液在体内开始流动至停止的时期。②芽萌动期。全树约有 5% 的芽鳞片裂开，微露绿色。③展叶期。全树约有 5% 的枝条基部的第一片叶全部展开。④开花期。从全树约有 5% 的花朵开放到有 75% 的花朵的花瓣凋落的一段时期。⑤果实成熟期。果实采收后经后熟，能呈现固有品质，种子呈棕黑色。新西兰曾对'海沃德'品种采用测定可溶性固形物含量，至少达到 6.2% 时开始采收，但品质最佳时，可溶性固形物应在 7% ～ 10%。⑥落叶期。叶柄产生离层叶片脱落的时期。

猕猴桃主要栽培品种在武汉地区的物候期，一般 3 月上中旬萌动；3 月下旬至 4 月上旬展叶；4 月下旬至 5 月上旬开花；5 月中旬为新梢旺长期；8 月下旬至 11 月上旬为果实成熟期，果实的生长发育期为 130 ～ 185 天；植株 12 月中旬落叶。整个营养生长期为 230 ～ 250 天。

1.2.3 对环境条件的要求

猕猴桃是世界最古老的植物，在长期系统发育中，形成了多种多样的种类和类型，适应了地球上多种多样的生态环境，目前已遍布世界各国。作为经济栽培，猕猴桃的主要栽培种中华猕猴桃和美味猕猴桃，主要分布在南、北纬18°～34°之间。栽培猕猴桃要求的生态条件是气候温和、雨量充沛、土壤肥沃、植被繁茂。猕猴桃对温度、光照、水分、土壤等生态环境的要求分述如下。

1.2.3.1 温度

大多数猕猴桃种类喜欢温暖湿润气候。温度不仅影响其地理分布，也影响其生长发育的进程。综合分析猕猴桃主要产区的气温条件得知，在年平均气温11℃以上的地区可以正常生长。在年平均气温11.3～16.9℃，极端最高气温42.6℃，极端最低气温-20.3℃，≥10℃有效积温4500～5200℃，无霜期210～290天的山区分布较多，开花结实较好。

气温对猕猴桃萌芽的影响明显，其萌芽时的平均温度（生物学零度）是相对稳定的。据不同地区的观察，中华猕猴桃和美味猕猴桃的生物学零度在8℃以上。如果日平均气温高于8℃时，猕猴桃就开始萌动生长；低于8℃生长就会受到影响。气温的高低与新梢生长关系密切。当平均气温在20～25℃时，新梢生长最快；15℃左右时生长缓慢；当气温下降到12℃左右时，进入落叶休眠期。

猕猴桃进入休眠期后，耐寒性较强，一般可耐-12℃以下的低温。但春季萌芽后，在海拔较高或纬度偏高的地方，易遭受晚霜冻（倒春寒）的危害，当日平均气温降至1℃以下时，不仅可使刚萌动的芽大部分冻死，而且花量大为减少，影响产量。防止倒春寒是这些地区应注意的问题，以避免和减轻危害的程度。花期的低温阴雨，也会影响猕猴桃的开花结实。秋季的早霜将导致未成熟果实的成熟过程发生异常，品质下降，果皮易皱，香气少，易发酵变质。

猕猴桃在冬季期间需要有一定的低温。研究表明，猕猴桃的自然休眠，冬季经950～1000小时4℃的低温积累，就可以满足解除休眠的需要。品种之间对冬季休眠需要的低温量是不同的，'海沃德'需要的低温总量较'布鲁诺'和'蒙蒂'的高，所以'海沃德'在较寒冷的地区，结果枝上花芽的萌发率较冬季温和地区的高出10%，果实产量也有相应的增加。

猕猴桃虽能忍受42.6℃的极端高温，但久晴高温和干旱的天气，也会给猕猴桃的生长发育带来不利影响，出现落叶、落果或枯梢现象。叶片受高温危害时，叶缘及叶尖失水变褐，重者坏死焦枯。高温使果实受日灼，伤部凹陷皱缩，易脱落，严重影响食用和加工的价值，经济效益显著降低。

1.2.3.2 光照

猕猴桃对光照的要求随着树龄的不同而有差异，幼苗期较耐阴凉；忌强光直射。成年植株则喜欢光照，在具有良好光照条件下，生长发育良好；若过分荫蔽，枝条生长不充实，下部枝易枯死，结果少且果实小，品质差。但在夏季，猕猴桃忌强光暴晒，强光对其生长极为不利，常导致果实日灼严重，甚至大量落果，影响果实产量和品质。

在同一株猕猴桃藤蔓上，不同部位的光照强度不一致会影响这些部位的坐果率与枝梢生长。

如'武植3号'在棚架叶幕上层的结果枝，结实率为46.3%，而在叶幕下层的荫蔽枝上结实率仅为9.9%。也有报道称，上层枝所结的果实较大，种子较多，淀粉含量高；而处于叶幕下的结果枝上所结的果实，则相反。枝梢在越冬时下部荫蔽枝的死亡率比上部向阳枝的高。猕猴桃树冠内部的郁闭对叶片的净光合率也有很大影响，荫蔽条件下则光合速率低。可见，猕猴桃是喜充足光照的植物。在自然界中，猕猴桃为争取阳光，总要爬到被攀缘树冠的顶端。有人认为，猕猴桃的适宜光照强度为太阳光强的40%～45%，在自然分布区的日照时数为1300～2600小时，这样即可满足其生长发育的需要。

由于猕猴桃的喜光性，因此，在栽培中应注意改善树冠内部的光照条件，如在整形修剪和夏季摘心等管理中，应注意内膛枝蔓的及时复壮更新。有些地方采用"活桩"作支架时，"活桩"应选择树冠不过大，叶片小的树种，以利于猕猴桃接受充足的光照。

1.2.3.3 水分和降雨

猕猴桃的原产地和集中分布区的气候特征表明，喜欢温暖湿润的环境条件是其长期进化形成的遗传特性。水分不足或过多，都会对猕猴桃的生长发育产生不良影响。中华猕猴桃的自然分布区，年降水量为1000～1200毫米，空气相对湿度在70%～80%。

据西北大学专家观察，猕猴桃的各类器官均含有大型异细胞，其中含有大量水分。加之地上部枝叶生长旺盛，叶大而薄，且其根、茎木质部的导管都较粗大，水分蒸发量大，这些特性决定了猕猴桃是一种生理耐旱性弱的树种，对土壤水分和空气湿度的要求较高，特别是幼苗期需要适当遮阴和保持土壤的湿润，以避免幼苗枯死。因此，人工栽培猕猴桃，特别是低丘平原地区发展生产时，最大的一个限制因素就是高温干旱的危害。

没有灌溉条件的人工栽培猕猴桃园，在干旱、缺水和高温的情况下，猕猴桃植株的发育常会受到严重威胁，表现为枝梢生长受阻，叶面积变小、黄化，叶片凋萎或叶缘焦枯，落叶率有时可达50%～60%，落果率高达45%以上，还可影响翌年开花结实及树体健壮生长，严重时引起全株枯死。

提高猕猴桃的抗旱能力，除了在生产设施、栽培技术等方面采取抗旱措施外，还应根据当地条件选用较耐旱的品种。据研究，猕猴桃树体抗旱能力与其叶片的形态结构密切相关，茸毛越密、色泽越深、蜡质层越厚、细胞间隙越小、栅栏组织越发达、细胞壁越厚，其抗旱能力越强。根系中侧根数量多，分布深广，也是其抗旱力强的性状之一。抗旱能力较强的品种有'通山5号''武植3号'等。

猕猴桃的根系浅，为肉质根，根皮层厚的结构，对土壤缺氧反应敏感，在渍水地区常不能生存。猕猴桃耐渍能力很差，特别是幼苗期，根部渍水1天即全部死亡。可见，土壤渍水比干旱的威胁更大，在猕猴桃建园选址时要特别注意。

1.2.3.4 土壤

猕猴桃对土壤的适应范围较广，喜欢土层深厚、肥沃疏松、排灌良好、有机质含量高的砂质土壤。猕猴桃自然分布区的土壤有山地森林土、棕壤、黄壤、红壤等，这些土壤大多属壤土类，黏粒较少，团粒结构好，透气性强，能保水保肥，有机质分解快，因而有利于根系的生长发育。

在栽培猕猴桃时，要注意对土壤的选择，如果在黏性重、易渍水及干燥瘠薄的土壤上种植，必须认真地进行土壤改良。

土壤的酸碱度对猕猴桃生长发育亦有影响，适宜的土壤 pH 值为 5.5 ～ 6.5。在 pH 值 7.5 以上的偏碱性土壤中，猕猴桃就出现缺铁黄化的现象，幼苗期更加明显。但 pH 值也不是绝对的条件，如江苏徐州的果园位于黄河故道地区，土壤 pH 值为 7.8 的砂壤，土层深厚，有机质含量高（1.2%），猕猴桃特别是美味猕猴桃品种也能生长正常。据湖北省农业科学院果树茶叶研究所研究，猕猴桃在 pH 值高的土壤中易表现严重的缺铁黄化现象，是因为猕猴桃有效铁的临界指标为 11.9 毫克 / 千克，故比苹果（9.8 毫克 / 千克）、梨（6.3 毫克 / 千克）更易出现缺铁现象。

土壤中的矿质营养成分对猕猴桃生长十分重要，除氮（N）、磷（P）、钾（K）肥外，还需要镁（Mg）、锰（Mn）、铁（Fe）、锌（Zn）等元素。当土壤中缺乏这些元素时，叶片上常表现出营养失调的缺素症。如缺钾时，叶片小，呈浅黄绿色，叶缘轻度褪绿，老叶边缘上卷。一般钾的含量为干物质的 1.8% 以上。缺氮时，叶片变为淡绿色，直至叶片变黄。氮的含量通常占干物质的 2.2%～ 2.8%。缺镁时，老叶叶脉间出现浅黄绿色褪绿现象，然后坏死。一般镁的含量应占干物质的 0.38% 以上。缺磷时，枝蔓瘦小；叶面积减小，严重时老叶的脉间呈淡绿色，从先端向基部扩展，中脉变红，下表皮的主脉变红。磷通常是干物质含量的 0.18%～ 0.22%。缺锌时，老叶的脉间呈鲜黄色，而叶脉仍保持绿色。

猕猴桃是特别喜铁元素的果树，其叶片的铁元素含量常高达 169 毫克 / 千克，比柑橘、葡萄、桃等果树的叶片正常含铁量均高。

农家有机肥料常含有各类矿质营养成分；猕猴桃施基肥时应以有机肥为主，平时也要注意多施绿肥，并配合施用化肥，以改善土壤条件，利于丰产稳产，提高果实品质。

1.2.3.5 其他环境条件

影响猕猴桃生长发育的因素还有其所处的小环境，如海拔和纬度影响气温的变化，猕猴桃通常分布在 300 ～ 2000 米海拔处的沟谷山坡中，但以 250 ～ 1000 米高度分布比较集中。一般纬度向北推进 1°，气温下降 0.7℃；海拔每升高 100 米，气温下降 0.5℃。所以在偏北地区，应考虑海拔对猕猴桃生长发育所需要的积温，否则猕猴桃果实不能正常成熟或品质差，严重时会使植株受冻，失去栽培意义。在纬度较低或夏秋气温高地区，适当选择一定海拔高度的地方种植，有利于提高果实品质（含糖量、维生素 C 增高），对早熟品种如'武植 2 号'，可延长其果实的保鲜期。

坡向对猕猴桃生长与自然分布的影响，也是通过改变气温来完成的。南坡（或阳坡）日照强，光照时间也长，温度上升快，物候期开始较早；而在夏季，水分蒸发量大，易遭干旱和日灼之害，土壤贫瘠。在自然分布中，南坡的猕猴桃较其他坡向分布的少，主要是因为幼苗在早期难以成活，而在半阴坡生长旺盛，结果较多。同时，坡度太大，水土流失和土壤冲刷严重，土层瘠薄干旱，不适合猕猴桃生长。在山地建立猕猴桃园时，应选择 30° 以下的缓坡地带，栽植在东、西坡向，避免栽种在土壤瘠薄、容易受旱的地块。

植被对猕猴桃的分布、生长也有密切关系。植被有乔木、灌木和草本植物，这些伴生植物不仅能指示土壤的类型，影响气象因素和调节气候，而且是猕猴桃枝蔓攀缘生长的自然支架。

伴生植物以灌木为主，种类超过 60 种。据观察，猕猴桃攀缘在灌木丛中，光照充足，立地优越，生长良好，树冠大，枝蔓粗壮，结果多，产量高。而在松、杉、栎等高大乔木林中，猕猴桃枝蔓很难爬攀到树冠之上，使生长势减弱，枝蔓细小，结果少。在完全没有攀缘物时，被其他植物覆盖，则生长差，很少开花结实。所以，猕猴桃只能在林中空地或林缘生长，这样才能保证它的受光量而正常生长发育。了解猕猴桃的伴生植被及周围的生态环境，可为猕猴桃的建园与栽培管理提供参考，以减少建园的盲目性。

猕猴桃对风的敏感程度比任何一种果树，包括葡萄在内都要高得多。在自然状态下，即使处于丛林"保护"下的猕猴桃，也多集中在背风向阳的地方。在人工栽培状态下，因无昔日丛林的掩护，因而对风更为敏感，尤其是对大风或狂风暴雨。这种高度敏感性表现在猕猴桃的新梢幼嫩，基部结合弱，且叶薄而大，受风害后，易使嫩梢折断或新叶破损。在 5 月中下旬至 6 月初，正是猕猴桃幼果快速发育期，而此时也常常有干热的南洋风，若在没有防风林的地方，幼果表面很容易擦伤，影响果实的商品价值。春夏的干热风会使幼苗过度失水萎蔫，造成死亡，所以建园时必须考虑风害问题，避免在迎风的地方栽植。

夏秋的大风也可撕破叶片，擦伤果实，影响产量和品质。冬季遇寒风低温，可使枝蔓失水抽干，造成死芽，影响翌年的生产。在花期遇大风，易使雌花的柱头干枯，蜂类无法活动，使花器破碎。花期缩短，影响授粉、受精而减产。在大风频繁的地区栽植猕猴桃，一定要事先造好防风林。

1.3　栽培技术要点

1.3.1 苗木培育

猕猴桃苗木的培育，可以分为有性繁殖和无性繁殖。其中，有性繁殖除用于选育新品种外，多用于为嫁接繁殖提供砧木苗，而生产上大量采用的扦插、嫁接和组培育苗都属于无性繁殖。

1.3.1.1 嫁接繁殖

嫁接是猕猴桃最常用，也是最重要的繁殖方法。

（1）砧木的培育。猕猴桃砧木苗的培育，一般采用种子实生繁殖，目前生产中仍大量采用嫁接成活率最高的共砧，种子处理亦须经过采种，阴干、保存和层积或变温处理。猕猴桃的种子甚小（大小仅 2～3 毫米），幼苗细弱，怕干、怕晒、怕渍，最宜采用装有自动弥雾或微喷装置的现代化苗床托盘育苗。

（2）嫁接。猕猴桃因髓部横切面大，伤流严重，且芽座大，芽垫厚；故嫁接较其他果树困难一些，现采用最多的是单芽枝腹接。从芽的背面或侧面距芽上方约 1.5 厘米选一平直面削 3～4 厘米，深度以刚露木质部为宜，再在削口对应面的下方约呈 50° 切成短斜面。在砧木离地面 10～15 厘米较平滑处下刀，深也以达木质部或略深为宜，纵切，长度略大于接穗的削面，并将

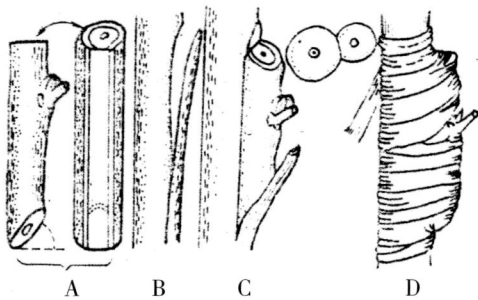

单芽枝腹接示意图

A. 削芽枝；B. 切砧木；C. 插芽枝；D. 绑缚

削开的外皮切除总长的 2/3 左右，再插入接穗，至少一侧的形成层要对齐。然后用塑料薄膜条扎紧，露出接穗的芽及其叶柄。该方法春、夏、秋季均可进行，一般要求砧木距地面 10～15 厘米处径粗 0.6 厘米以上。

1.3.1.2 组织培养

试管繁殖是猕猴桃组织培养应用最多、最有成效和最成熟的一项生物技术，可在短期内提供大量的苗木。猕猴桃方面，目前世界上较完整的工厂化育苗生产线主要集中在意大利和法国，欧盟国家现大田生产所用的苗木已经全部是组培苗。猕猴桃生产用的组培苗属于丛芽增殖型，即茎尖或初代培养的芽，在适宜的培养基上诱导，不断发生腋芽，成为丛生芽，然后转入生根培养基，诱导生根成苗，扩大繁殖。这种方法从芽到芽，遗传性较稳定，繁殖速度快。其成败的关键主要取决于移苗入土成活率的高低。需要在移苗前几天到一周，在室温条件和自然光照条件下，打开培养容器的覆盖物，炼苗数日，入土前要将原有基质洗净，移苗圃要求土壤疏松肥沃，小环境保持相对湿度 85% 以上，最好采用弥雾或微喷供水，移后立即遮阴，逐渐增加光照，最后过渡到自然光照。

1.3.2 建园

猕猴桃怕涝，平地及山地槽田建园须起垄或筑墩栽植。

猕猴桃建园，经历了由挖穴栽植到抽槽抬高栽植，再由单行起垄到双行起垄栽植的发展过程。猕猴桃建园时，除了要根据不同种类、品种对气候、土壤条件的要求，并根据市场需求确定主栽品种和栽培规模外，因其是藤本果树，需要规划支架的设立，且猕猴桃为雌雄异株，还要规划授粉树的配置。

1.3.2.1 支架的设立

猕猴桃的支架可采用棚架、篱架、"T"形架及小棚架等。猕猴桃的短枝型和结果母枝抽生结果枝节位低的品种，如'魁蜜'等，还可使用简易"三角架"。

不同架式栽植的密度各不相同，一般而言，篱架的密度大于棚架，如猕猴桃平顶棚架为（5.5～6.0）米×（6.0～7.0）米，棚架为 4 米×（5～6）米，篱架为（2～6）米×（3～5.5）米，"T"形架为（5.5～6.0）米×（4.8～5.0）米。

1.3.2.2 授粉树的选择与配置

猕猴桃是雌雄异株的果树，没有雄株授粉是不能结果的。建园时，必须重视授粉雄株的选择和合理配置，以保证正常的授粉结实。雄株的选择首先要注意与主栽品种（雌性品种）花期相同或略早，并与主栽品种的授粉亲和力高，开花量大，花粉量多，花期长。以往认为，雌雄的搭配比例以 8：1 较为适宜。但近年来的研究结果表明，适当提高雄株比例有利于果实长大，提高果实的品质和风味，雌雄比例可调整到 6：1 或 5：1。雄株按梅花型图案定植（每一株雄株授粉

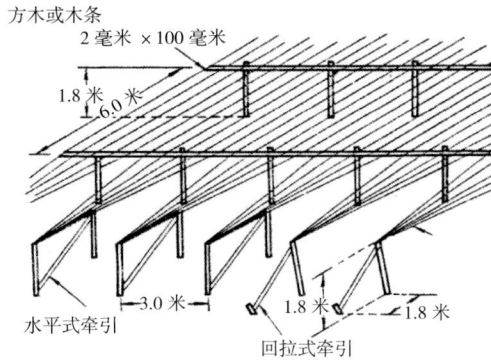

方木或木条

2毫米×100毫米

1.8米

6.0米

水平式牵引

3.0米

1.8米 1.8米

回拉式牵引

大型平顶棚架结构示意图

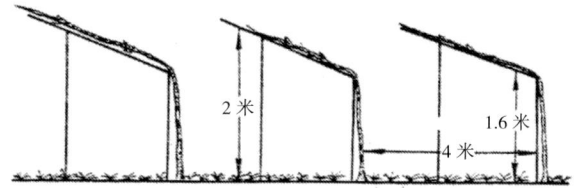

2米

1.6米

4米

小棚架（斜顶）结构示意图

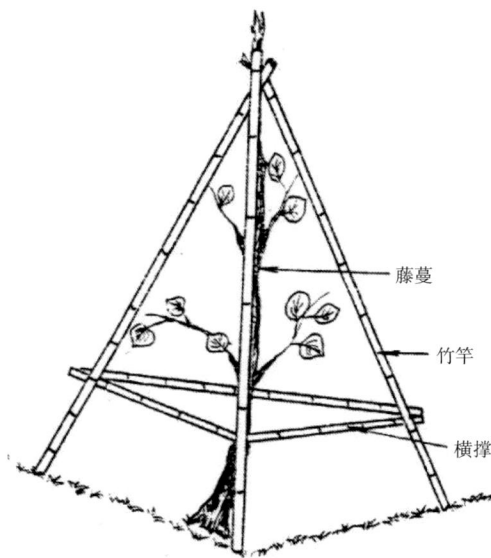

藤蔓

竹竿

横撑

"三角"简易支架结构示意图

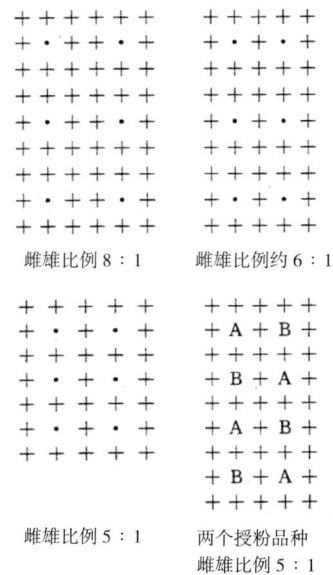

雌雄比例8∶1   雌雄比例约6∶1

雌雄比例5∶1   两个授粉品种
雌雄比例5∶1

猕猴桃雌雄株搭配栽植示意图

+：主栽雌性品种
·：雄株   A，B：授粉品种

树四周都有雌株）。雄株开完花后要立即重短截，腾出空间便于扩大雌株的结果面积。每一小区域内配置两个或两个以上品种的授粉雄株，授粉效果更佳。不同的雌雄配置比例详见示意图。

1.3.2.3 建园中必须注意的其他问题

猕猴桃是需肥量较大的果树，加之猕猴桃很不耐渍，故在建园之初就应注重土壤改良，丘陵山地建园宜行抽通槽改深土，提高土壤的疏松程度，增加土壤的有机质含量；在平地及山地槽田建园须起垄或筑墩栽植。其方法是全园耕翻，双行起垄，垄高70～80厘米，垄宽7～8米，垄底宽8～9米，垄间距1.2米，按要求将猕猴桃双行栽在垄上，垄上行间距4～5米，这样可防止夏季雨水积涝及传播病害。用这种方法栽的树比平栽的当年生长量可大1倍，以后树体发育也较好。在涝洼湿地建园则宜挖深沟筑高畦，并设地下通气排灌暗沟，千方百计降低地下水位，改善根际通气状况。猕猴桃既不耐渍，又很怕旱，在年降水量400毫米及以下地区或雨量较多地区的干旱季节，必须进行灌溉，才能获得高产、优质的产品，故建园必须充分注意排灌系统的建设，灌溉方式以微喷灌或滴灌为最佳。猕猴桃对大风特别敏感，建园时一定不能忽略防风林带的设置。常规的猕猴桃栽植可以在秋季落叶后到春季萌芽前进行，定植越早越好，有利于早生新根，缩短缓苗期。定植过迟则树液已开始流动，进入伤流期，对成活率及生长势均有较大的不利影响。但在冬季严寒地区则适于春栽，春栽在土温达到 7 ～ 10℃时进行，最迟应赶在植株萌芽前。

1.3.3 园地管理

（1）土壤耕作。园地深翻，与施基肥相结合，扩大根系分布；及时中耕松土保墒，调节土温，改善土壤通气状况。

（2）间作。行间宜种植绿肥或间作矮秆作物。

（3）施肥。应注意满足猕猴桃对养分的需要。果实对磷、钾，尤其是对钾肥的需要很突出。根据土壤肥力和水分条件以及植株生长势、品种、产量和品质要求等因素合理确定施肥量和施肥方法。在这方面利用叶分析方法是较为科学的。基肥一般在秋天或早春施用，以有机肥为主，配合部分矿质肥料。追肥则按物候期进程分期施用；前期以速效氮肥为主，后期以施用磷、钾肥为主，采收后，宜追肥一次，以利于植株积累贮藏养分。

（4）灌水可结合施肥进行，特别是生长前期常因干旱而影响生长，雨季则要注意排水。在丘陵坡地和水源短缺的地方宜发展微喷灌和滴灌或覆草、生草。

法国、新西兰猕猴桃叶片矿质元素含量分析及其认定的最佳含量范围表

元素	法国（分析值）	新西兰（认定的最佳含量范围）	
	7月	1月*	展叶后4周
大量元素（%）			
N（氮）	0.2	0.18 ～ 0.22	0.6 ～ 0.7
P（磷）	2.76	1.8 ～ 2.5	2.65 ～ 2.75
K（钾）	2.30	3.0 ～ 3.5	1.35 ～ 1.45
Ca（钙）	0.70	0.3 ～ 0.4	0.30 ～ 0.35
Mg（镁）	–	0.25 ～ 0.45	0.50 ～ 0.55
S（硫）	–	0.01 ～ 0.05	–
Na（钠）	–	1.0 ～ 3.0	–
微量元素（mg/kg）			
Mn（锰）	40	50 ～ 100	85 ～ 95
Fe（铁）	169	80 ～ 200	115 ～ 150
Zn（锌）	29	15 ～ 30	55 ～ 70
Cu（铜）	20	10 ～ 15	20 ～ 30
B（硼）	71	40 ～ 50	18 ～ 30

*新西兰（南半球）的1月，相当于北半球的7月。

1.3.4 整形修剪

猕猴桃的架型，经历了由单篱架到"T"形架，再由大棚架到高枝牵引的发展过程，在有条件的猕猴桃园，提倡采用高枝牵引的栽培方式。

（1）整形。猕猴桃的整形主要根据架式而定。平顶大棚架上应用最广泛的是"X"字形树型。

（2）修剪。猕猴桃的修剪均可分为冬季（休眠期）修剪和夏季（生长期）修剪。冬季修剪除进行上述整形外，还应疏除细弱、枯死、过密、交叉、重叠枝以及不拟利用的萌蘖，并根据各品种不同的结果习性适度剪截结果母枝和预备枝。

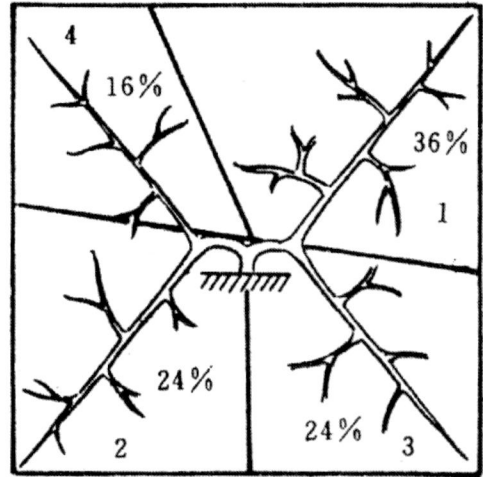

"X"字形树型

生长期修剪则应进行以下工作。①抹芽除梢。保留合理的新梢和花序数，一般猕猴桃在结果母枝上隔15厘米左右留1个新梢，每平方米架面可留10～15个分布均匀的壮枝。②结果枝摘心。在花前将结果枝嫩尖掐去，对猕猴桃可以提高受精能力，促进果实肥大。③副梢管理。及时对副梢疏除或摘心，以促进坐果和通风透光。在采用水平大棚架和"X"字形整枝的情况下，以保持叶面积指数在1.5～2为最佳。④新梢引缚。将新梢均匀引缚在架面上，生长缓慢期对新梢截顶，以促进枝梢成熟和避免猕猴桃的缠绕生长。⑤猕猴桃每果需4～7片正常叶，叶果比为4～7：1。

2 猕猴桃病虫害防治

2.1 防治猕猴桃病虫害的理念

防治理念是防治病虫害的指导思想，我们防治病虫害的目的非常明确，就是不让病虫害对我们的优质、安全食品造成影响。要想达到这个目的，首先要选择简单、经济（节约成本）的措施；其次，采取的措施必须及时、准确。

2.1.1 综合防治的理念

综合防治理念，就是"预防为主、综合防治"，可用下图中的3道防线表示。

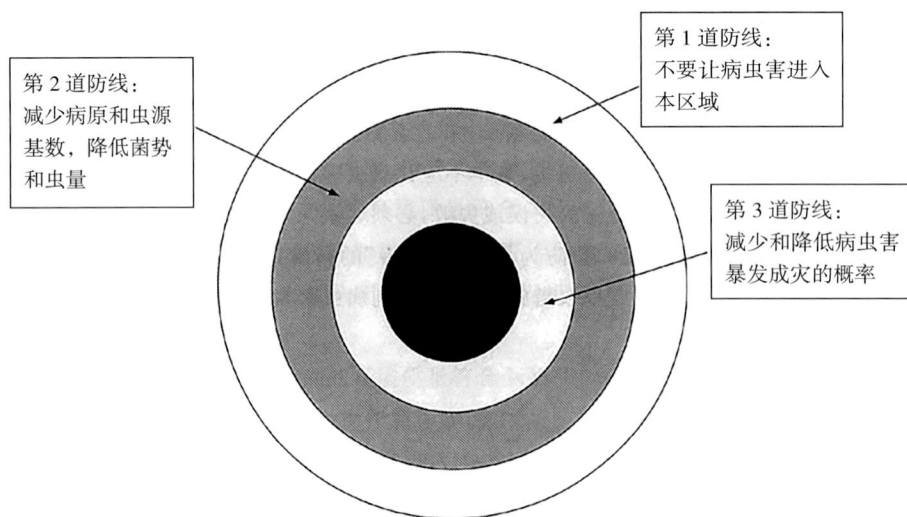

第2道防线：
减少病原和虫源
基数，降低菌势
和虫量

第1道防线：
不要让病虫害进入
本区域

第3道防线：
减少和降低病虫害
暴发成灾的概率

第1道防线是不让某些病虫害进入本地区。也就是说，某一个地区现在没有某种病虫害，应该采取措施不要让这种病虫害传播到这个地区。例如，猕猴桃细菌性溃疡病、猕猴桃花腐病等，有些是我国没有、有些是在某些地区没有，我们要采取措施不让它们传播过来。植物检疫、种植脱毒苗木、苗木消毒等，都属于第1道防线。第1道防线非常重要，因为如果没有病害和虫害，就不需要防治病虫害了。我们在红岩寺见到过，一片金桃猕猴桃，二十多年了，基本上没有发现溃疡病、花腐病等病害，所以不用施用杀菌剂。

第 2 道防线，是本地已经有的病虫害，要尽量减少病原和虫源的基数，降低菌势和虫量。当病原和虫源数量很少时，病虫害只能零星见到，对生产没有实质性影响。清理果园、在发病前或病虫害的防治关键期施用药剂，是第 2 道防线的最为重要的内容。适时科学地施用农药、切实抓好栽培技术环节等，都属于第 2 道防线。在生产中，最实用、工作量最大、防治效果最理想、最有意义的防治工作是第 2 道防线的防治。预防是这道防线的最根本的观念。不进行预防，或预防措施不够或有误，是目前绿色食品猕猴桃生产中最大的问题。如果让病虫害突破这道防线，就会引起大量施用农药，或者胡乱施用农药，不但有碍绿色食品生产，也威胁食品安全，预防猕猴桃病虫害，最经济有效的措施是秋冬季做好清园消毒工作。

第 3 道防线，是减少和降低病虫害暴发成灾的概率。也就是说，病虫害已经严重发生，或已经普遍发生且将要发生，必须采取措施，不能让病虫害成灾，否则定会造成巨大损失，甚至毁园挖树。第 3 道防线最为重要的措施，是病虫害的科学防治，要较大量施用农药。对于病害，保护性杀菌剂和内吸治疗性杀菌剂的结合或配合施用，是第 3 道防线中科学、有效的措施。

从成本考虑，第 1 道防线成本最低，第 2 道防线比较合算，第 3 道防线是不得已的办法，成本最高。

从食品安全角度考虑，第 1 道防线和第 2 道防线易于生产绿色食品。如果病虫害进入第 3 道防线，施用农药一定要谨慎，否则会造成农药残留超标，威胁食品安全。

所以，第 1 道防线是病虫害防治的基础；第 2 道防线是病虫害防治的根本，是我们防治病虫害必须坚守的区域；第 3 道防线是本不应让病虫害进入的区域。如果病虫害已进入第 3 道防线，说明前期防治措施的失误或失败，必须尽快采取挽救性措施。

总之，从 3 道防线图中我们会理解到"预防为主，综合防治"的精髓：第一，预防比防治更重要；第二，应该在防治病虫害关键点采取措施，而不是等到病虫害发生后再采取措施，要"该出手时就出手"。

2.1.2 安全食品的理念

2.1.2.1 无公害食品及绿色食品的产生和发展

20 世纪初，以机械化、品种的优良化、大量化学物质的应用为代表的现代农业的形成和发展，使人类得到了比较丰富的农产品，也让人类付出了代价。这种代价在 20 世纪 50 年代和 60 年代初开始显露。1963 年美国海洋学家 Rechel Carson（蕾切尔·卡逊）女士的《寂静的春天》，在世界引起了轰动，也成了人类认识、研究解决现代农业副作用的起点。

20 世纪 60 年代至 70 年代，现代农业和现代经济给环境和资源造成的压力与破坏进一步显露出来。科技界和政府都开始重视这个问题。在世界各地出现了各种各样的替代农业，如生态农业、生物农业、有机农业、自然农业、再生农业、低投入农业、综合农业等，试图解决现代农业出现的问题。

1987 年，世界环境和发展委员会提出了"可持续发展"的概念，并研究了有关"可持续农业的全球策略"。1988年及之后，联合国粮农组织制定了有关政策文件。1992年，在巴西召开的世界环境发展大会上，可持续发展农业的地位得到进一步确认。

在国内，由于改革开放政策的实施，20世纪80年代末人们生活水平已大大提高，公众对环境保护和食品安全开始关注。1988年世界环境发展大会后，我国政府对环境保护和可持续发展的承诺，在制度和程序上也在逐步完善和实施。我国的绿色食品和无公害食品的概念及有关标准，就是在这种国际国内环境下，于1990年开始提出，并逐渐形成的。

2.1.2.2 基本概念

（1）可持续农业。以管理和保护自然资源为基础，调整技术和体制变化的方向，以确保获得和持续满足当代和后代人的需要。这种持续发展能够保护土地、水、植物和动物资源，不造成环境退化，同时要在技术上适宜、经济上可行，且能被社会普遍接受。

（2）绿色食品。指遵守可持续发展原则，按照特定生产方式，经专门机构认定，许可使用绿色食品标志的，无污染的安全、优质、营养类食品。

AA级绿色食品：指生产地的环境质量符合NY/T 391—2021要求，生产过程中不施用化学合成的化肥、农药、兽药、饲料添加剂和其他有害于环境和身体健康的物质，按有机生产方式生产，产品质量符合绿色食品产品标准，经专门机构认证，许可使用AA级绿色食品标志的产品。

A级绿色食品：指生产地的环境质量符合NY/T 391—2021要求，生产过程中严格按照绿色食品生产资料施用准则和生产操作规程要求，限量施用限定的化学合成生产资料，产品质量符合绿色食品产品标准，经专门机构认证，许可使用A级绿色食品标志的产品。

（3）无公害食品。公害有很广泛的含义，我们在此只谈化学物质的公害。

对于现代农业来讲，为追求农产品的最大化产出，将大量的化学物质（化肥、农药等）应用于环境，造成环境恶化、生态平衡失调、动植物中毒、化学品残留、病虫害的猖獗发生、重大病虫害的连续暴发、病虫的抗性增加、土壤板结等一系列问题，这些问题已经或正在形成对人的生产、生活、娱乐、生存等方面的危害或威胁。这种危害或威胁，被称为化学物质产生的公害。

无公害从《寂静的春天》出版后开始被重视。无公害的概念最早用于农药方面。病虫害是人类获得粮食和其他农产品的最大敌人之一，人们用农药控制它们的危害，而农药的应用会引起中毒、残留等公害。在这种背景下，人们开始寻找"无公害农药"，也就是不产生中毒、残留、次要病虫害的猖獗发生、重大病虫害的连续暴发、病虫害的抗性增加等有公害的农药。20世纪60年代末至80年代，世界科学工作者做了大量无公害农药工作，包括从植物提取的植物源农药和微生物源的微生物农药、天敌农药、低毒高效仿生物质等。

无公害农药：指对有害生物防治效果优良，能够控制其灾害性发生，对人、畜、有害生物的天敌及其他非靶标生物安全，在自然条件下容易降解，从而不会影响环境质量（或不会明显影响环境质量，之后很快恢复）的农药。猕猴桃的常用无公害农药包括噻菌铜、噻霉酮、万保露、波尔多液、石硫合剂等。

无公害食品：指产地环境、生产过程和产品质量符合国家有关标准和规范要求，经认证合格获得认证证书，并允许使用无公害农产品标志的未加工或者初加工的食用农产品。

无公害农产品关键是，在一定环境条件下，整个农产品的生产过程中的农用物资（如农药、化肥等）的投入，不能产生公害（如残留超标、污染、抗性、中毒等）。

无公害鲜食猕猴桃：产地生态环境清洁无污染，并按照特定的技术操作规程生产，经检测合格并允许使用无公害农产品标志的鲜食猕猴桃。

2.1.2.3 绿色食品、无公害食品、有机食品的区别

有机食品是指来源于有机农业的食品。

有机农业是指从生态系统出发，以生态学为基础，遵循生态学物质循环和生态平衡规律，采用一系列可持续发展技术的农业生态体系。

有机农业的物质循环包括养殖区、种养结合区和种植区，把人、土地、动物类群、植物类群看作一个相互关联的整体。在种植方面，一块土地上会种植多种作物。

现在流行一种说法：有机食品最高级，绿色食品排在第二，无公害食品最低级。我们不同意这种说法。我们认为，有机食品是一个多元化的生产体系，而绿色食品和无公害食品是单一的生产体系，是一种规范化生产模式。

绿色食品和无公害食品，都是我国进行规范化、标准化生产的典范。相同的终端是得到安全食品、放心食品；不同的终端是，绿色食品强调可持续发展，无公害食品强调不产生公害。他们面临的挑战是共同的，即在生产过程中如何执行管理和自律、如何执行监测和检测，以保证得到符合相应标准的产品。

所以，有机食品、绿色食品、无公害食品，在对环境的贡献上有高低之分，但在食品的质量和品质上没有高低之分。

2.2　农药科学施用

2.2.1　保护剂和治疗剂

2.2.1.1 保护剂和治疗剂的定义

常用的农用杀菌剂，按功能大致可分为保护剂和治疗剂。

保护剂：用于植物的体表后，不进入植物体内，阻止病原菌的侵入或靠触杀直接杀死病菌或萌发的病原菌孢子或菌丝，保护植物不受病原菌侵害。

治疗剂：用于植物的体表后，被植物吸收或通过渗透作用进入植物体内，杀死病原菌或抑制病原菌的生长，控制植物病害。

2.2.1.2 保护剂和治疗剂的应用

从以上对比可以看出，保护剂的科学施用，是预防猕猴桃病虫害的关键；治疗剂的科学施用，主要是配合保护性杀菌剂使用，或没有及时施用保护剂的补救措施，或发病后的救灾措施。从环保和食品安全的角度，应该及时施用保护剂，尽可能不用或少用治疗剂，必须要用时配合保护剂施用。

从保护剂的定义可以说明，要想使保护剂取得理想效果，就要做到施药时均匀周到。要想施药均匀周到，就要做到两点：

第一，保证施药质量。这需要施用足够多的药液量，喷雾器械要雾化好，喷出的雾滴尽可能地细，施药人员要保证施药质量，尽可能做到均匀周到。

第二，保证药剂质量。施用的保护剂要有足够的细度和悬浮率。细度好，才能保证有足够多的药的微粒覆盖在植物表面，才能做到周到；较好的悬浮率，保证雾滴的均匀和药的微粒覆盖在植物表面的均匀，悬浮率差的药可能开始喷出的是稀溶液，没有足够的药保护叶片，而后来喷出的是浓浆，易产生药害。

2.2.1.3 保护剂与治疗剂的比较

项目	保护剂	（内吸）治疗剂
位置	表面	一般进入植物内部
作用	外部杀菌或抑菌，保护	主要是内部杀菌或抑菌
杀菌谱	一般杀菌谱广	一般杀菌谱比较窄
抗药性	不易产生抗药性	一般容易产生抗药性
污染	污染表面	污染内部和表面
用途	用途广，是基础	配合保护性药剂或救灾

2.2.1.4 保护剂的选择

评价一个保护剂的好坏有 3 项指标：①细度；②悬浮率；③稳定性。

细度决定施药的周到与否；悬浮率决定均匀与否；稳定性决定安全性和持效期。

细度和悬浮率差的保护剂，喷药后，药的微粒之间空隙大，防病的效果就不好。这说明细度和悬浮率不好的药剂，即使加量施用，效果也不一定好，而细度和悬浮率好的保护剂，把稀释倍数放大施用，照样会有很好的效果。比如万保露，田间施用时，稀释倍数放大了 1 倍甚至 2 倍，效果一样很好。

稳定性好，药不容易变质，就不易产生药害，持效时间就长。稳定性对保护剂来说，是非常重要的指标，也是我们选择农药时最容易忽略的问题。例如，同样是代森锰锌类药剂，万保露稳定性好，对作物非常安全，持效时间长；而低质量的代森锰锌易变质，较易产生药害，持效时间短。

因此，购买保护剂时，尽可能买质量好的保护剂，质量差的保护剂最好不要选择，否则可能带来不必要的麻烦。

2.2.1.5 治疗剂的选择

治疗剂是靠有效成分的活性起作用，是靠能进到作物体内的治疗剂的量起作用。

评价一个治疗剂的好坏，一是要看其起杀菌或抑菌作用的有效成分的活性；二是看这种有效成分的含量。因此，买治疗剂时，尽可能买有效成分活性高、不会或不易导致产生抗药性、含量尽可能高的治疗剂。同样的治疗剂，高含量的要比低含量的更经济，单一的治疗剂要比混配制剂更经济。

2.2.2 药剂的选择

猕猴桃园优秀药剂应具有安全性、实效性、时段性的特点。

2.2.2.1 安全性

安全性包括 3 个方面：

（1）猕猴桃安全，也就是对猕猴桃没有植物毒性（phototoxicity）。

（2）对人畜安全，即对高等动物的毒性（toxicity）低。

（3）对环境和后续产品安全，即残留（residues）低且残留对人畜及环境没有实质性影响。

第一，对作物的安全性。有些药剂，施用后易产生药害，如某些代森锰锌、百菌清，对一些猕猴桃品种或在某些施用时期的药害问题，产生药害的药剂不是猕猴桃园优秀的杀菌剂。

第二，对人及高等作物的安全性。有些药剂，虽然对防治对象有不错的防效，并且对猕猴桃没有药害，但对高等动物有很大的副作用，这些药剂不是猕猴桃园优秀的杀菌剂。

第三，对环境的安全性 。还有一些药剂，虽然药效很理想，但应用后的残留会造成一系列问题，如农药残留超标造成的食品安全问题。易造成残留的药剂不是猕猴桃园的优秀药剂。

所以，猕猴桃园优秀杀菌剂必须具有优异的安全性。

2.2.2.2 实效性

根据猕猴桃园的具体情况选择药剂，选择的药剂能有效地解决猕猴桃园某一时期的问题。要根据药剂的使用经验和农药的原理选择，对农药企业的宣传资料只能作为参考，最好不要作为选择依据。

2.2.2.3 时段性

猕猴桃的不同发育阶段有不同病害发生，猕猴桃园优秀杀菌剂必须在某一阶段具有独特的作用。例如，噻菌铜和万保露的安全性、广谱性等特征，可以使其成为猕猴桃开花前后的首选杀菌剂。

2.2.3 农药的科学施用

2.2.3.1 对症施药

禁止一切非对症施用农药的行为和宣传。例如，把多菌灵、福美双换一种商品名称，宣传为防治各种病害的灵丹妙药；这种宣传严重干扰和误导果农，威胁对症用药。让果农得到正确的用药知识和技巧是农药生产企业的责任和义务。同时，果农要学会如何正确选择农药，正确区别杀虫剂与杀菌剂。有关药剂，请参阅防治病虫害的优秀药剂内容。

2.2.3.2 适时用药

适时用药包括两个方面：一是抓住防治病虫害的关键期，会起到事半功倍的效果。例如，防治褐斑病是落花前后和初夏，防治炭疽病是雨季的规范保护，防治溃疡病要阻止细菌的传播。抓住病虫害防治的关键期会大大减少农药的施用，是优质无公害猕猴桃生产的重要内容。

二是要充分发挥农药的潜能，即让农药的潜能尽量多地发挥出来。也就是说，"杀鸡"不要用"牛刀"；相反"杀牛"不能用"鸡刀"。例如，在病害防治的关键期，雨季是很多病害的暴发流行期，施用万保露或噻菌铜，能充分发挥其广谱性和高效性，充分发挥农药的潜能是无公害食品生产中农药施用的重要内容。

2.2.3.3 要注意用药的连续性

病虫害防治是一个综合的连续的过程，用药中间脱节或没有抓住关键时期，如果遇到适宜暴发的条件，可能会造成病虫害的大发生。那时，再采取措施，会费工费钱，又会刺激病原菌或害虫的抗性，损失较大。

病害发生后，应采取补救性措施，需要2～3次药才能把病害控制住。这2～3次药，要连续施药，不能脱节，一旦脱节，可能会造成病害快速滋生蔓延，增加防治难度，而且要花费更多的钱。

2.2.3.4 注意施药质量

施药质量是决定防治效果的重要内容。喷洒农药一定要注意施药质量，喷保护性杀菌剂、触杀性杀虫剂等药剂时必须均匀、周到；内吸性杀菌剂的均匀、周到喷药也是有利无害的。无公害食品的生产和绿色食品的生产，要求高质量施用农药，因为资源的浪费和重复施用农药与无公害食品的原则背道而驰。很多果农往往注意农药的选择，而忽视施药质量。比如，在防治炭疽病时，没有喷到药的地方，炭疽病仍然存在，这样就留下了传染源，埋下了隐患，一旦天气合适，就有传遍整个果园的风险，再一次施用农药，既浪费人力、物力、财力，又不利于生产安全食品。

2.2.3.5 以保护剂为基础

病害的化学防治，应以保护剂为基础，注意治疗剂和保护剂的配合施用。

一般情况下，施用1种保护剂就可以了。病虫害发生的关键期，1种治疗剂配合1种保护剂施用。特殊情况下，2种治疗剂与1种保护剂配合施用，但2种治疗剂必须具有不同作用原理或不同杀菌谱。一般不要混用3种或3种以上治疗剂，更不能乱混配。

2.2.3.6 药剂的轮换施用

农药的轮换、交替施用有两方面的考虑，一方面，阻止或减缓抗性的产生；另一方面，轮换用药可有效减少某一种化学农药的残留。治疗剂要特别注意轮换施用，大多数保护剂连续施用都没有抗性问题。

2.2.3.7 注意农药的安全间隔期

农药施用的安全间隔期的确定考虑了很多因素，包括最大无副作用剂量、安全系数、食品的日摄入量、在某种作物上或作物内的分解半衰期、农药的施用次数等。必须严格按农药的安全间隔期施用农药。

3.2.3.8 农药施用记录

无公害农产品的生产，要求严格记录施用农药的名称（有效成分）、施用量、施用时间等。猕猴桃采收后，针对所有施用的农药，对农药残留进行检测，保证食品安全。

2.3　猕猴桃园优秀药剂简介

2.3.1　30%万保露悬浮剂

特点：安全、混配性好、耐雨水冲刷。

万保露是代森锰锌的悬浮剂，属于EBDC类，为高效广谱性保护剂；对猕猴桃各时期非常安全；含有一种特殊的油，提高药效20%以上；细度和悬浮率极好，能更均匀、周到地覆盖在作物的表面；展着性、黏附性、抗雨水冲刷性非常优秀，很多施用者反映，下两次雨淋不掉；SC剂型，对果面没有药斑污染；非常适合后期施用。超强的耐雨性，是雨季预防病害的首选保护剂。极佳的安全性可以用于花前花后较敏感的时期。一般施用600～800倍液。万保露混配性好，可以与多种氨基酸等营养剂混用。可单用30%万保露800倍液。

2.3.2　80%必备（波尔多液）可湿性粉剂

特点：相对安全、混配性好。

必备是目前最好的"铜离子释放系统"的杀菌剂，不但药效优异，而且安全性好，并有优异的营养和边际效应。必备是波尔多液的单一的高效体，活性高，中性，是可以混配的铜制剂，可以和一般的杀虫剂、杀菌剂、叶面肥混合施用。所以，幼芽、幼梢、幼果期需要铜制剂时，可以施用必备；需要铜制剂和其他药剂混合施用时，应施用必备。可施用600～800倍液。请避开雨后大雾天施用，不要与氨基酸混用。

注意事项：

（1）雨后大雾天气，最好不要使用。

（2）不要与酸性农药混用，也不要与氨基酸混用。

2.3.3　30%王铜悬浮剂

特点：便宜、药斑轻。

王铜，也叫氧氯化铜，是含氯的无机铜制剂，因含氯活性高，用量少，所以成本低，是目前成本比较低的铜制剂，王铜悬浮剂药斑轻微，不污染叶片和果面，可在成熟期施用。一般施用600～800倍液，高温时期施用1000～1200倍液。请避开雨后大雾天施用。

注意事项：

（1）雨后大雾天气，最好不要施用王铜，易产生药害。

（2）一般情况下，不要和氨基酸混用。

2.3.4　20%噻菌铜

噻菌铜具有噻二唑基团及铜离子基团共同作用；具有内吸、保护、治疗作用，通过植物体的气孔、水孔吸收，经过维管束、螺纹管传导全株杀灭细菌、真菌。20%噻菌铜含铜离子的量比较低，每 100 克只有 3.8 克；不溶于大多数有机溶剂；而且 20% 噻菌铜细度极细达到 700 ～ 1200 目。尤其噻菌铜是单剂化合物，电性平衡。又因为是络合物，进入植物体后，缓慢释放铜离子，故不产生药害，所以在大多数植物各生育期均可使用。

注意事项：

（1）本品应掌握在初发病期使用，采用喷雾或弥雾。

（2）使用时，先用少量水将悬浮剂搅拌成浓液，然后加水稀释。

（3）不能与碱性药物混用。

（4）经口中毒时，应立即催吐、洗胃。

2.3.5 噻霉酮

噻霉酮是一种新型、广谱杀菌剂，主要用于防治和治疗多种细菌、真菌性病害。

在杀菌过程中，噻霉酮系列产品可同时做到以下 3 点：①破坏病菌细胞核结构，使其失去心脏部位而衰竭死亡。②干扰病菌细胞的新陈代谢，使其生理紊乱，最终导致死亡。③将病菌彻底杀死，而达到铲除病害的理想效果。

噻霉酮系列产品有如下特点：

（1）高效性。对植物的防治用很低的浓度，就可以达到高浓度同类产品的防治效果，并对植物的病原有杀灭作用。

（2）低毒。国内对农药产品的毒性分五级，毒力累积指数 LD 在 500 以上的为低毒，噻霉酮原药的 LD 在 1600 以上，远远超过了国内规定的标准，因此将噻霉酮系列产品使用在农作物上，无任何毒副作用。

（3）广谱性。噻霉酮系列产品对多种细菌、真菌性病害均有特效。

（4）低残留。人每天要摄取大量的蔬菜、水果以及农副产品，而残留在这些农副产品表面的农药在人体中若累积到一定数量，人就会中毒，噻霉酮系列产品不含国家规定检测的 S、Cl、Hg 等对人体有害的元素，对人畜安全。

（5）使用安全。噻霉酮系列产品均为水乳剂，其剂型先进、散热性好、环保、不污染环境，是无公害农业生产的首选杀菌剂。

（6）保护和铲除双重作用。在病害发生初期使用可有效保护植株不受病原物侵染，病害发生后酌情增加用药量可明显控制病菌的蔓延，从而达到保护和铲除的双重作用。

2.3.6 45% 施纳宁

产品中含有特殊活性物质，其渗透杀菌能力进一步提高，铲除效果更好；同时，表面施药后，可促进伤口愈合及皮孔附近木栓化组织的形成，阻止病菌的侵入及扩展，增强植物体的抗病能力。产品渗透性强，不仅可杀死附着在植物表面的病菌，而且可杀灭已侵入植物形成潜伏侵染点的病菌，阻止病程的进一步发展，对病害起到抑制和铲除作用。无抗药性，病原对施纳宁不易产生抗药性，一年内可多次使用。本品是一种广谱、高渗杀菌剂，对果树枝干病害的潜伏侵染点铲除效果明显；可用于灌根防治根部病害；同时也是一种很好的土壤消毒剂；并兼治螨类及介壳虫。本品为低毒、无残留杀菌剂，特别适用于生产无公害绿色高档农产品。制剂中含有作物生长需要的营养成分，它在植物体内分解后生成作物所需的营养，促进作物生长。

2.3.7　5%狂刺（啶虫脒）可湿性粉剂

特点：广谱、持效长，对介壳虫有效。

狂刺是一种较新颖的低毒的杀虫剂，对害虫具有胃毒和触杀活性，并具有强内吸传导性。可以有效防治鳞翅目、鞘翅目、缨翅目以及半翅目害虫，如蚜虫、叶蝉、粉虱、飞虱、蓟马、粉蚧、金龟子幼虫、跳甲、马铃薯甲虫、地面甲虫、潜叶蛾、线虫、土鳖虫、潜叶蝇、土壤害虫等。可以叶面喷雾，也可以土壤处理。在猕猴桃上主要针对介壳虫、蓟马、粉虱、叶蝉等害虫。叶面喷雾一般用 5000 倍液，土壤处理可以亩用 40 ～ 60 克，随灌溉水施入。

应用：发芽后 2 ～ 3 叶期，用 5% 狂刺 5000 倍液 +30% 万保露 800 倍液（或加 80% 必备 800 倍液）防治病虫害。

2.3.8　2.0%阿维菌素乳油

特点：虫螨兼治，内渗。

阿维菌素是一种大环内酯双糖类杀虫杀螨剂。本品具有胃毒和触杀作用，并有微弱的熏蒸作用，无内吸性，但对叶片有很强的渗透作用，残效期长，不能杀卵。作用机制是刺激神经传递介质 γ－氨基丁酸的释放，干扰正常的神经生理活动。螨的成、若虫中毒后，麻痹，不活动，停止取食，2 ～ 3 天后死亡。因不引起昆虫迅速脱水，所以作用速度缓慢。阿维菌素对捕食性昆虫和寄生性天敌没有直接触杀作用，但因植物表面残留少，因此对益虫的损伤小。在土壤内被土壤吸附不会移动，并且被微生物分解，因而在环境中无累积作用。由于有渗透作用，受雨水影响小，对作物安全。①螨类。2.0% 阿维菌素乳油具有安全、高效、持效期长、无公害等优点，其最佳施用浓度为 3000 倍液。结合休眠期喷 3 ～ 5 波美度石硫合剂，生长期施用 2.0% 阿维菌素 3000 倍液。②花前 1.8% 阿维菌素 3000 倍液防叶蝉、红蜘蛛等害虫。③防治叶螨。幼、若螨发生期，用 1.8% 阿维菌素乳油 3000 ～ 4000 倍液均匀喷雾。

2.3.9　70%吡虫啉水分散粒剂

特点：广谱、内吸、安全。

吡虫啉是一种吡啶环杂环类杀虫剂，具有胃毒和触杀作用，持效期较长，对刺吸式口器害虫有较好的防治效果。该药是一种结构全新的化合物，其杀虫机制主要是选择性抑制昆虫神经系统烟碱型乙酰胆碱受体，阻断昆虫中枢神经系统的正常传导，导致昆虫麻痹进而死亡。该药很容易被作物吸收，并进一步向顶分配，而且还具有很好的根吸作用。该药杀虫范围广，药效迅速，内吸性强，持效期长，低毒，安全。可通过叶面喷雾、土壤处理等多种方式施药。防治蚜虫、蓟马、白粉虱、叶蝉等刺吸式口器害虫有特效，尤其是对已产生抗药性的蚜虫。此外，对鞘翅目、双翅目的一些害虫也有较好的防效。70%吡虫啉水分散粒剂 7500 倍液可以防治猕猴桃上的成虫及若虫期斑衣蜡蝉、粉虱、叶蝉、蚜虫等害虫。

2.3.10 21%保倍硼粉剂

特点：含硼高，混配性好。

保倍硼是 99% 的多聚硼酸钠盐，硼含量高，水溶性好，混配性能优秀，可以与杀虫剂、杀菌剂、叶面肥等混用，做叶面追肥，也可以基施，与底肥一起施用，用于缺硼果园的矫治。采收后，亩用 500 ～ 700 克，与基肥一起施入，用于缺硼症的矫治。

2.3.11 15%保倍钙水剂

特点：水溶性可吸收钙含量高、混配性好。

保倍钙肥是氨基酸螯合钙肥，吸收好，可用于花后到采收前叶面喷施，补充根系吸收钙肥的不足，减少因缺钙造成的裂果。对缺钙严重的果园，可以基施或随滴灌滴入。保倍钙安全性好，稀释 300 ～ 2000 倍。与农药混用时，一般稀释 800 ～ 1000 倍使用。

应用：缺钙严重的果园，在幼果期亩用保倍钙 2 ～ 4 升随滴灌滴入，间隔 20 天，连用 2 ～ 3 次。

注意事项：保倍钙单用时，稀释倍数可以低于 500 倍，如需和农药混用时，最好不要低于 800 倍，且要先把保倍钙稀释后再加其他农药。

2.3.12 98%磷酸二氢钾晶体

特点：质量有保障、含量高。

98% 磷酸二氢钾是质量有保障的高含量磷酸二氢钾，在猕猴桃上应用，能很好地补充磷、钾元素，应用得当，可以减轻因氮肥过量带来的旺长等生理问题。可以叶面喷施，随滴灌施入或浇水时随灌水施入。

应用：

（1）发芽后倒春寒到来前 2 天：用尿素 300 倍液 + 磷酸二氢钾 1000 倍液细致喷雾。

（2）发芽后叶片黄化较多：用尿素 300 倍液 + 磷酸二氢钾 1000 倍液间隔 3 ～ 4 天，连用 4 ～ 6 次，叶面喷雾。

（3）生长期出现肥害烧根后：用磷酸二氢钾 1000 倍液 + 尿素 500 倍液 + 蔗糖 500 倍液叶面喷雾，间隔 2 ～ 3 天，连用 4 ～ 6 次。

3 猕猴桃肥水管理

3.1 猕猴桃种植的施肥误区

近几年，由于红心猕猴桃价格步步攀升，种植效益增加，农民对红心猕猴桃种植的投入积极性提高，然而过量地投入带来乱施肥和滥施肥，易造成肥害烧根，下面就常见的几种施肥误区总结如下，以供广大种植者参考。

3.1.1 新根未长出来就施肥，或者基肥施到根系分布区，造成死苗

新栽猕猴桃树，一般要长到 30 厘米以上，才有新根长出来。在新根长出前施过多的肥料，一方面造成苗木吸水困难；另一方面让新根难以生长，遇到高温天气，地上部分干枯死亡。

在新根长出之前，只适宜叶面补充营养，可以用尿素 500 倍 + 磷酸二氢钾 800 倍 + 锌钙氨基酸 400 倍叶面喷雾，或者使用水溶肥 600 倍，间隔 2 天叶面喷一次，连续用数次，最好选择下午不太热时喷雾，快速粗喷。

注意：新根刚长出时，也不适宜用过高浓度的肥料，且无论施用何种肥料，都不能与根系直接接触。

3.1.2 发芽后，树叶黄化就大量施肥和浇水

猕猴桃树从发芽到开花前，65% 的营养来自上年树体的储存，此时树叶表现黄化，主要是上年树体营养积累不足所致。与其相关的因素如下：①上年产量高，采收晚，营养积累不足；②上年后期干旱或病害致叶片早落；③上年后期氮肥多，落叶时枝条不能正常成熟；④上年后期土壤水分过大致沤根或施肥量过大烧根导致的根系大量死亡；⑤基肥施得过晚或春天开沟施肥，根系大量受损。所有这些原因，基本都和根系少而弱有关，早春气温升高快，地温上升慢，如果选择大量施肥和浇水，就会导致土壤温度更低，根系吸收能力更多，再加上根系本身就少而弱，就会出现越浇水施肥越不长的现象，这种情况下一方面要松土透气，提高地温；另一方面要叶面补充营养，可以参照叶面施肥方案施用。

3.1.3 树梢黄化或整树黄化就盲目补铁肥

有些果园，树梢叶片黄化，甚至整株树叶片颜色淡黄，症状很像缺铁症，并不一定是土壤缺铁，多是土壤冷湿，根系呼吸差，吸收能力弱，对铁等元素吸收困难，从而导致树上部黄化。这种现象多发生在土壤水分过大的果园。此时，施肥或浇水会降低地温，加重缺铁症状。叶面补铁等元素不能代替根系的吸收，只能是治标不治本。首先要做的是松土透气，排水降温；同时叶面再补充营养，以供猕猴桃生长发育所需。

3.1.4 猕猴桃树生长缓慢就大量施肥

很多猕猴桃树不见长，新梢难以长出，主要是因为土壤水分过大或者土壤板结不透气，根系呼吸困难，吸收能力低或者根系少、弱。这时施肥会导致土壤水分更大，透气性更差。施肥量过大时，很容易烧根。这种情况首先要解决的是土壤通透性和根系呼吸活力问题，松土、排湿才是有效措施。非常赞同"根系是根本，根系是发动机"的说法。

3.1.5 施肥越多越好，施肥越深越好，重施肥轻吸收

很多猕猴桃种植者想当然地认为，施肥越多越深猕猴桃就长得越好，产量越高。据研究，施用高浓度肥料的猕猴桃与中、低浓度肥料的猕猴桃相比，反而产量更低，品质更差。如果一亩多地能施5袋化学肥料，根本就没有根系可以生长，更谈不上吸收了。再者在建始的气候土壤条件下，猕猴桃根系一般分布区集中在地表下20～30厘米以内，盲目深施肥料，把大量肥料施到地下80～100厘米深土层中，是一种巨大的浪费，既浪费人工，也浪费肥料。既然吸收不了，又何苦施肥料呢？很多果农在施肥时非常盲目，互相攀比，认为施肥量越来越大。从某种意义上说，多施肥不如想办法提高肥料的利用率，增加吸收，或者说多施肥不如多长根。在猕猴桃上适当浅施肥料既可以避免伤害根系，又因肥料可随雨水和灌溉水向下淋溶，从而提高肥料的利用率，并增加毛细根数量。只有在根系集中分布区营造一种疏松透气、不干不湿、有机质丰富的土壤环境，才会有利于根系生长和吸收。土壤环境好了，根系才会好，健康良好的根系是地上部分健康生长的保障，也是健康良好果品的保障。

3.1.6 施肥过于集中，离树干过近

肥料在土壤里能移动的距离是有限的，也就是说，施肥比较集中时，只有部分根系在吸收营养。施肥集中，容易造成肥料在局部浓度过高，造成烧根现象。根系吸收营养主要靠毛细根在吸收，而离主干过近的地方，毛细根分布很少，大多是比较粗的根系，这些根主要是运输从毛细根吸收来的营养和水分，没有吸收功能。离树干过近施肥时，不但吸收利用率低，还极易造成较粗根系烧坏，对树体生长影响巨大。如果上年有大量粗根死亡，病菌沿死亡的根系蔓延，会导致翌年生长中的枝条突然枯死。

3.1.7 滴灌时只滴肥料，不滴清水

个别果园滴灌时，每次都加肥料，而且滴完肥料马上停止滴清水。由于每次滴的水量都有限，地表的水分蒸发后，造成土壤里肥料浓度越来越高，最后烧坏根系。水肥一体化应该是滴肥料之前，先滴15分钟清水，滴完肥料之后再滴30分钟清水。

3.1.8 有机肥等于有机质

有机肥和有机质是两个不同的概念，很多人把它们等同了。有机肥是指主要来源于植物和（或）动物、施于土壤以提供植物营养为其主要功能的含碳肥料。有机质是指含有生命机能的有机物质。土壤有机质（腐殖质）泛指土壤中来源于生命的物质，主要包括土壤微生物和土壤动物及其分泌物以及土体中植物残体和植物分泌物。调节土壤通透性、缓冲性能、增加有益微生物、提高肥料的利用率等都是土壤有机质在起作用。施有机肥的目的，是增加土壤有机质。而很多果农更看重有机肥含多少氮磷钾等营养，而忽略了真正最有用的有机质。有机肥中的有机物料需要经过生物转化之后才能成为腐殖质，有个腐殖化系数问题。有不少有机肥，标示的有机物含量很高，但能转化成的腐殖质的却很少，所以选择有机肥不仅要考虑有机物含量，还要考虑腐殖化系数。优良的有机质肥料，其最适碳氮比为28～30：1。

3.1.9 新鲜的鸡粪或猪粪简单堆肥就认为是腐熟肥

新鲜的鸡粪或猪粪含有较多的氮、磷等成分且价格低廉，施用时需要注意：第一，所含的氨气和腐胺（臭气）对猕猴桃叶片和根系有很大的伤害作用。第二，会带进来很多病菌和线虫。第三，重金属污染和使土壤的含盐量增加，很多烘干鸡粪的含盐量都超过10%，长期施用造成土壤盐渍化。第四，造成氮肥过量，使元素间不平衡。新鲜的鸡粪或猪粪经简单堆肥，在整个过程中，有害病菌和线虫并没有减少，而是损失了一部分的氮肥（氨气和腐胺），还会破坏环境。这种肥料施进土壤，容易造成严重的烧根或引起根腐病。新鲜的鸡粪或猪粪需要和湿透的秸秆等有机物料一起堆闷（碳氮比要求不低于20：1，常用肥料的养分含量见附录），经过高温发酵，鸡粪或猪粪中的氮、磷等和秸秆中的纤维素经微生物利用和转化，变成无害的更容易被猕猴桃吸收利用的形态，氮、磷、钾会更平衡。而且在高温发酵过程中，有害的病菌和线虫被大量杀死，对猕猴桃更安全，让土壤更健康。经过高温发酵腐熟后的鸡粪或猪粪，闻起来没有臭味，分布有白色的菌丝，未腐熟的鸡粪或猪粪，看不到菌丝，且闻起来比较臭。

一般来说，鸡粪、猪粪和人粪都需要充分腐熟后才能用于田间，而牛粪、马粪、羊粪等食草类动物的粪便则要求不严格。

3.1.10 酸化严重的土壤，继续施生理酸性肥料

土壤的酸碱度会影响猕猴桃对矿物质元素的吸收，同时土壤酸碱度与微生物的活性及种群分布密切相关，对猕猴桃的生长和发育也有很大影响。在酸性条件下，土壤有机质易于被分解，土

壤的缓冲能力降低，造成土壤板结、透水透气性变差，对作物的生长发育造成严重影响。酸性土壤滋生真菌，根腐病及根结线虫增加。一般老果园，因连续多年施用过磷酸钙、硫基或氯基肥料，导致土壤酸化。如果土壤已经酸化，不宜再施用这些生理酸性肥料，应以生理碱性肥料调节，如钙镁磷肥，单用或与其他肥料搭配施用。

3.2　土壤 pH 值对猕猴桃生长和施肥的影响

土壤 pH 值是土壤酸碱度的定量反应。土壤的酸碱度影响作物对矿质元素的吸收，同时土壤酸碱度与微生物的活性及种群分布密切相关，对猕猴桃生长和发育也有很大影响。

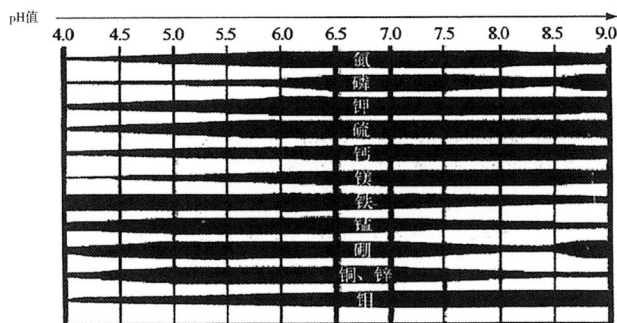

各营养元素在不同酸碱度下的吸收效率示意图

注：黑色横条越宽表示该养分的吸收率越高，越细表示吸收效率越低，数字表示土壤酸碱度（pH 值）。

测定土壤的酸碱度（pH 值）是作物种植时最重要的一步，如上图所示，作物只有在土壤 pH 值达到 7 左右时各种营养元素的吸收利用率最高，对作物的生长发育最为有利。酸碱度过低或过高都会影响养分吸收，造成肥料浪费，如果过酸，易引起土壤板结以及造成微量元素中毒，还会破坏土壤微生物的生存环境，造成有益菌减少，加速养分流失，使土壤失去耕种价值。

3.2.1 土壤酸化的危害

（1）磷、钾、钙、镁和钼等养分被猕猴桃吸收的效率变低，易造成养分流失或浪费。

（2）土壤阳离子交换量变低，很容易造成猕猴桃缺钙、缺镁，增加生理性病害的发生概率。猕猴桃树缺镁时，老叶黄化，糖度低；缺钙时，易发生褐斑病，易裂果，且果实不耐贮藏等。

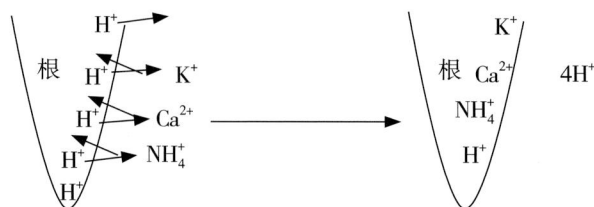

根系与土壤溶液中的阳离子交换示意图

（3）易造成土壤板结，造成土壤内空气和间隙度变少，不利于根系生长。

（4）铝、锰等元素的吸收效率变高，浓度易达到毒害水平。

（5）分解有机质和转化氮、磷等元素的有益菌及蚯蚓等有益生物不易存活，会造成有益生物数量减少、活性变低。

（6）土壤易滋生真菌与细菌等病菌，易造成根腐病，线虫危害加重。

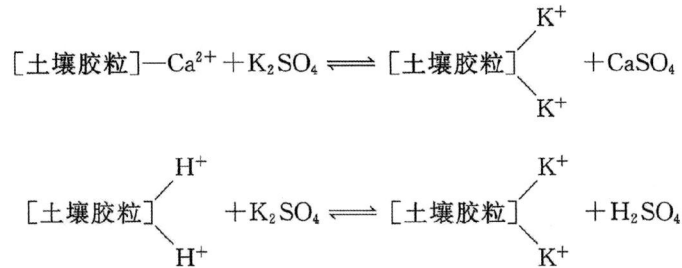

$$[\text{土壤胶粒}]—Ca^{2+}+K_2SO_4 \rightleftharpoons [\text{土壤胶粒}]\genfrac{}{}{0pt}{}{K^+}{K^+}+CaSO_4$$

$$[\text{土壤胶粒}]\genfrac{}{}{0pt}{}{H^+}{H^+}+K_2SO_4 \rightleftharpoons [\text{土壤胶粒}]\genfrac{}{}{0pt}{}{K^+}{K^+}+H_2SO_4$$

结果：

★ 中性和石灰性土壤上生成 $CaSO_4$，其溶解度比 $CaCl_2$ 小，使土壤脱钙程度较小，酸化速度比氯化钾缓慢；

★ 酸性土壤上生成 H_2SO_4：①使土壤 pH 值迅速下降。②易对于植物产生铝、锰中毒。③使土壤板结。

造成土壤酸化的原因：

（1）忽视有机肥的使用，造成土壤有机质减少，缓冲能力降低，导致酸化。

（2）偏施氮磷钾肥，忽视钙、镁等碱性元素及微量元素的施用。

（3）盲目施肥，长期施用过磷酸钙、硫基和氯基复合肥料，酸性离子残留过多。

3.2.2 调节土壤酸碱度的方法

（1）施用生石灰、熟石灰或碳酸钙进行土壤酸碱度调整，但要在谢花后施用，以免对作物萌发及生长造成影响。具体施用量根据土壤酸碱度来确定，一般每亩撒施 50 ～ 100 千克，然后松土将其翻入土中。

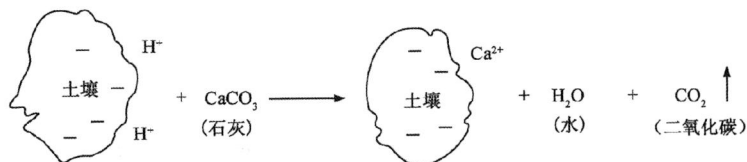

土壤施用石灰改变酸碱度的作用原理

（2）增施有机肥，增加土壤的缓冲性能，减少化学肥料施用，尤其是生理酸性肥料（肥料的酸碱性见附录）。

3.2.3 对施肥的影响

由于土壤酸碱度对猕猴桃生长的巨大影响，所以科学施肥之前，应先测定土壤酸碱度，根据土壤酸碱度再考虑施肥品种和方案。如果土壤酸化严重，应该施用生理碱性肥料来调节土壤酸碱度，如钙、镁、磷肥。如果酸化土壤继续施用生理酸性肥料，如过磷酸钙、硫酸钾或硫酸钾型复合肥，会让土壤酸碱度更低，问题更严重，当土壤酸碱度下降到 3.5 以下时，根系难以生长，易造成根系大量死亡。而碱性土壤则相反，需要施用生理酸性肥料来降低土壤酸碱度。

3.3 猕猴桃营养元素及猕猴桃需肥特点

猕猴桃养分吸收和利用状况在多方面影响猕猴桃生长与结果，如枝蔓生长势、成熟度、花芽分化、坐果率、果实品质与产量等，在猕猴桃优质、高效栽培管理中起着重要的作用。健康的猕猴桃植株需要充足、比例均衡且适时的矿质营养供应，整体营养不足或某（些）元素的缺乏造成的比例不均衡以及不同生育阶段（物候期）养分供应不适，不仅可以造成猕猴桃树势不稳、产量不稳、缺素症严重、果实品质差等现象发生，还会影响或严重影响猕猴桃的抗病抗虫性。因此，营养调控不但是猕猴桃栽培管理中的一项重要技术，而且是猕猴桃病虫害防治的基础。

3.3.1 营养元素特征与猕猴桃需肥特点

猕猴桃和地球上的一切物质一样，是由元素组成的。在植物体内已发现的 70 余种元素中，作为必需元素的有 16 种，即碳（C）、氢（H）、氧（O）、氮（N）、磷（P）、钾（K）、钙（Ca）、镁（Mg）、硫（S）、铁（Fe）、锰（Mn）、锌（Zn）、铜（Cu）、钼（Mo）、硼（B）、氯（Cl）。其中，除 C、H、O 从空气和水中获得外，其余元素主要通过根系从土壤溶液中以离子形态吸收，这些元素称为矿质营养元素。在 16 种必需元素中，植株对它们的需要量相差很大，它们在植物体中所占比例从百分之几十到千分之几。因此，根据植物对其所需量的不同又分为大量元素、中量元素和微量元素。大量元素包括 N、P、K；中量元素包括 Ca、Mg、S；微量元素包括 Fe、Mn、Zn、Cu、Mo、B、Cl。必需元素在植物体中的作用遵循营养元素同等重要律、不可代替律、最低养分定律。

同等重要律：必需元素在作物体内无论数量多少，都是同等重要的。

不可代替律：任何一种营养元素的特殊功能都不能被其他元素代替。

最低养分定律：作物产量的高低取决于具有最低含量元素的多少。因此，任何一种必需元素的缺乏都会影响猕猴桃的正常生长发育，而处于相对最低水平的那种元素，或元素之间浓度比例的失调，往往成为影响产量和品质的限制因子，只有设法将这种元素的量提高，或设法协调元素之间的浓度比例，才能将猕猴桃的产量或品质提高到一个新的水平。

3.3.2 土壤养分的植物吸收形态

土壤养分存在多种形态，然而一般情况下植物会倾向对某种形态的偏好。例如，硝态氮和铵态氮均为氮元素的植物吸收形态，但一般来说硝态氮更有利于植物利用。养分的形态常由土壤性状和养分元素间相互作用决定，土壤中微生物种群类型、数量可影响养分元素向植物吸收形态转化。土壤 pH 值在土壤养分元素形态转化中起重要作用，如土壤 pH 值为 8 左右时，植物很可能会出现缺铁、锰、硼、铜和锌元素症状。

3.3.3 养分元素的移动性和在植物体内的再利用

矿质营养元素在土壤中的移动性因元素种类不同而异，但对于大多数元素种类来说，元素在土壤中移动性较差，所以在施肥时应尽量施入根系主要分布区域。矿质营养元素在猕猴桃体内的再利用程度也因种类而异，一般氮、磷、钾、镁、氯表现较强的运转能力，在植物生长发育过程中或缺素情况下，可迅速地由老器官转向幼嫩器官，导致老叶中这些可移动元素的含量低于幼叶，缺素症通常在老叶中表现出来；而硫、硼、钼元素运转能力较弱，钙、锰、锌、铜元素运转能力很差，不易从老器官中向幼嫩器官移动，在器官迅速生长发育期这类元素若发生供应亏缺，则表现为幼嫩器官元素含量低，影响芽、幼叶、果实的发育，缺素症常在幼嫩器官中表现。

3.3.4 猕猴桃需肥特点

高磷中硼的特点：据张力田等研究，土壤中磷素含量充足是促进猕猴桃丰产、稳产、优质、健康的重要条件之一，猕猴桃的花芽分化及果实发育和抗御溃疡病，都要充足的磷素供给，猕猴桃对土壤有效磷的适宜范围为 40 ～ 120 毫克 / 千克，最适范围在 70 ～ 120 毫克 / 千克；有效氮的适宜范围为 120 ～ 240 毫克 / 千克；速效钾 100 ～ 240 毫克 / 千克。据建始县土肥站资料，2008 年全县耕地的有效磷含量平均值为 23.64 毫克 / 千克，碱解为 137.9 毫克 / 千克，速效钾为 81.1 毫克 / 千克。由此数据，建始县猕猴桃栽培中要尤其重视增施磷钾肥，特别是磷肥。据日本研究资料，生产 1500 千克优质猕猴桃鲜果，需施用的氮、磷、钾肥分别为 12 千克、18 千克和 15 千克。

多年生特性与贮藏养分特点：猕猴桃为多年生藤本植物，在根和枝蔓中贮藏有大量的营养物质，有碳水化合物、含氮物质和矿质元素。这些贮藏物质在夏末秋初由叶向枝干、根系回运，早春又由贮藏器官向新生长点调运，供应前期芽的继续分化和萌芽、枝叶生长发育的需求。贮藏营养物质对保证树体健壮、丰产和稳产都具有重要作用。对于成龄结果树，在土壤中已发生营养缺乏的情况下，还可能连续几年表现"正常"生长，并且继续结果。但当缺素症一旦明显地表现，则需多年的努力才能逐渐矫正过来。

根系特点：猕猴桃根系庞大，可广泛吸收土壤养分，同时由于根系长期生长在同一个土壤空间，从中吸收养分，往往造成局部根域的养分亏缺，对于难移动的养分的吸收则更不利，因而缺素症相对大田作物较常见。另外，目前我国猕猴桃主要为嫁接苗，对于营养吸收，不同砧木间存在显著差异，针对本地区土壤条件选择适宜砧木类型，对克服地域性较强的缺素症具有重要意义。实践证明，采用'金魁'的种子育苗，作为砧木，其抗性明显优于其他砧木。

年周期不同生育期需肥特点：猕猴桃年生长周期经历萌芽、开花、坐果、果实发育，果实成熟等过程，在不同物候期因生育特性的不同，对养分种类及量的需求亦表现不同。猕猴桃营养元素的吸收自萌芽后不久即开始，吸收量逐渐增加，而且有两个吸收高峰，高峰期的出现和根系生长高峰期正好吻合，说明新根发生与生长和营养吸收密切相关。其中，在前期所吸收的营养元素主要用于当年枝叶生长、果实发育、形态建成等，在采收期至休眠前吸收的营养元素主要用于贮藏养分的生成与积累。

3.4　猕猴桃营养元素之间的拮抗与协同作用

3.4.1 必需营养元素和有益元素

已知的猕猴桃所需要的16种必需营养元素分为大、中量元素和微量元素。

大量与微量没有严格的界限，随着环境的变化微量元素含量可超过大量元素含量。

植物需要的有益元素：在16种营养元素之外，还有一类元素，它们对一些植物的生长发育具有良好的作用，或为某些植物在特定条件下所必需，但不是所有植物所必需，人们称为"有益元素"。其中主要包括硅（Si）、钠（Na）、钴（Co）、硒（Se）、镍（Ni）、铝（Al）等。水稻对硅（Si）、固氮作物对钴（Co）、甜菜对钠（Na）等。

按营养元素的生化作用和生理功能分类

营养元素	吸收形态	生物化学功能
第一组 C、H、O、N、S	CO_2、HCO_3^-、H_2O、O_2、NO_3^-、NH_4^+、N_2、SO_4^{-2}、SO_2，离子来自土壤溶液，气体来自大气	是有机物质的主要组成成分，是酶催化过程中原子团的必需元素。通过氧化还原反应而同化
第二组 P、B、Si	来自土壤溶液中的磷酸盐、硼酸和硼酸盐、硅酸盐	与植物中天然醇类进行酯化作用，磷酸酯参与能量转换反应
第三组 K、Na、Mg、Ca、Mn、Cl	来自土壤溶液的离子	一般功能：形成渗透势 特殊功能：使酶蛋白的构造成为最佳状态，以利酶的活化作用。两种作用物之间的桥梁连结，使非扩散和扩散的阴离子平衡
第四组 Fe、Cu、Zn、Mo	来自土壤溶液的离子或螯合物	主要以螯合物结合于辅基内，通过这些元素原子价的变化而传递电子

3.4.2 植物营养元素的相互作用

营养元素在土壤中或植物中产生相互的影响，或者一种元素在与第二种元素以不同水平相混合施用时所产生的不同效应。也就是说，两种营养元素之间能够产生的促进作用或拮抗作用。这种相互作用在大量元素之间、微量元素之间以及微量元素与大量元素之间均有发生。可以在土壤中发生，也可以在植物体内发生。由于这些相互作用改变了土壤和植物的营养状况，从而调节土壤和植物的功能，影响植物的生长和发育。

3.4.2.1 拮抗作用

营养元素之间的拮抗作用是指某一营养元素（或离子）的存在，能抑制另一营养元素（或离子）的吸收。主要表现在阳离子与阳离子之间或阴离子与阴离子之间。拮抗作用分为双向拮抗和单向拮抗，双向拮抗如镁与钾、铁与锰、镉与铁等，如右图所示。

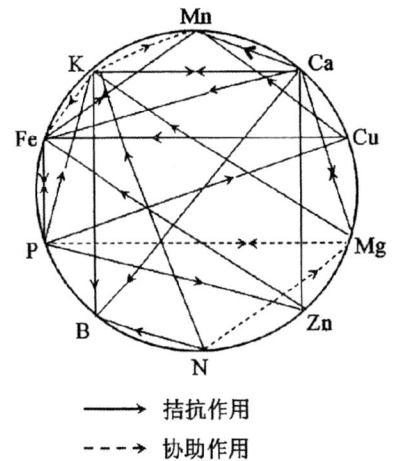

（1）拮抗竞争作用机理。性质相近的阳离子间的竞争：竞争原生质膜上结合位点，如 K^+/Rb^+；

不同性质的阳离子间的竞争：竞争细胞内部负电势，如钾离子（K^+）、钙离子（Ca^{2+}）对镁离子（Mg^{2+}）；

阴离子间的拮抗作用：竞争原生质膜上结合位点，如砷酸根（AsO_4^-）/磷酸根（PO_4^{3-}）、氯离子（Cl^-）/硝酸根（NO_3^-）则与细胞内阴离子浓度的反馈调节有关；

铵离子（NH_4^+）与硝酸根（NO_3^-）间拮抗作用：①铵离子（NH_4^+）降低细胞对阳离子的吸收，氢离子（H^+）释出减少，使 $H^+-NO_3^-$ 共运输受到影响。②进入细胞的铵离子（NH_4^+）对外界氮（N）吸收产生反馈抑制作用。

（2）三要素氮、磷、钾对其他元素的拮抗作用。

原因	引起缺乏的元素											
	氮	磷	钾	锌	锰	硼	铁	铜	镁	钙	镉	铝
高氮			×	×		×	×	×	×	×		
高磷			×	×			×	×	×		×	×
高钾	×			×			×	×		×	×	

氮肥尤其是生理酸性铵态氮多了，造成土壤溶液中过多的铵离子，与镁、钙离子产生拮抗作用，影响作物对镁、钙的吸收。

过多施用氮肥后可以刺激果树生长，需钾量大增，更易表现缺钾症。

磷肥不能和锌同补，因为磷肥和锌能形成磷酸锌沉淀，降低磷和锌的利用率。

过多施用磷肥，多余的有效磷也会抑制作物对氮素的吸收，还可能引起缺铜、缺硼、缺镁。磷过多会阻碍钾的吸收，造成锌固定，引起缺锌。磷肥过多，还会活化土壤中对作物生长发育有害的物质，如活性铝、活性铁、镉（Cd），对生产不利。

施钾过量首先造成浓度障碍，使植物容易发生病虫害，继而在土壤和植物体内发生与钙、镁、硼等阳离子营养元素的拮抗作用，严重时引起脐腐和叶色黄化。过量施用钾往往造成严重减产。

氮、磷、钾肥的长期过量施用引起的拮抗作用，已经发展到了必须有意施用钙、镁、硫才能加以解决的程度。

（3）中量元素钙、镁、硫对其他元素的拮抗作用。

原因	引起缺乏的元素												
	氮	磷	钾	锌	锰	硼	铁	铜	钼	镁	钙	硫	镉
低钙						×							
高钙	×		×	×		×	×	×		×			
高镁			×	×			×				×		
高硫		×							×				×

钙过多，阻碍氮、钾的吸收，易使新叶焦边，枝细弱，叶色淡。

过量施用石灰造成土壤溶解液中过多的钙离子，与镁离子产生拮抗作用，影响作物对镁的吸收。

镁过多，枝细果小，易滋生真菌性病害。

土壤中代换性镁小于 60 毫克 / 千克，镁 / 钾比小于 1 即为缺镁。

钙、镁可以抑制铁的吸收，因为钙、镁呈碱性，可以使铁由易吸收的二价铁转成难吸收的三价铁。

（4）微量元素铁、硼、铜、锰、锌、钼对其他元素的拮抗作用。

原因	氮	磷	钾	锌	锰	铁	铜	钼	镁	钙	镉
高锰		×		×		×	×	×	×	×	
高硼	×		×							×	
低硼						×				×	
高铁		×		×	×		×			×	
高铜				×	×			×			
低锌							×				
高锌		×				×	×				×
高钼						×					

缺硼影响水分和钙的吸收及其在体内的移动，导致分生细胞缺钙，细胞膜的形成受阻，而且使幼芽及果实的细胞液呈强酸性，因而导致生长停止。缺硼可诱发体内缺铁，使抗病性下降。

（5）其他元素之间的拮抗作用。

原因	钙	钠	氯	铅	锰	镁	铬	硅	$H_2PO_4^-$	NO_2^-	NH_4^+
磷		×		×							
钾		×									×
钙		×									
钠					×	×					
NO_3^-	×						×	×	×		
OH^-										×	
NH_4^+	×										
高氮								×			

（6）土壤 pH 值对元素的拮抗作用。

原因	磷	钾	锌	锰	硼	铁	铜	钼	镁	钙	钠	铯	NH_4^+
低 pH 值	×	×	×	×				×	×	×	×	×	×
高 pH 值			×	×	×	×	×		×				

pH 值低时，对阳离子的吸收有拮抗，pH 值升高，阳离子间的拮抗作用减弱，而阴离子间的拮抗作用增强。

（7）土壤、温度对营养元素的拮抗。

原因	氮	磷	钾	锌	锰	硼	铁	铜	镁	钙
排水不良		×			×					
冷性土		×			×		×		×	
土壤黏湿							×		×	
轻砂土	×		×	×	×	×		×	×	×
低土温		×					×		×	
低气温	×	×				×				
高气温			×							×

3.4.2.2 营养元素之间的促进作用

（1）协助作用机理

不同电性离子间的协助作用：电性平衡；

相同电性离子间的协助作用：维茨效应。

维茨效应：外部溶液中钙离子（Ca^{2+}）、镁离子（Mg^{2+}）、铝离子（Al^{3+}）等二价及三价离子，特别是钙离子（Ca^{2+}）能促进钾离子（K^+）、铷离子（Rb^+）及溴离子（Br^-）的吸收，根里面的钙离子（Ca^{2+}）并不影响钾的吸收。

但维茨效应是有限度的，高浓度的钙离子（Ca^{2+}）反而要减少植物对其他离子的吸收。

通常，大部分营养元素在适量浓度的情况下，对其他元素有促进吸收作用；

促进作用通常是双向的；

阴离子与阴离子之间也有促进作用，一般多价的促进一价的吸收。

（2）大量元素的促进作用。

	氮	磷	钙	镁	铁	硼	锰	钼	硅	NH$_4^+$
氮		√		√			√			
磷	√		√	√			√	√	√	
钾	√		√	√			√			√

（3）中微量元素的促进作用。

	氮	磷	钾	钙	镁	铜	锰	锌	钠	硅	NH$_4^+$	铷	溴
钙		√		√	√								
镁		√	√							√		√	√
铁			√										
硼				√									
铜							√	√					
锰	√	√				√							
氯			√						√		√		

镁和磷具有很强的双向互助依存吸收作用，可使植物生长旺盛，雌花增多，并有助于硅的吸收，增强作物的抗病性，抗逆能力。

钙和镁有双向互助吸收作用，可使果实早熟，硬度好，耐贮运。

有双向协助吸收关系的还包括锰和氮、钾、铜。

硼可以促进钙的吸收，增强钙在植物体内的移动性。

氯离子是生物化学中最稳定的离子，它能与阳离子保持电荷平衡，是维持细胞内的渗透压的调节剂，也是植物体内阳离子的平衡者，其功能是不可忽视的，氯比其他阴离子活性大，极易进入植物体内，因而也加强了伴随阳离子（钠、钾、铵离子等）的吸收。

锰可以促进硝酸还原作用，有利于合成蛋白质，因而提高了氮肥利用率。缺锰时，植物体内硝态氮积累，可溶性非蛋白氮增多。

（4）其他因素的促进作用。

	氮	磷	钾	钙	镁	铁	硼	铜	锰	钠	硅	NH	钾	溴
PO_4^{3-}			√	√	√									
SO_4^{2-}			√	√	√									
NO_3^-			√	√	√									
Al			√										√	√
NH_4^+			√											
有机肥	√	√	√	√	√	√	√	√	√		√			

当土壤溶液存在酸性时，植物吸收阴离子多于阳离子，而在碱性反应中，吸收阳离子多于阴离子。

3.4.2.3 营养元素间的交互作用

（1）替代效应

钠—钾。

（2）协同效应（1+1 ＞ 2 效应）

磷—锰；硅—磷。

（3）高抑低促效应

钾—硼；钙—镁。

（4）削弱拮抗效应

磷可削弱铜—铁拮抗作用。

（5）消除毒害效应

钙可以减轻或消除氢离子、铝、铁、锰过量存在的毒害。

镁可以消除过量钙的毒害。

钾不仅有一系列营养作用，还能消除氮肥、磷肥过量而造成的某些不良影响。

钼能促进光合作用的强度以及消除酸性土壤中活性铝在植物体内积累而产生的毒害作用。

硅肥多碱性（pH 值 9.3 ～ 10.5），在酸性土壤施用时，能中和酸性，可以减轻铝离子的毒性、减少磷的固定，改善作物磷营养状况。

（6）其他效应

铝的存在可抑制磷、铁、钙、镁、锰的积累，尤其是镁、铁、锰可降到缺素水平以下。

3.5 猕猴桃园水分管理

常言道，"有收无收在于水，多收少收在于肥"。猕猴桃园的水分管理，是猕猴桃田间管理的重要内容，影响肥料的吸收和猕猴桃的生长结果等方方面面。

3.5.1 肥与水的关系

猕猴桃需要的营养元素需要溶解到水里才能被猕猴桃吸收，因此适当的水分有利于猕猴桃吸收营养元素。当土壤过于干旱时，根系能吸收到的营养元素有限，从而影响到猕猴桃的生长。但土壤水分过大时，通透性差，影响到根系的正常呼吸，根系的吸收能力低，也不利于营养元素的吸收。在土壤水分过大，根系长期处于呼吸不良状况，轻者出现沤根现象，重者根系死亡。当根系呼吸不畅时，树体表现整树叶片黄化，或上部叶片黄化，或下部叶片黄化。还有些果园出现老叶有锈斑现象，很像是生了"锈病"，其实是土壤水分过大，根系呼吸不畅所致。肥料充足而灌水不足时，根系处在高浓度肥料的环境，易造成烧根，老叶干枯或焦边。灌水过量时，会造成土壤通气不良，易溶于水的营养元素随灌水渗漏流失，既浪费了肥料，又造成地下水的污染。施肥要适量，土壤的水分也要适当，才能让根系处于最佳吸收状态。肥水之间相互影响，所以有水肥不分家之说，应大力提倡肥水一体化。

3.5.2 肥水与猕猴桃根系的关系

肥水与猕猴桃根系相互关联和影响。适当的肥水，有利于根系吸收肥水，有利于根系生长，土壤过于干旱时，根系吸收的营养减少，会刺激根系生长。但猕猴桃的根为肉质根，尤忌土壤渍水，当土壤水分过大时，根系呼吸差，不利于根系生长，甚至导致根系死亡。当土壤肥料浓度过高时，根系出现反渗透，导致根系失水死亡。近几年，过量施肥导致的烧根现象普遍，给猕猴桃生产带来严重后果。对于新栽猕猴桃树，新根没有长出之前施肥，不利于新根生长，就算有新根长出时，也只能接受非常低的肥料浓度环境，肥料浓度稍微高一点，就会阻止新根长出，出现发苗后死亡现象。对结果树，尤其是幼果膨大期，肥水需要量较大时，易出现烧根现象。根系烧坏后的果园，会出现老叶焦边且向上部叶片蔓延，有些出现叶片较大的黄褐色斑枯，或者叶片像西瓜皮一样花叶，易脱落，日烧严重，有的后期易引发溃疡病。上年烧根的猕猴桃树，下年易出现生长中的枝条突然死亡现象或树干开裂现象。

3.5.3 肥水与猕猴桃生长的关系

当猕猴桃既缺肥又缺水时，猕猴桃生长缓慢，节间短，叶片小；当猕猴桃水分充足，而肥料不足时，猕猴桃枝条细长，叶片淡绿，营养过多的消耗在营养器官上，结果能力弱；当猕猴桃肥充足而水分不足时，易出现烧根现象，叶片小且颜色深绿，节间短；当猕猴桃肥水皆充足时，出现旺长，营养生长过快，叶片大而颜色浅（因生长过快，造成营养相对不足，叶片颜色浅），节间长，副梢抽发难控制。肥水的调控是控制猕猴桃不同生育期生长的关键措施，当肥水不能与猕猴桃该生育期生长协调时，就会出现生理失调和增加管理难度。由于猕猴桃栽培品种，其叶片为纸质或厚纸质，角质层薄，叶肉的栅栏组织只有一层细胞，海绵组织细胞间隙不发达，具中生植物特点，抗旱性差，土壤水分供应状况稍差，即易表现旱象。受旱后，叶片发生萎蔫甚至焦边，还易于发生从果实夺取水分的现象，导致果实体积和重量发生负增长，严重时造成落果落叶。故及时有效地为植株提供充足的水分供应，对猕猴桃的正常生长发育极为重要。

3.5.4 灌水与土壤质地

不同的土壤质地需要有相应的灌水量控制。对于土壤团粒结构发育良好的壤性土，或者有机质丰富的土壤，保水保肥能力强，灌水量可以稍微大一些，灌水次数可以适当少一些。对于土壤黏重的果园，灌水量不宜过大，要保持土壤良好的通透性才能有利于根系生长和吸收。这种土壤一旦灌水过量，通透性差，根系呼吸困难，很易出现沤根现象。砂性较重的土壤，保水保肥能力差，水分渗漏快，灌水宜采用小水勤浇，过量灌水既浪费水资源又带走大量的肥料。因土壤的储存和缓冲能力差，施肥量稍微大一点就易出现烧根现象，根系吸收后又使土壤肥料浓度迅速降低，让根系没有足够的肥料可以吸收，处于"饥饿"和"半饥饿"状态。所以，砂性土一次的施肥量要远远小于壤性土。对黏性较重的土壤或砂性土，建议在栽苗之前，多放作物秸秆等有机物或多施有机肥，以改善土壤的保肥保水性能。挂果园可以在施秋季基肥时撒施后与表土混匀。

3.5.5 灌水方式或方法

我国是一个水资源相对缺乏的国家，很多灌水方式落后，浪费水资源，浪费肥料等，其实都是源于我们的老习惯。科学的灌水方式，不仅能节省水资源，更重要的是能节省肥料。

漫灌：这是我国大多数果园采用的灌水方式，其缺点：费水，肥效低，污染地下水，让土壤通透性变差。建议：仅用于萌芽水或冬灌。

沟灌：在没有滴灌条件的地区，沟灌是不错的选择，比漫灌省水省肥，增加土壤通透性，降雨过多时有利于及时排水。沟灌要注意控制灌水量，以畦面上无水，沟里有水，很快就干为宜。这种水量，肥料往下渗漏少，省水省肥。若沟灌时灌水量过大，与漫灌无异。

滴灌：这是近年推广应用比较成功的一种灌水方式，省水，肥效高，操作方便，成本低，便于自动化控制等优点。但是滴灌对肥料要求高，必须是液体肥料或者水溶性好的肥料才能用。一些质量差的滴灌设备只有滴头周围湿润度比较好，根系发达，其他地方根系分布很少，造成营养吸收范围缩小，且根系分布比较浅。这种根系分布状况，一旦肥料浓度稍高，就易产生肥害。滴灌加地膜覆盖的模式，土壤水分不易散失，很容易出现水分过大、土壤通气不良、沤根严重情况，尤其是新栽果园易出现水分过大沤根现象。所以滴灌必须根据土壤的水分状况严格控制滴水量。如果每次的给水量都很小，会造成滴头附近的根系发达，而其他区域根系很少的现象，所以要缺水时再给水，给水时，要一次把水给足量，才能让湿润范围大，根系分布广。

交替滴灌：一种能在猕猴桃树两边交替滴灌的灌水方式。这种方式能让猕猴桃树两边的根系，一直处在干湿交替的环境下，有利于根系生长和土壤通透性。让肥料的吸收利用更高效。

参考文献

蔡慧, 2012. 不同处理对软枣猕猴桃采后生理生化变化的影响 [D]. 长春: 吉林农业大学.

蔡礼鸿, 2016. 猕猴桃实用栽培技术 [M]. 北京: 中国林业出版社.

柴佳欣, 2021. 高氧处理对猕猴桃果肉后熟生理及其品质的影响 [D]. 杨凌: 西北农林科技大学.

陈美艳, 张鹏, 赵婷婷, 等, 2019. 猕猴桃品种 "金桃" 采收指标与果实软熟品质相关性研究 [J]. 植物科学学报, 37(5): 621–627.

崔致学, 1993. 中国猕猴桃 [M]. 济南: 山东科学技术出版社.

段眉会, 朱建斌, 2013. 猕猴桃贮藏保鲜实用技术 (三)——塑料大帐人工气调贮藏 [J]. 果树实用技术与信息 (9): 40–43.

高萌, 屈魏, 冉昇, 等, 2020.'徐香'与'海沃德'猕猴桃冷藏期间组织结构与生理变化差异 [J]. 园艺学报, 47(7): 1289–1300.

高书亚, 王贞丽, 吴帅帅, 等, 2013. 气调包装对鲜切猕猴桃和木瓜贮藏品质的影响 [J]. 包装工程, 34(11): 39–42.

龚国淑, 李庆, 张敏, 等, 2020. 猕猴桃病虫害原色图谱与防治技术 [M]. 北京: 科学出版社.

胡磊洋, 南晓红, 洪妮, 2018. 苹果冷藏库通风换气影响因素研究 [J]. 建筑热能通风空调, 37(1): 79–81, 63.

黄宏文, 2013. 猕猴桃属分类 资源 驯化 栽培 [M]. 北京: 科学出版社.

黄文俊, 冉欣雨, 王周倩, 等, 2022. 不同贮藏温度对软枣猕猴桃'猕枣 1 号'果实品质和贮藏性的影响 [J]. 植物科学学报, 40(5): 695–704.

黄永红, 王江勇, 徐玉芳, 杨娟侠, 2006. FACA 柔性气调库中 CO2 浓度对猕猴桃果实品质及耐藏性的影响 [J]. 落叶果树 (5): 37–39.

焦旋, 冯志宏, 高振峰, 等, 2021. 外源乙烯熏蒸对 1-MCP 处理猕猴桃货架品质的影响 [J]. 北方园艺 (3): 107–113.

康慧芳, 乔勇进, 刘晨霞, 张怡, 陈冰洁, 2020. 气调贮藏对 "徐香" 猕猴桃采后保鲜效果影响 [J]. 食品工业科技, 41(2): 279–282, 287.

雷玉山, 刘运松, 杨晓宇, 2005. 猕猴桃大帐气调贮藏保鲜技术研究 [J]. 陕西农业科学 (3): 46–48.

李桦，梁春强，吕茁，等，2017. 草酸对冷藏'华优'猕猴桃果实木质化及相关酶活性的影响 [J]. 园艺学报，44(6): 1085-1093.

李辣梅，严涵，王瑞，等，2022. 1-MCP 对即食"红阳"猕猴桃货架寿命与风味研究. 2022-06-20. https://doi. org/10. 13995/j. cnki. 11-1802/ts. 032088.

李黎，潘慧，邓蕾，等，2019. 猕猴桃果实腐烂病最佳防治药剂的室内筛选 [J]. 中国南方果树，48(4): 83-86.

李民，1996. 猕猴桃低乙烯气调库及其使用 [J]. 河南科技 (10): 6-7.

廖梓懿，周会玲，姚宗祥，等，2021. 动态气调对"翠香"猕猴桃贮藏效果的影响 [J]. 保鲜与加工，21(12): 31-37.

廖梓懿，2021. '翠香'猕猴桃大帐动态气调保鲜技术研究 [D]. 杨凌：西北农林科技大学.

刘军，龚林忠，2014. 葡萄种植技术培训教材 [M]. 北京：中国农业大学出版社.

刘新美，孙璐，2020. 我国气调贮藏技术在果蔬上的应用现状及展望 [J]. 中国果菜，40(9): 10-13.

陆玲鸿，马媛媛，古咸彬，等，2023. 猕猴桃果实贮藏期间细胞壁多糖物质降解特性及组织结构差异分析 [J]. 核农学报，37(3): 550-558.

罗白玲，马丽娜，韩璐，等，2021. 基于细胞壁特性改变的猕猴桃果实软化机制研究 [J]. 食品科技，46(11): 42-48.

罗政，袁兆飞，陈飞平，等，2021. 不同气调包装袋对红心猕猴桃后熟品质的影响 [J]. 食品安全质量检测学报，12(11): 4506-4512.

末泽克彦，福田哲生，2008. キウイフルーツの作業便利帳 [M]. 農文協.

潘林娜，陈长忠，1995. 温度、湿度和不同处理对猕猴桃贮藏性能的影响 [J]. 中国果菜 (3): 12-14.

戚英伟，田建文，王春良，2014. 水果气调贮藏保鲜研究进展 [J]. 保鲜与加工，14(4): 53-58.

邱静，邹礼根，陈飞东，等. 2019. 数字化控制气调保鲜对红阳猕猴桃品质的影响 [J]. 浙江农业科学，60(11): 2080-2083.

沈隽，1993. 中国农业百科全书：果树卷 [M]. 北京：中国农业出版社.

沈云亭，2004. 猕猴桃低乙烯气调贮藏与保鲜 [J]. 河南农业 (2): 34-35.

孙强，2019. '海沃德'猕猴桃货架期相关问题研究 [D]. 西安：陕西师范大学.

王贵禧，于梁，1993. 秦美猕猴桃在 5%O_2 和不同 CO_2 浓度下气调贮藏的研究 [J]. 园艺学报 (4): 401-402.

王贵禧，宗亦臣，梁丽松，等，1998. 猕猴桃大帐气调贮藏保鲜的理论与技术 [J]. 林业科学 (2): 33-38.

王国立，吴素芳，谭永元，等，2022. 二氧化氯对"贵长"猕猴桃采后贮藏品质的影响 [J]. 贵州农业科学，50(1): 69-76.

王静，2015. 气调贮藏对美味猕猴桃品质及乙烯合成的影响 [D]. 西安：陕西师范大学.

王兰菊，杨德兴，胡莎，等，1998. 猕猴桃低乙烯气调库的性能和贮藏效果 [J]. 农业工程学报 (1): 223-226.

王仁才，2000. 猕猴桃优质丰产周年管理技术 [M]. 北京：中国农业出版社 .

王仁才，熊兴耀，谭兴和，等，2000. 美味猕猴桃果实采后硬度与细胞壁超微结构变化 [J]. 湖南农业大学学报（自然科学版）(6): 457–460.

王香兰，朱贤东，郑志华，等，2021. 温度和 PE 袋包装对皖金猕猴桃果实采后品质变化的影响 [J]. 果树学报，38(4): 580–591.

王亚楠，胡花丽，张璇，等，2013. 气调贮藏对'红阳'猕猴桃果胶含量及相关酶活的影响 [J]. 食品与发酵工业，39(8): 207–211.

王亚楠，2014. 气调贮藏对红阳猕猴桃和桑葚采后保鲜效果及其生理机制的研究 [D]. 南京：南京农业大学 .

夏仁学，2004. 园艺植物栽培学 [M]. 北京：高等教育出版社 .

肖妍，2020. 调控'徐香'猕猴桃货架期的研究 [D]. 西安：陕西师范大学 .

肖兴国，1997. 猕猴桃优质稳产高效栽培 [M]. 北京：高等教育出版社 .

邢红华，王兰菊，胡莎，等，1998. 低乙烯气调贮藏对"秦美"猕猴桃的品质和货架期的影响 [J]. 河南科学 (4): 105–109.

严涵，肖春，张辉，等，2022. "即食"红阳猕猴桃的制备工艺 [J]. 食品与发酵工业，48(13): 227–237.

颜廷才，刘振通，李江阔，等，2016. 箱式气调结合 1–MCP 对软枣猕猴桃冷藏期品质及风味物质的影响 [J]. 食品科学，37(20): 253–260.

杨德兴，杜玉宽，Matte P，等，1999. 猕猴桃的低乙烯气调贮藏保鲜研究 [J]. 中国果菜 (3): 13–14.

姚天娇，2015. 中华猕猴桃品种'华优'和'红阳'的气调贮藏及'华优'果肉黄化问题的研究 [D]. 西安：陕西师范大学 .

尹翠波，2008. 红阳猕猴桃生物学特性及果实生长发育规律的初步研究 [D]. 四川农业大学 .

余亚英，袁唯，2007. 食品货架期概述及其预测 [J]. 中国食品添加剂 (5): 77–79, 76.

俞德浚，1979. 中国果树分类学 [M]. 北京：中国农业出版社 .

曾云流，2021. 猕猴桃贮藏保鲜技术规范 [J]. 果农之友 (1): 38–39.

张建才，高海生，2016. 水果贮藏加工实用技术 [M]. 北京：化学工业出版社 .

张欣倩，尚永胜，李成业，2016. "碧玉"猕猴桃果实生长动态及相关性分析 [J]. 吉林林业科技，45(2): 10–13.

赵婷婷，2020. 猕猴桃催熟技术研究 [D]. 合肥：安徽农业大学 .

ABE K, WATADA A E, 1991. Ethylene absorbent to maintain quality of lightly processed fruits and vegetables[J]. Journal of Food Science, 56(6): 1589–1592.

ANESE RDO, BRACKMANN A, THEWES F R, et al., 2020. Impact of dynamic controlled atmosphere storage and 1–methylcyclopropene treatment on quality and volatile organic compounds profile of 'Galaxy' apple[J]. Food Packaging and Shelf Life, 23(1).DOI: 10.1016.

ANTUNES M, PATERAKI I, KANELLIS A, et al., 2000. Differential effects of low–temperature inhibition on the propylene induced autocatalysis of ethylene production, respiration and ripening of 'Hayward' kiwifruit[J]. The Journal of Horticultural Science and Biotechnology, 75(5): 575–580.

ANTUNES M, SFAKIOTAKIS E, 2002. Ethylene biosynthesis and ripening behaviour of 'Hayward' kiwifruit subjected to some controlled atmospheres[J]. Postharvest Biology and Technology, 26(2): 167–179.

APRILLIANI F, WARSIKI E, ISKANDAR A, 2018. Kinetic studies of potassium permanganate adsorption by activated carbon and its ability as ethylene oxidation material. IOP Conference Series: Earth and Environmental Science[J]. IOP Publishing, 141(1): 012003.

ASICHE W O, MWORIA E G, ODA C, et al., 2016. Extension of shelf–life by limited duration of propylene and 1–MCP treatments in three kiwifruit cultivars[J]. Hort J., 85(1): 76–85.

ASICHE W O, MITALO O W, KASAHARA Y, et al., 2017. Effect of storage temperature on fruit ripening in three kiwifruit cultivars[J]. The Horticulture Journal: OKD–028.

ASICHE W O, MITALO O W, KASAHARA Y, et al., 2018. Comparative transcriptome analysis reveals distinct ethylene–independent regulation of ripening in response to low temperature in kiwifruit[J]. BMC Plant Biology, 18(1): 1–18.

ATKINSON R G, GUNASEELAN K, WANG M Y, et al., 2011. Dissecting the role of climacteric ethylene in kiwifruit (*Actinidia chinensis*) ripening using a 1–aminocyclopropane–1–carboxylic acid oxidase knockdown line[J]. J. Exp. Bot., 62(11): 3821–3835.

BASHLINE L, LEI L, LI S, et al., 2014. Cell wall, cytoskeleton, and cell expansion in higher plants[J]. Mol. Plant, 7(4): 586–600.

BEAUDRY R, 1999. Effect of O_2 and CO_2 partial pressure on selected phenomena affecting fruit and vegetable quality[J]. Postharvest Biology and Technology, 15(3): 293–303.

BLANKENSHIP S M, DOLE J M, 2003. 1–Methylcyclopropene: a review[J]. Postharvest Biology and Technology, 28(1): 1–25.

BRIGATI S, GREGORI R, NERI F, et al., 2003. New procedures for "curing" and controlled atmosphere (CA) storage to control Botrytis cinerea in kiwifruit[J]. Acta Horticulturae, 610: 283–289.

BURDON J, LALLU N, PIDAKALA P, et al., 2013. Soluble solids accumulation and postharvest performance of 'Hayward' kiwifruit[J]. Postharvest Biol. Technol., 80: 1–8.

BURDON J, MCLEOD D, LALLU N, et al., 2004. Consumer evaluation of "Hayward" kiwifruit of different at–harvest dry matter contents[J]. Postharvest Biol. Technol., 34(3): 245–255.

CHAI J, LIAO B, LI R, et al., 2022. Changes in taste and volatile compounds and ethylene production determined the eating window of 'Xuxiang' and 'Cuixiang' kiwifruit cultivars[J]. Postharvest Biol. Technol., 194: 112093.

CHOI H R, BAEK M W, CHEOL L H, et al., 2022. Changes in metabolites and antioxidant activities of green 'Hayward' and gold 'Haegeum' kiwifruits during ripening with ethylene treatment[J]. Food Chem., 384: 132490.

CRISOSTO C H, CRISOSTO G M, 2001. Understanding consumer acceptance of early harvested 'Hayward' kiwifruit[J]. Postharvest Biol. Technol., 22(3): 205–213.

DEUCHANDE T, CARVALHO S M P, GUTERRES U, et al., 2016. Dynamic controlled atmosphere for prevention of internal browning disorders in 'Rocha' pear[J]. LWT – Food Science and Technology, 65.

DIAS C, RIBEIRO T, RODRIGUES A C, et al., 2021. Improving the ripening process after 1–MCP application: Implications and strategies[J]. Trends in Food Science & Technology, 113: 382–396.

DILLEY D R, 2006. Development of controlled atmosphere storage technologies[J]. Stewart Postharvest Review, 2(6): 1–8.

FAMIANI F, BALDICCHI A, FARINELLI D, et al., 2012. Yield affects qualitative kiwifruit characteristics and dry matter content may be an indicator of both quality and storability[J]. Sci. Hortic., 146: 124–130.

FANG J B, ZHONG C H, 2019. Fruit scientific research in New China in the past 70 years: Kiwifruit[J]. Journal of Fruit Science, 36(10): 1352–1359. (in Chinese)

FEI L, YUAN X, CHEN C, et al., 2020. Exogenous application of sucrose promotes postharvest ripening of kiwifruit[J]. Agronomy, 10(2): 245.

FRIEL E N, WANG M, TAYLOR A J, et al., 2007. In vitro and in vivo release of aroma compounds from yellow–fleshed kiwifruit[J]. J. Agric. Food Chem., 55(16): 6664–6673.

GAN Z, SHAN N, FEI L, et al., 2020. Isolation of the 9–cis–epoxycarotenoid dioxygenase (NCED) gene from kiwifruit and its effects on postharvest softening and ripening[J]. Sci. Hortic., 261: 109020.

GARCIA C V, QUEK S Y, STEVENSON R J, et al., 2012. Kiwifruit flavour: a review[J]. Trends Food Sci. Technol., 24(2): 82–91.

GARCIA C V, STEVENSON R J, ATKINSON R G, et al., 2013. Changes in the bound aroma profiles of 'Hayward' and 'Hort16A' kiwifruit (*Actinidia* spp.) during ripening and GC–olfactometry analysis[J]. Food Chem., 137(1–4): 45–54.

HALL A J, MINCHIN P E, CLEARWATER M J, et al., 2013. A biophysical model of kiwifruit (*Actinidia deliciosa*) berry development[J]. Journal of Experimental Botany, 64(18): 5473–5483.

HAN X, WANG X, SHEN C, et al., 2022. Exogenous ABA promotes aroma biosynthesis of postharvest kiwifruit after low–temperature storage[J]. Planta, 255(4): 82.

HAN Y, EAST A, NICHOLSON S, et al., 2022. Benefits of modified atmosphere packaging in maintaining 'Hayward' kiwifruit quality at room temperature retail conditions[J]. New Zealand Journal of Crop and Horticultural Science: 1–17.

HARKER F R, CARR B T, LENJO M, et al., 2009. Consumer liking for kiwifruit flavour: A meta-analysis of five studies on fruit quality[J]. Food Qual. Prefer., 20(1): 30–41.

HARMAN J, MCDONALD B, 1989. Controlled atmosphere storage of kiwifruit. Effect on fruit quality and composition[J]. Scientia Horticulturae, 37(4): 303–315.

HUAN C, DU X, WANG L, et al., 2021. Transcriptome analysis reveals the metabolisms of starch degradation and ethanol fermentation involved in alcoholic off–flavour development in kiwifruit during ambient storage[J]. Postharvest Biol. Technol., 180: 111621.

ILINA N, ALEM H J, PAGANO E A, et al., 2010. Suppression of ethylene perception after exposure to cooling conditions delays the progress of softening in 'Hayward' kiwifruit[J]. Postharvest Biol. Technol., 55(3): 160–168.

JAEGER S R, ROSSITER K L, WISMER W V, et al., 2003. Consumer–driven product development in the kiwifruit industry[J]. Food Qual. Prefer., 14(3): 187–198.

JORDAN R B, WALTON E F, KLAGES K U, et al., 2000. Postharvest fruit density as an indicator of dry matter and ripened soluble solids of kiwifruit[J]. Postharvest Biol. Technol., 20(2): 163–173.

JOZWIAK Z B, BARTSCH J A, ANESHANSLEY D J, 2003. Experimental verification of a model describing UV initiated decomposition of ethylene in CA storage of apples[J]. Acta Horticulturae, 600: 707–710.

KADER A A, 2003. A summary of CA requirements and recommendations for fruits other than apples and pears[J]. Acta Horticulturae, 600: 737–740.

KADER A A, ZAGORY D, KERBEL E L, et al., 1989. Modified atmosphere packaging of fruits and vegetables[J]. Critical Reviews in Food Science & Nutrition, 28(1): 1–30.

KIM J G, 2012. Beppu physical and compositional characteristics of "mitsuko" and local hardy kiwifruits in Japan[J]. Horticulture Environment and Biotechnology, 53: 1–8.

KLEIN B, RIBEIRO Q M, THEWES F R, et al., 2021. The isolated or combined effects of dynamic controlled atmosphere (DCA) and 1–MCP on the chemical composition of cuticular wax and metabolism of 'Maxi Gala' apples after long–term storage[J]. Food Research International, 140: 109900.

LALLU N, BURDON J, BILLING D, et al., 2005. Effect of carbon dioxide removal systems on volatile profiles and quality of hayward' kiwifruit stored in controlled atmosphere rooms[J]. HortTechnology, 15(2): 253–260.

LALLU N, BURDON J, BILLING D, et al., 2011. The potential benefits from storage of' Hort16A' kiwifruit in controlled atmospheres at high temperatures[J]. Acta Horticulturae, 913: 587–594.

LEE S K, KADER A A, 2000. Preharvest and postharvest factors influencing vitamin C content of horticultural crops[J]. Postharvest Biol. Technol., 20(3): 207–220.

LI D, ZHU F, 2017. Physicochemical properties of kiwifruit starch[J]. Food Chem., 220: 129–136.

LI H, ZHU Y, LUO F, et al., 2015. Use of controlled atmospheres to maintain postharvest quality and improve storage stability of a novel red - fleshed kiwifruit (*Actinidia chinensis* Planch. var. *rufopulpa* [CF Liang et RH Huang] CF L iang et AR Ferguson)[J]. Journal of Food Processing and Preservation, 39(6): 907–914.

LINDHORST A C, STEINHAUS M, 2016. Aroma–active compounds in the fruit of the hardy kiwi (*Actinidia arguta*) cultivars Ananasnaya, Bojnice, and Dumbarton Oaks: differences to common kiwifruit

(*Actinidia deliciosa* 'Hayward')[J]. Eur. Food Res. Technol., 242: 967–975.

MACRAE E A, LALLU N, SEARLE A N, et al., 1989. Changes in the softening and composition of kiwifruit (*Actinidia deliciosa*) affected by maturity at harvest and postharvest treatments[J]. J. Sci. Food Agric., 49(4): 413–430.

MANNING M A, LALLU N, 1997. Fungal diseases of kiwifruit stored in controlled atmosphere conditions in New Zealand[J]. Acta Horticulturae, 444: 725–732.

MARSH K, ATTANAYAKE S, WALKER S, et al., 2004. Acidity and taste in kiwifruit[J]. Postharvest Biol. Technol., 32(2): 159–168.

MCDONALD B, HARMAN J, 1982. Controlled–atmosphere storage of kiwifruit. Effect on fruit firmness and storage life[J]. Scientia Horticulturae, 17(2): 113–123.

MENCARELLI F, SAVARESE P, SALTVEIT M E, 1991. Ripening of kiwifruit exposed to ethanol and acetaldehyde vapors[J]. HortScience, 26(5): 566–569.

MITALO O W, TOKIWA S, KONDO Y, et al., 2019. Low temperature storage stimulates fruit softening and sugar accumulation without ethylene and aroma volatile production in kiwifruit[J]. Frontiers in Plant Science, 1(10): 888.

MONTEFIORI M, MCGHIE T K, HALLETT I C, et al., 2009. Changes in pigments and plastid ultrastructure during ripening of green–fleshed and yellow–fleshed kiwifruit[J]. Sci. Hortic., 119(4): 377–387.

MURMU S B, MISHRA H N, 2018. Selection of the best active modified atmosphere packaging with ethylene and moisture scavengers to maintain quality of guava during low–temperature storage[J]. Food Chemistry, 253: 55–62.

MWORIA E G, YOSHIKAWA T, SALIKON N, et al., 2012. Low–temperature–modulated fruit ripening is independent of ethylene in 'Sanuki Gold' kiwifruit[J]. J. Exp. Bot., 63(2): 963–971.

NAKATA Y, IZUMI H, 2020. Microbiological and quality responses of strawberry fruit to high CO_2 controlled atmosphere and modified atmosphere storage[J]. HortScience, 55(3): 386–391.

NARDOZZA S, BOLDINGH H L, OSORIO S, et al., 2013. Metabolic analysis of kiwifruit (*Actinidia deliciosa*) berries from extreme genotypes reveals hallmarks for fruit starch metabolism[J]. Journal of Experimental Botany, 64(16): 5049–5063.

NISHIYAMA I, FUKUDA T, SHIMOHASHI A, et al., 2008. Sugar and organic acid composition in the fruit juice of different *Actinidia* varieties[J]. Food Sci. Technol., 14(1): 67–73.

OZTURK B, UZUN S, KARAKAYA O, 2019. Combined effects of aminoethoxyvinylglycine and MAP on the fruit quality of kiwifruit during cold storage and shelf life[J]. Scientia Horticulturae, 251: 209–214.

PATHAK N, CALEB O J, GEYER M, et al., 2017. Photocatalytic and photochemical oxidation of ethylene: Potential for storage of fresh produce—A review[J]. Food and Bioprocess Technology, 10(6): 982–1001.

PATTERSON K, BURDON J, LALLU N, 2003. "Hort16A" kiwifruit: Progress and issues with commercialisation[J]. Acta Horticulturae, 610: 267–273.

PAULAUSKIENĖ A, TARASEVIČIENĖ Ž, ŽEBRAUSKIENĖ A, et al., 2020. Effect of controlled atmosphere storage conditions on the chemical composition of super hardy kiwifruit[J]. Agronomy, 10(6): 822.

PRATT H K, REID M S, 1974. Chinese gooseberry: seasonal patterns in fruit growth and maturation, ripening, respiration and the role of ethylene[J]. Journal of the Science of Food and Agriculture, 25: 747–757.

QUILLEHAUQUY V, FASCIGLIONE M G, MORENO A D, et al., 2020. Effects of cold storage duration and 1–MCP treatment on ripening and 'eating window' of 'Hayward' kiwifruit[J]. J. Plant Res., 10(3): 419–435.

RICHARDSON ANNETTE C, BOLDINGH HELEN L, MCATEE PETER A, et al., 2011. Fruit development of the diploid kiwifruit, *Actinidia chinensis* "Hort16A" [J]. BMC Plant Biology, 11(1): 182.

SHARMA R R, JHALEGAR M J, JHA S K, et al., 2015. Genotypic variation in total phenolics, antioxidant activity, enzymatic activity and quality attributes among kiwifruit cultivars[J]. J. Plant Biochem., 24: 114–119.

SHIN M H, KWACK Y B, KIM Y H, et al., 2019. Fruit ripening and related gene expression in 'Goldone' and 'Jecy Gold' kiwifruit by exogenous ethylene application[J]. Hortic Sci. Technol., 37(1): 54–64.

SISLER E, BLANKENSHIP S, 1993. Diazocyclopentadiene (DACP), a light sensitive reagent for the ethylene receptor in plants[J]. Plant Growth Regulation, 12(1): 125–132.

SKOG L J, CHU C L, 2001. Effect of ozone on qualities of fruits and vegetables in cold storage[J]. Canadian Journal of Plant Science, 81(4): 773–778.

SUO J, LI H, BAN Q, et al., 2018. Characteristics of chilling injury–induced lignification in kiwifruit with different sensitivities to low temperatures[J]. Postharvest Biol. Technol., 135: 8–18.

TATSUKI M, 2010. Ethylene biosynthesis and perception in fruit[J]. J. Jpn. Soc. Hortic. Sci., 79(4): 315–326.

TAVARINI S, DEGL' INNOCENTI E, REMORINI D, et al., 2008. Antioxidant capacity, ascorbic acid, total phenols and carotenoids changes during harvest and after storage of Hayward kiwifruit[J]. Food Chem., 107(1): 282–288.

THOMAI T, SFAKIOTAKIS E, 1997. Effect of low–oxygen atmosphere on quality changes, acetaldehyde and ethanol accumulation in early and late harvest of "Hayward" kiwifruit[J]. Acta Horticulturae, 444: 593–598.

WAN X M, STEVENSON R J, CHEN X D, et al., 1999. Application of headspace solidphase microextraction to volatile flavour profile development during storage and ripening of kiwifruit[J]. Food Res. Int., 32(3): 175–183.

WANG M Y, MACRAE E, WOHLERS M, et al., 2011. Changes in volatile production and sensory quality of kiwifruit during fruit maturation in *Actinidia deliciosa* 'Hayward' and A. chinensis 'Hort16A' [J]. Postharvest Biol. Technol., 59(1): 16–24.

WANG S, QIU Y, ZHU F, 2021. Kiwifruit (*Actinidia* spp.): A review of chemical diversity and biological activities[J]. Food Chem., 350: 128469.

WEBER A, THEWES F R, SELLWIG M, et al., 2019. Dynamic controlled atmosphere: Impact of elevated storage temperature on anaerobic metabolism and quality of 'Nicoter' apples[J]. Food Chem., 298: 125017.

WEI H, SEIDI F, ZHANG T, et al., 2021. Ethylene scavengers for the preservation of fruits and vegetables: A review[J]. Food Chem., 337: 127750.

WILSON M D, STANLEY R A, EYLES A, et al., 2019. Innovative processes and technologies for modified atmosphere packaging of fresh and fresh-cut fruits and vegetables[J]. Critical Reviews in Food Science and Nutrition, 59(3): 411-422.

WOJCIECHOWSKI J, 1989. Ethylene removal from gases by means of catalytic combustion[J]. Acta Horticulturae: 131-142.

WU Y Y, LIU X F, FU B L, et al., 2020. Methyl jasmonate enhances ethylene synthesis in kiwifruit by inducing NAC genes that activate ACS1[J]. J. Agric. Food Chem., 68(10): 3267-3276.

XIA H, WANG X, SU W, et al., 2020. Changes in the carotenoids profile of two yellow-fleshed kiwifruit cultivars during storage[J]. Postharvest Biol. Technol., 164: 111162.

YAHIA E M, FADANELLI , MATTÈ P, et al., 2019. Controlled atmosphere storage[M]. Postharvest Technology of Perishable Horticultural Commodities: Elsevier: 439-479.

YU Y B, YANG S F, 1979. Auxin-induced ethylene production and its inhibition by aminoethyoxyvinylglycine and cobaltion[J]. Plant Physiology, 64(6): 1074-1077.

ZENG Y, WANG M Y, HUNTER D C, et al., 2020. Atkinson RG. Sensory-directed genetic and biochemical characterization of volatile terpene production in kiwifruit[J]. Plant Physiol., 183(1): 51-66.

ZHANG H, ZHAO Q, LAN T, et al., 2020. Comparative analysis of physicochemical characteristics, nutritional and functional components and antioxidant capacity of fifteen kiwifruit (*Actinidia*) cultivars— comparative analysis of fifteen kiwifruit (*Actinidia*) cultivars[J]. Foods, 9(9): 1267.

ZHANG X, TAO J, WANG D, et al., 2021. The effect of pre-storage short-term hypobaric treatment, combined with modified atmosphere packaging storage on fresh quality of kiwifruit[J]. Acta Horticulturae, 1319: 259-264.

ZOLFAGHARI M, SAHARI M A, BARZEGAR M, et al., 2010. Physicochemical and enzymatic properties of five kiwifruit cultivars during cold storage[J]. Food Bioproc. Tech., 3: 239-246.

附　录

一、猕猴桃常见缺素症诊断检索表

1. 植株生长量较大

2. 叶面积较大，但中部叶脉两侧有黄色斑点或黄色斑块，叶面中部皱缩 .... 缺硼

2'. 叶面积略小，幼叶的叶脉间失绿，根系活力较强 ……………………………………… 缺锌

1'. 植株生长量较小

3. 叶面积略小，叶色浓绿，叶缘脉间轻度失绿，根系活力低…………………………… 缺磷

3'. 幼叶叶缘开始，脉间失绿；进而扩展全叶，叶缘产生褐色斑块；根系活力低 ……… 缺镁

3". 除少数老叶外，叶片均匀黄化，严重时叶肉呈黄白色，但主脉呈绿色，叶面平整；根系活力低……………………………………………………………………………………… 缺铁

1". 植株生长量极小

4. 叶面积小，叶面绿色

5. 叶面不平整，老叶叶缘有褐斑，须根少，活力低…………………………………… 缺钾

5'. 叶柄软化，叶片有水渍状斑块，进而枯萎；根系褐变并腐烂 ……………………… 缺钙

4' 老叶失绿并向幼叶扩展，叶缘有褐色枯斑，叶片外卷；须根少，活力低………………… 缺氮

二、果树常用农药的配制及使用方法

1. 石硫合剂（石灰硫黄合剂）。石硫合剂是病、虫兼治药剂，既能灭菌，又能对一些蚧、螨类等害虫有触杀作用。此外，因喷药后在植物体表面形成药膜，故还能起防病作用。

石硫合剂呈强碱性，对皮肤、衣服、铜、铁器均有腐蚀性，宜用陶器等非金属容器保存。石硫合剂原液为红褐色透明液体，有臭鸡蛋气味。

（1）熬制方法。配比为生石灰 1 千克、硫黄粉 2 千克、水 10 千克。按上述比例，则稍多加点水，可按 1∶2∶（13～15）比例熬制，具体增加水分比例以熬制时蒸发掉的水分量为准，可在正式熬制前，先熬一锅，试验出耗水量，以便正式熬制前一次加足消耗水重量。

熬制时，将水全部倒入锅内，在锅上做好液面高度标记。水烧开后，从锅中取出大约 3/5 水

倒入已装进生石灰的桶中，溶解石灰。再把过筛的硫黄粉倒入锅内，不断搅拌，使硫黄溶解。在硫黄煮沸同时，将石灰液徐徐注入锅内，慢倒急搅，并加大火力，使锅中药液保持沸腾状态。当药液由黄绿转为橙红色，然后变为棕红色或红褐色（香油色）时立即停火，迅速将药液倒入缸内。冷却后用纱布过滤去渣，澄清液即为石硫合剂原液（又称母液）。用波美比重计测其浓度，称为波美度。度数越高，质量越好。一般可达 25～30 波美度。

石硫合剂过滤或沉淀的渣滓，可稀释成糊状，用于伤口及枝、干、根等病斑刮除部涂抹灭菌治病。

（2）石硫合剂稀释方法。常用波美比重计测出原液浓度，再根据所需使用度数查对"原液浓度、重量、倍数稀释表"即可。

如无波美比重表，可取一个无颜色的玻璃瓶，先称空瓶重量，再盛 0.5 千克清水，在齐水面处画线条标记，将水倒出后装入冷石硫合剂原液至标记线处，称出重量。然后算出石硫合剂与水重量之差，乘上 115（常数），即可得出石硫合剂的原液浓度，比如空瓶重 0.275 千克，瓶和母液总重 0.885 千克，可按下列公式计算：

$$母液浓度 =（0.885-0.275-0.5）\times 115=25.3 波美度$$

石硫合剂原液浓度重要倍数稀释表

每千克原液加水量 原液波美度 \ 需稀释波美度	使用浓度（波美度）								
	0.2	0.3	0.5	0.6	0.7	0.8	2	3	5
15	74.1	49.0	29.0	24.0	20.0	17.8	6.5	4.0	2.16
16	79.0	52.3	31.0	26.0	22.0	19.0	7.0	4.3	2.21
17	84.1	55.6	33.0	27.0	23.0	20.0	7.5	4.6	2.40
18	89.3	59.0	35.0	29.0	25.0	22.0	0	5.0	2.60
19	94.0	62.3	37.0	31.0	26.0	23.0	8.5	5.3	2.80
20	99.0	65.6	39.0	32.0	28.0	24.0	9.0	5.6	3.00
21	104.0	69.0	41.0	34.0	29.0	25.0	9.5	6.0	3.20
22	109.0	72.4	43.0	36.0	31.0	27.0	10.0	6.3	3.40
23	114.0	75.6	45.0	37.0	32.0	28.0	10.5	6.6	3.60
24	119.0	79.0	47.0	39.0	33.0	29.0	11.0	7.0	3.80
25	124.0	82.4	49.0	41.0	35.0	30.0	11.5	7.3	4.00
26	129.0	85.6	51.0	42.0	36.0	32.0	12.0	7.6	4.20
27	134.0	89.0	53.0	44.0	38.0	33.0	12.5	8.0	4.40
28	139.0	92.3	55.0	46.0	39.0	34.0	13.0	8.3	4.60
29	144.0	96.0	57.0	47.0	40.0	35.0	13.5	8.6	4.80
30	149.0	99.0	59.0	49.0	42.0	37.0	14.0	9.0	5.00

石硫合剂稀释计算公式：

$$原液需用量（千克）= \frac{所需稀释浓度}{原液浓度} \times 所需稀释液量$$

例：需配制 0.5 波美度石硫合剂稀释液 100 千克，需 30 波美度原液和水各多少？

$$原液需用量 = \frac{0.5}{30} \times 100 = 1.7（千克）$$

$$需水量 = 100 - 1.7 = 98.3（千克）$$

2.波尔多液。波尔多液是一种天蓝色的胶体悬浮液，是果树上常用的保护性杀菌剂。喷到叶、果、枝上，形成一层薄药膜，可免病菌侵害。喷后一般树叶变浓绿，铜素被吸收后，可促进生长，增强抗病力。一般残效期 15 ～ 20 天。

配制方法。按不同果树对铜的忍受能力大小不同而配制比例不同。有等量式（硫酸铜与石灰用量相等即 1 ∶ 1）、倍量式（石灰用量是硫酸铜的倍数即 1 ∶ 2）和半量式（石灰用量比硫酸铜减半如 1 ∶ 0.5）。配制时，不可用金属容器。应用陶瓷器、木桶和水泥池为宜。先用少量热水将硫酸铜溶化后，倒入 50 千克水中搅匀；再将石灰放入另 50 千克水内溶化成石灰乳。然后将两种溶液同时徐徐倒入第三容器中，并边倒边搅拌，配成天蓝色药液待用。或用 1/3 的水将石灰配成石灰乳，用 2/3 的水溶化硫酸铜，然后将稀释的硫酸铜液慢慢倒入石灰乳中，照样边倒边搅拌，使之化合均匀成天蓝色波尔多液溶液，质量亦较好。配制时宜用生石灰及纯净的硫酸铜作原料。并宜现配现用，不宜贮存。须在天气晴朗时喷药，如喷后马上下雨，易出现药害。同时，波尔多液不可与石硫合剂、退菌特等药物混用，喷过石硫合剂和退菌特后，需隔 10 天才能喷波尔多液；喷波尔多液后，需隔 20 天左右才可喷石硫合剂和退菌特，否则易发生药害。

三、猕猴桃果实主要营养成分含量

成分 ＼ 品种	'布鲁诺'	'艾博特'	'海沃德'
水分（%）	84	83	83
非水溶性物质（%）	3.4	3.4	3.4
总可溶性固形物（%）	14	14	14
总糖（%）	8.2	9.5	9.9
还原糖（%）	7.2	8.0	8.7
非还原糖（%）	1.0	1.5	1.2
总酸（%）	1.5	1.2	1.4
抗坏血酸（毫克/千克）	1310	650	810
维生素（毫克/千克）	900 ～ 1600	500 ～ 900	500 ～ 1000
果胶（钙果胶）（%）	0.8	0.7	0.8

成分 \ 品种	'布鲁诺'	'艾博特'	'海沃德'
单宁（%）	0.06	0.05	0.04
总胡萝卜素（毫克/千克）	4.7	3.	3.5
氮（%）	0.17	0.19	0.17
钾（毫克/千克）	3010	3400	2640
钙（毫克/千克）	400	320	350
磷（毫克/千克）	250	250	210
镁（毫克/千克）	180	180	160
铁（毫克/千克）	4.0	5.0	4.0
钠（毫克/千克）	90	70	70
蛋白质（计算N×625）（%）	1.06	1.18	1.06
碳水化合物（计算）（%）	10.5	11.4	12.1
热量（计算）（崔耳）	164.54	178.99	189..96

四、各种有机肥料的主要成分与性质

名称	状态	类别	氮（N）（%）	磷（P_2O_5）（%）	钾（K_2O）（%）	性质	施用方法
人粪尿	鲜物	粪肥	0.5～0.8	0.2～0.4	0.2～0.3	速效、微碱性	腐熟后作基肥或追肥
猪厩肥	鲜物	粪肥	0.45～0.6	0.19～0.45	0.5～0.6	迟效、微碱性	堆积腐熟后作基肥施用
马厩肥	鲜物	粪肥	0.5～0.58	0.28～0.35	0.3～0.63	迟效、微碱性	与秸秆等沤制堆基肥，腐熟后作基肥
牛厩肥	鲜物	粪肥	0.3～0.45	0.23～0.25	0.1～0.5	迟效、微碱性	充分腐熟后作基肥
羊厩肥	鲜物	粪肥	0.57～0.83	0.23～0.5	0.3～0.67	迟效、微碱性	腐熟后作基肥
土粪	风干物	粪肥	0.12～0.58	0.12～0.68	0.12～1.53	迟效、微碱性	作基肥，成分含量依堆积方式、加土多少而异
堆肥	鲜物	粪肥	0.4～0.5	0.18～0.2	0.45～0.7	迟效、微碱性	
鸡粪	鲜物	粪肥	1.63	1.54	0.85	迟效、微碱性	
鸡粪	干物	粪肥	3.7	3.5	1.93	迟效、微碱性	不宜用新鲜的（其中含多量尿酸，对树体有害）堆积腐熟后作基肥或早期追肥
鸭粪	鲜物	粪肥	1.0	1.4	0.62	迟效、微碱性	
鸭粪	干物	粪肥	2.33	3.26	1.99	迟效、微碱性	
鹅粪	鲜物	粪肥	0.55	0.54	0.95	迟效、微碱性	
家禽粪	鲜物	粪肥	0.5～.5	0.5～1.5	1～1.5	迟效、微碱性	
兔粪	风干物	粪肥	1.58	1.47	0.21	迟效、微碱性	沤制堆肥，作基肥施用
蚕沙	鲜物	粪肥	1.44	0.25	0.11	迟效、微碱性	

名　称	状态	类别	氮（N）（%）	磷（P_2O_5）（%）	钾（K_2O）（%）	性质	施用方法
塘泥	风干物	土杂肥	0.19～0.32	0.1～0.11	0.42～1.0	迟效、微碱性	作基肥
河泥	风干物	土杂肥	0.09～0.68	0.25～0.38	0.91	迟效、微碱性	
炕土	风干物	土杂肥	0.08～0.41	0.11～0.21	0.26～0.91	迟效、微碱性	
房土	风干物	土杂肥	0.09	0.15	0.56	迟效、微碱性	
墙土	风干物	土杂肥	0.1～0.2	0.1～0.45	0.54～0.81	迟效、微碱性	
垃圾	风干物	土杂肥	0.20	0.23	0.48	迟效、微碱性	与厩肥等混合沤制堆肥，作基肥
草木灰	风干物	土杂肥	—	2.0～3.1	10.0	速效、碱性	易溶于水，注意防止流失，作基肥、追肥
稻秆	风干物	秸秆	0.51	0.12	2.70	迟效、微酸性	
稻壳	风干物	秸秆	0.32	0.10	0.57	迟效、微酸性	
小麦秆	风干物	秸秆	0.50	0.20	0.60	迟效、微酸性	
麦麸（壳）	风干物	秸秆	2.70	1.24	0.51	迟效、微酸性	可与人粪尿、厩肥等混合沤制堆肥，腐熟后作基肥
玉米秆	风干物	秸秆	0.61	0.27	2.28	迟效、微酸性	
锯屑	风干物	秸秆	0.09	—	0.07	迟效、微酸性	
大豆秆	风干物	秸秆	1.31	0.31	0.50	迟效、微酸性	
豇豆秆	风干物	秸秆	0.80	0.34	2.87	迟效、微酸性	
苜蓿	鲜茎叶	绿肥	0.72	0.16	0.45	迟效、微酸性	
紫穗槐	鲜茎叶	绿肥	1.32	0.30	0.79	迟效、微酸性	
豌豆	鲜茎叶	绿肥	0.51	0.15	0.52	迟效、微酸性	
蚕豆	鲜茎叶	绿肥	0.55	0.12	0.45	迟效、微酸性	刈割后，撒施田间翻耕入土或作基肥
绿豆	鲜茎叶	绿肥	1.45	0.23	2.57	迟效、微酸性	
黑豆	干茎叶	绿肥	1.80	0.27	0.23	迟效、微酸性	
田菁	鲜茎叶	绿肥	0.5	0.07	0.15	迟效、微酸性	
草木樨	鲜茎叶	绿肥	0.52	0.04	0.19	迟效、微酸性	
茗子	鲜茎叶	绿肥	0.46	0.13	0.43	迟效、微酸性	

五、各种化学肥料的主要理化性状

名称	化学式（主要成分）	养分含量	反应 化学反应	反应 生理反应	溶解性	注意事项
硫酸铵	$(NH_4)_2SO_4$	含氮20.5%～21%	弱酸性	酸性	水溶性	有使用石灰的地区，不能和硫酸铵同时使用，前后要相隔6～7天，深施覆土
氯化铵	NH_4Cl	含氮25%左右	弱酸性	酸性	水溶性	不适于重盐地施用
碳酸氢铵	NH_4HCO_3	含氮19%左右	碱性	—	水溶性	易潮解及挥发，要求深施盖土

名称	化学式（主要成分）	养分含量	反应		溶解性	注意事项
			化学反应	生理反应		
硝酸铵	NH_4NO_3	含氮 31% 左右	弱酸性	—	水溶性	①易受潮结块，用一袋打开一袋，一袋用不完时，可放缸内盖上盖子。防潮，防火，不要与易燃物同放 ②所含硝态氮不能被土壤胶体吸附，容易流失，适宜作追肥 ③已结块的硝酸铵要用木棒压碎后施用，不能用铁锤猛打或石碾、铁碾碾
硝酸铵钙	$NH_4NO_3+CaCO_3$	含氮 20.5% 左右	弱碱性	碱性	水溶性（其中的石灰混合物不溶）	①防潮，拆开一袋用不完时要把袋子扎好，或放在缸、桶内贮存 ②如已受潮溶化，可掺 10～50 倍水浇施 ③施用该肥，仍须施用石灰时前后要相隔 6～7 天
过磷酸钙	$Ca（H_2PO_4）_2+2CaSO_4$	含磷酸 16%～18%	酸性	—	含的磷酸溶解于水	有吸湿性有腐蚀性
钙镁磷肥	—	含磷酸 14%～18%	碱性	碱性	含的磷酸不溶于水，溶于柠檬酸中	不吸湿不结块，宜作基肥
磷矿肥	$Ca_3（PO_4）_2$	含磷酸 10%～35%	中性	碱性	含的磷酸不溶于水	不吸湿不结块。与有机肥堆腐效果好，宜作基肥
氯化钾	KCl	含氧化钾 50%～60%	中性	酸性	水溶性	有吸湿有结块性。不宜在盐碱地上用，应深施
硫酸钾	K_2SO_4	含氧化钾 48%～52%	中性	酸性	水溶性	不吸湿不结块
磷酸二铵	$（NH_4）_2HPO_4$	含五氧化二磷 53% 含氮 21.2%	—	—	—	—
磷酸二氢钾	KH_2PO_4	含五氧化二磷 24% 氧化钾 27%	—	—	—	—

六、肥料混合使用查对表

	人粪尿	厩肥	硫酸铵	尿素	氯化铵	碳酸氢铵	硝酸铵	硝酸铵钙	氨水	钙镁磷肥	过磷酸钙	磷矿粉	骨粉	草木灰	氯化钾	硫酸钾
人粪尿																
厩肥	+															
硫酸铵	⊙	⊙														
尿素	×	⊙	⊙													
氯化铵	⊙	⊙	⊙	⊙												
碳酸氢铵	×	×	⊙	×	⊙											
硝酸铵	⊙	⊙	⊙	⊙	⊙	⊙										
硝酸铵钙	×	⊙	⊙	⊙	⊙	×	⊙									
氨水	⊙	+	×	×	×	×	×	×								
钙镁磷肥	⊙	+	⊙	⊙	⊙	⊙	⊙	⊙	⊙							
过磷酸钙	+	+	+	⊙	⊙	⊙	⊙	×	⊙	×						
磷矿粉	+	+	⊙	⊙	⊙	⊙	⊙	⊙	⊙	⊙	×					
骨粉	+	+	⊙	⊙	⊙	⊙	⊙	⊙	⊙	⊙	⊙	⊙				
草木灰	×	×	×	×	⊙	⊙	×	×	×	×	×	×	×			
氯化钾	⊙	⊙	+	⊙	+	⊙	⊙	⊙	⊙	⊙	×	+	+	⊙		
硫酸钾	⊙	⊙	+	+	+	⊙	⊙	⊙	×	⊙	×	+	+	⊙	+	

注："+"可以混用；"×"不能混用；"⊙"可以混用，但必须立即施用。

七、农药混合使用查对表

	波尔多液	石硫合剂	多菌灵	托布津	福美胂	粉锈宁	代森锰锌	地亚农	扑海因	菊酯	尼索朗	三氯杀螨醇	抗蚜威	克螨特	乐斯本	双甲脒	辛硫磷	乐果	敌敌畏	油乳剂	马拉松	杀螟松、水胺硫磷
波尔多液																						
石硫合剂	×																					
多菌灵	×	+																				
托布津	×	+	+																			
福美胂	×	×	+	+																		
粉锈宁		△	+	+	△																	
代森锰锌	×	×	+	+	+	+																
地亚农	×	×	+	+	+	+	+															
扑海因	×	×	+	+	+	△	+	+														
菊酯	×	×	+	+	+	+	+	+	+													
尼索朗	△	×	+	+	+	+	+	+	+	+												
三氯杀螨醇	×	×	⊙	+	+	+	+	+	+	△												
抗蚜威			⊙			+	+	+	+	+	+	+										
克螨特	×	×	⊙	+	+	⊙	+	△	+	+	△	⊙										
乐斯本	×	×	+	+	+	⊙	+	△	+	+	△	△		△								
双甲脒	×	×	⊙	+	+	+	⊙	+	△	+		△		△	△							
辛硫磷	×	×	+	+	+	+	⊙	+	△	+		△		△	+	+						
乐果	×	×	+	+	+	+	+	△	+			△		△	+	+	+					
敌敌畏	×	×	+	+	+	+	+	△	+			△		△	+	+	+	+				
油乳剂				+				△	△	△					+	+	+					
马拉松	×	×	+	+	+	+	+	△	+			△		△	+	+	+	+	+		+	
杀螟松、水胺硫磷	×	×	+	+	+	+	+	△		△		△		△	+	+	+	+	+		+	

注："+"可以混用；"×"不能混用；"⊙"可以混用，但必须立即使用；"△"不必混用。

八、猕猴桃叶片矿质元素含量标准值（壮果期）

元 素	缺 乏	边 缘	适 量	最高量	过 量
氮（%）	< 2.15	2.15～2.36	2.37～2.58	2.50～2.80	> 2.80
磷（%）	< 0.09	0.09～0.16	0.17～0.23	0.24～0.30	> 0.30
钾（%）	< 1.20	1.20～1.53	1.54～1.87	1.88～2.21	> 2.21
硫（%）	< 0.21	0.21～0.32	0.33～0.44	0.45～0.56	> 0.56
钙（%）	< 2.37	2.37～3.10	3.11～3.84	3.85～4.58	> 4.58
镁（%）	< 0.27	0.27～0.39	0.40～0.51	0.52～0.62	> 0.62
钠（%）			0.02～0.04	0.05	
铜（毫克/升）			5～15	16～21	> 21
锌（毫克/升）			1～22	23～30	> 30
锰（毫克/升）	< 17	17～103	104～190	191～277	> 277
硼（毫克/升）	< 20	20～30	31～42	43～53	> 53
铁（毫克/升）			115～150		

九、猕猴桃主要病虫害用药品种表

主要病虫害	可用农药品种	用药适期
溃疡病	45%施纳宁、20%噻菌铜、噻霉酮、农用链霉素、波尔多液、80%必备、石硫合剂	采果后或入冬前喷石硫合剂、波尔多液，立春后至萌芽前、萌芽后至谢花期喷其他药
根腐病	40%多菌灵胶悬剂、45%施纳宁	树体生长期
根结线虫病	10%克线磷、10%克线丹	秋季施用
细菌性花腐病	农用链霉素、1∶1∶100波尔多液、石硫合剂、80%必备、30%万保露	冬季清园时和始花期之前均可用
立枯病	75%百菌清	发病初期
菌核病	50%速克灵，50%扑海因、50%多菌灵、40%菌核净	开花后期、谢花后
白粉病	25%粉锈宁、45%硫黄胶悬剂、70%甲基托布津	发病初期
褐斑病	50%多菌灵、70%甲基托布津、75%百菌清	发病初期
叶霉病、果实病害	1∶1∶200波尔多液、80%必备、30%万保露、50%多菌灵可湿性粉剂、70%甲基托布津、75%百菌清、45%施纳宁、噻霉酮	叶霉病发病初期，果实病害于谢花期后立即喷药，套袋前再喷一次
膏药病	石硫合剂	冬季清园时

主要病虫害	可用农药品种	用药适期
介壳虫	蚧螨灵、50%亚胺硫磷乳油、50%马拉松乳油、80%敌敌畏乳油、5%狂刺	产卵后期和幼龄若虫期喷药
金龟子	敌百虫、西维因、75%辛硫磷乳剂	开花前两天
大灰象甲	50%对硫磷乳剂	
叶蝉类	80%敌敌畏乳剂、50%杀螟松乳剂、25%亚胺硫磷乳剂、5%狂刺、70%吡虫啉、2.0%阿维菌素	若虫期喷药，采果前一个月停止使用各种杀虫剂
椿象类	25%敌敌畏乳剂、敌百虫、25%亚胺硫磷乳剂、50%杀螟松	若虫期
叶甲类	90%敌百虫、80%敌敌畏乳剂、2.5%敌百虫粉剂、鱼藤精、5%狂刺	前3种药防治成虫，后一种药防治幼虫
梨木虱	50%对硫磷、50%敌敌畏乳油、25%亚胺硫磷乳油、2.5%鱼藤精乳油	花芽开放时，消灭越冬成虫；若虫发生期喷药防治若虫

十、主要病害防治表

病名	病原	症状	防治时期	防治方法
根腐病	担子菌纲密环菌属	发病初期根颈部发生暗褐色水渍状斑，逐渐扩大，生出白色绢丝菌丝，病部的皮层和木质部逐渐腐烂有酒糟味，菌丝大量发生后经8～9天形成菌核，似油菜籽大小，淡黄褐色以后下面的根逐渐变黑腐烂，从而导致整个植株死亡，武汉地区在4月发病，7～9月严重，10月停止，在土壤黏重、排水不良之地易发生	4～9月	1.建园时选择好园地，做好排灌系统。2.定植不宜过深，不施未腐熟的肥料。3.在3月和6月中下旬适量施用杀菌剂加水灌根
根结线虫病	南方根结线虫	受害植株根部产生很多成串的膨大根瘤组织，尤以新根受害更重，受害根后期变黑腐烂，受害植株的地上部生长矮小，根条细弱，叶小色淡早落、果实小而僵硬，生长势明显衰弱，受害严重时，植株凋萎枯死	苗期；成年树在2～3月	1.加强苗木检疫，消除疫苗。2.对发病的嫁接苗或实生苗用48℃热水浸病根15分钟，可杀死根部和根瘤内的残虫，已定植猕猴桃感病株，用杀线虫剂稀释液灌根。3.选择不带病原菌的土地建园。4.加强果园的肥水管理。5.将挖除的病根移出果园，暴晒、烧毁
花腐病	交链霉菌属	首先是花药变为黑褐色，然后侵入花瓣、子房，引落蕾（花）或长成畸形果，在多雨的年份因地形阴湿或枝叶过密等而造成果园容易发病	开花期	1.改善通风透光条件。2.采用适量杀菌剂加水喷雾

病名	病原	症状	防治时期	防治方法
炭疽病	半知菌（Deuteromycotina）	危害叶、茎及果实，从萌芽到开花结果都能被侵染。受害叶片可引起叶斑，病斑呈长形，数个病斑连成不规则灰褐色病斑，有的病斑中间破裂成孔状，叶缘病斑略向叶反面卷缩，潮湿多雨时病叶腐烂，脱落。茎秆被侵染后开始形成淡褐色小点，病斑周围呈褐色，中心生有黑点，中期病斑扩大，呈椭圆状同心轮纹，中央略现凹陷，后期病斑中央产生轮纹排列的小黑点，即病菌分子盘，在雨水多、湿度80%以上、温度20℃左右、通风透光条件差的果园易发生。果实发生日灼病的易发生	高温多雨的旺盛生长期	1.加强树体管理、土肥水管理，改善树体的通风透光的条件。2.选栽抗病的品种。3.清除烧毁田间病叶。4.发病严重的地区翌年春萌芽时喷施适量杀菌剂
溃疡病	细菌性	主要危害猕猴桃的新梢、枝蔓、叶片和花蕾，以危害1～2年生枝梢为主，一般不危害根和果实。植株受害后，于2月中下旬开始发病，在枝蔓上发生1～3厘米纵裂缝，并流出深绿色水渍状黏液，高湿条件下，在裂缝处分泌白色菌脓，最后流胶部位组织下陷变黑呈铁锈状溃疡斑，病部上端枝条发生龟裂，萎缩枯死叶片受害后出现1～3毫米不规则形的暗褐色病斑，病斑外缘2～5毫米范围变黄，重病叶向内卷曲，枯焦、易脱落，花蕾受害后，在开花前变褐枯死，花器受害，花冠变褐呈水腐状	3～6月	1.加强苗木检查，严禁从病区调运苗木、接穗和插条。2.烧毁病枝落叶。3.树干溢出菌脓时，用刀纵横划几道，使用溃腐灵原液＋有机硅涂抹
日灼病	太阳强烈直射	受直射的果实阳面组织坏死，果面变色，种室空洞，异常软熟，造成提早落果，不耐贮藏，品质下降		1.加强水肥管理，干旱季节及时浇水防旱。2.适当修剪，保持适量的叶果比，避免果实受阳光直射。3.营造防风林，防风害吹断枝梢和吹落叶片

十一、主要虫害防治表

虫名	症状	防治时期	防治方法
介壳虫	成虫、若虫以针状口器插入枝、叶组织中吸取汁液，为害叶片、枝条和果实，终生寄居在枝叶或果实上，造成叶片发黄、枝梢枯萎、树势衰退，且易诱发煤烟病	大多数若虫孵化不久，体表尚未分泌蜡质，介壳未形成，用药易杀死，时间一般为4月下旬至5月上旬	1.重视冬季清园。剪除病虫枝条、枯萎枝条，铲除果园里外杂草，集中烧毁，并用石硫合剂消毒。2.药剂防治。根据介壳虫的各种发生情况，在若虫盛期喷药

虫名	症状	防治时期	防治方法
大灰象里	幼虫期生活于土内,取食腐殖质和须根,对幼苗危害不大。该虫在4~5月以成虫危害猕猴桃幼芽、叶片和嫩茎。苗期受害后生长受阻,甚至造成缺苗;成株被害后叶呈椭圆形或半圆形缺刻,影响苗木正常生长,造成树势衰弱,产量下降	在成虫发生期防治,一般为4月中下旬至5月中下旬。因越冬虫于4月上旬开始上树为害,4月下旬至5月初出现高峰,6月下旬后成虫渐少。4月为全天危害,5月上旬后,于上午10:00前和下午4:00后为害	1.加强果园管理,勤中耕,除杂草,可减轻大灰象甲危害。2.胶环捕杀成虫。成虫上树前用胶环包扎树干或涂胶树干,防止上树,并逐日捕杀。3.人工捕杀。利用其假死性,在成虫盛发期的早晚或雨后于树下铺垫塑料或布,振动树枝,将落下的成虫集中销毁。4.药剂防治。成虫盛发期喷射90%晶体敌百1000倍液
金龟子	幼虫(又称蛴螬)在土中啃食幼苗根系,造成苗木生长不良、枯死;成虫在植株萌芽期常群集蚕食嫩叶、花蕾、花朵,造成不规则的缺刻和孔洞	虫口密度为1~3头/平方米,植株受害6%~7%,时间一般为10~15天	1.清除杂草。2.适时春耕和秋耕,翻耕时结合拾虫,减少虫口数量。3.利用成虫的假死性和趋光性,在群集树上危害期内敲打振落并捕杀之。4.播种前,用适量粉状杀虫剂均匀撒布土壤表面后深耕20厘米。5.用高效低毒的液体杀虫剂适量加水喷布树冠
叶蝉	若虫和成虫吸食叶片和枝蔓汁液,使叶片和枝上出现许多小孔,导致叶片破裂、枝条枯死	孵化期(5月)成虫期(6~7月)	1.清除越冬卵。结合冬季修剪清园,刮除卵块;2.若虫发生期,用高效低毒的液体杀虫剂,适量加水喷洒
透翅蛾	以幼虫危害枝蔓。幼虫孵化后,多从叶柄基部蛀入嫩梢中的髓部蛀食,形成长形孔道,被害处上方枝条枯死,嫩枝食完后向下转移到老枝中食害,被害枝条膨大如瘤状,幼虫蛀食处有虫粪孔,常堆积大量虫粪,老幼虫化蛹前,在枝条侧先咬一个洞,以丝封闭,然后在枝内化蛹	羽化期(6~7月)孵化期(8~10月)树梢受害率1%左右	1.结合冬季修剪,剪去被害枝条,以消灭越冬幼虫;5~7月经常检查嫩梢,发现有虫粪或枯萎的枝条,应及时从下方剪去,以消灭初卵孵化的幼虫;修剪的被害枝条集中烧毁。2.成虫期和卵期喷洒高效低毒的液体杀虫剂
卷叶蛾类	幼虫危害幼芽、嫩叶和花蕾,影响抽梢、开花和坐果;幼虫长大后,吐丝将叶片缀连在一起成虫苞,潜居其中食叶肉,如振动卷叶内脱出,吐丝下垂,幼虫蛀食果实后引起落果,留有食害痕迹;成虫夜晚活动吸食果汁	挂果期卵果率0.5%~1%	1.入冬前用3~5波美度的石硫合剂涂树干。2.越冬幼虫出土盛期,第一代孵化盛期和幼虫期用高效低毒的液体杀虫剂喷布
蝙蝠蛾	幼虫自树干基部50厘米左右处钻入,蛀入时先吐丝结网将虫体隐蔽,然后边蛀食边将咬下的木屑送出,粘在丝网上,最后连缀成苞,将洞口掩住。有时幼中在枝干上先啃食一横沟再向髓心蛀入,因而常造成树皮环割,使上部枝干枯萎或折断。虫道多髓心向下蛀食,内壁光滑,化蛹前,虫苞囊增大,苞泽变成棕褐色,先咬开一圆孔,准备化蛹	孵化期(4月)成虫期(8~9月)	1.撕除虫苞,用细铁丝插入虫苞刺死幼虫,或用棉球蘸菌酯类刹虫剂塞入虫道内,毒杀幼虫。2.剪除受害藤蔓烧毁

十二、绿色食品生产中禁止使用的化学农药种类

种 类	农药名称	禁用作物	禁用原因
无机砷杀虫剂	砷酸钙、砷酸铅	所有作物	高毒
有机砷杀菌剂	甲基胂酸锌、四基胂酸铁铵（田安）、福美甲胂、福美胂	所有作物	高残毒
有机锡杀菌剂	薯瘟锡（三苯基醋酸锡）、三苯基氯化锡和毒菌锡	所有作物	高残毒
有机汞杀菌剂	氯化乙基汞（西力生）、醋酸苯汞（赛力散）	所有作物	剧毒、高残毒
氟制剂	氟化钙、氟化钠、氟乙酰胺、氟铝酸钠、氟硅酸钠	所有作物	剧毒、高毒、易药害
有机氯杀虫剂	滴滴涕、六六六、林丹、艾氏剂、狄氏剂	所有作物	高残毒
有机氯杀螨剂	三氯杀螨醇	蔬菜、果树	我国生产的工业品中含有一定数量的滴滴涕
卤代烷类熏杀虫剂	二溴乙烷、二溴氯丙烷	所有作物	致癌、致畸
有机磷杀虫剂	甲拌磷、乙拌磷、久效磷、对硫磷、甲基对硫磷、甲胺磷、甲基异柳磷、治螟磷、氧化乐果、磷胺	所有作物	高毒
有机磷杀菌剂	稻瘟净、异瘟净	所有作物	异臭
氨基甲酸酯杀虫剂	克百威、涕灭威、灭多威	所有作物	高毒
二甲基甲脒类杀虫杀螨剂	杀虫脒	所有作物	慢性毒性、致癌
拟除虫菊酯类杀虫剂	所有拟除虫菊酯类杀虫剂	水稻	对鱼毒性大
取代苯类杀虫菌剂	五氯硝基苯、稻瘟醇（五氯苯甲醇）	所有作物	国外有致癌报道或二次药害
植物生长调节剂	有机合成植物生长调节剂	所有作物	
二苯醚类除草剂	除草醚、草枯醚	所有作物	慢性毒性
除草剂	各类除草剂	蔬菜	

后 记

谨以此书献给广大的猕猴桃种植户和所有关心、关注猕猴桃产业发展的朋友们!

时光荏苒,岁月如梭,如白驹过隙,转瞬即逝。

我在建始县已经悄然度过了十个春秋。

建始县是华中农业大学国家脱贫攻坚、乡村振兴定点帮扶县。地处鄂西南武陵山区北部,优良的自然条件适宜猕猴桃的生长发育,其引种栽培猕猴桃已有40余年历史。当地政府投入大量资金,发展猕猴桃产业。十年前,突然暴发的大面积猕猴桃细菌性溃疡病,致使收益丰厚的猕猴桃树成片死亡,果农损失巨大。而为猕猴桃"看病"的经历,让我与建始猕猴桃结下了不解之缘。经过深入调研,发现了当地种植猕猴桃存在的误区:盲目跟风,引进外地品种,盲目上高山、盲目深栽、施肥标准和方法失当、灌溉、修剪技术不当、不防治病虫等。为此,我们提出了一系列有针对性的解决方案。

2015年年底,当学校安排我的3年扶贫期即将结束时,本人为了对学校有一个交代,对建始县有一个交代,将在建始县3年的所见所闻、所感所悟和历次培训的课件加以梳理,并适当增加若干内容,形成《猕猴桃实用栽培技术》一书,2016年,该书在学校和建始县的支持下,由中国林业出版社出版发行。

十年来,我行走于建始县的山间小路,服务果农,把一生所学,用于公益帮扶事业之中。通过团队多年的共同努力,在建始县先后优选出高抗病、高品质、丰产稳产的猕猴桃优异种质'建香''金塘一号'和'金塘三号'('建香'系列品种之一),并获全国和全省金奖。'金塘一号'和'金塘三号'在2023年先后获得农业农村部颁布的植物新品种权。往往一粒种子能够改变一片世界,由于采用了新品种和新技术,猕猴桃溃疡病得到有效遏制。

建始猕猴桃系列品种,是上天对建始县人民几十年不屈不挠追求猕猴桃梦的回报与恩赐,是大自然的选择,是在大病大灾面前脱颖而出的佼佼者,是建始猕猴桃的骄傲。

因为常年奔波在建始县,我被建始县的朋友们亲切地称为"老农民教授",这让我感到莫大的欣慰。2016年年初,当学校安排我的3年扶贫期结束时,当地老百姓对我说:"你走了,我们都没了主心骨。"学校得知实情后,将我在建始县的工作延长了3年又3年。

自2017年年底起,园艺林学学院果树系潘志勇、张金智、曾云流三位博士先后加盟本团队,为团队增加了新鲜血液,增强了活力与后劲。尤其是曾云流博士从新西兰回国后,便常常和我一起到建始县学习研究。现在，他主要从事猕猴桃采后生物学和绿色保鲜技术研究，2021 年成为最年轻的国家现代农业柑橘（含猕猴桃）产业技术体系岗位专家，事业有成，其研究成果"即食猕猴桃即食控熟技术"在全国 6 个猕猴桃主产区示范推广，保鲜期延长 1 ～ 3 个月。"甜蜜的事业"后继有人。

由于建始县人民多年坚持不懈的努力，在猕猴桃产业发展上做出了一些成绩，湖北省政府决定，拿出中央财政专用资金 5000 万元，支持以建始县为中心的 5 个县（市、区）发展猕猴桃产业。

"十年树木，百年树人。"果树产业的健康发展，需要有一个周期，传统观念的转变，更需要有一个过程。随着中国猕猴桃产业的发展，观念悄然发生着变化，新理念逐步深入内化，正在由规模扩展型转变为质量优先型，把果品的商品化放在最重要的位置，由务虚趋于务实，有关部门更加趋于理性。

近十年，尤其是最近 5 年，猕猴桃产业发展，无论从品种构成、建园方式、土肥水管理、整形修剪、花果管理还是病虫防治、采后贮藏保鲜、果实加工等方面，都发生了巨大的，甚至是近乎颠覆性的变化。而 8 年前编撰的《猕猴桃实用栽培技术》一书，已经不能适应当今猕猴桃产业发展的需要。鉴于此，由曾云流博士担任主编，组织有关专家编撰了《猕猴桃产业实用技术》一书。该书新增加的品种和高枝牵引栽培技术，由戢小梅执笔；猕猴桃园生草效应及栽培种植技术，由肖涛执笔；猕猴桃避雨设施栽培技术，由涂美艳执笔；现代猕猴桃采后相关技术，由曾云流执笔；猕猴桃果实的加工技术，由李二虎执笔。书稿集齐后，由曾云流、蔡礼鸿统稿。

在该书编写过程中，始终强调把与产业发展相关联的技术性问题作为重点，特别强调实用新技术的研究与应用，内容紧扣时代脉搏。由于本书主要是针对建始县猕猴桃产业发展中出现的较为突出的问题提出对策和建议，故在材料上有一定的局限性，加之编者能力水平有限，时间精力有限，难免存在许多不足，甚至谬误之处，恳请各位读者批评指正。

蔡礼鸿

2024 年 2 月于华中农业大学西苑